리눅스의 神

: 우분투 리눅스 입문편

리눅스의 神 : 우분투 리눅스 입문편

지은이 정준석
1판 1쇄 발행일 2016년 1월 25일
1판 2쇄 발행일 2017년 9월 19일

펴낸이 임성춘
펴낸곳 로드북
편집 장미경
디자인 허진하(표지), 박진희(본문)

주소 서울시 관악구 신림로29길 8 101-901호
출판 등록 제 2011-21호(2011년 3월 22일)
전화 02)874-7883
팩스 02)6280-6901
정가 20,000원
ISBN 978-89-97924-18-9   93000

이메일 chief@roadbook.co.kr
블로그 www.roadbook.co.kr

기초 명령어 요약집

- 터미널 종료하기
  `$ exit`
- 현재 콘솔에서 자신의 위치 확인하기
  `$ pwd`
- 상위 디렉토리로 이동하기
  `$ cd ..`
- 홈디렉토리로 이동하기
  `$ cd ~`
- 디렉토리 이동하기
  `$ cd jundols`
- 현재 디렉토리 파일과 서브 디렉토리 목록 보기
  `$ ls`
- 현재 디렉토리 파일과 서브 디렉토리 목록 자세히 보기
  `$ ls -l`
- 파일 복사
  `$ cp 원본_파일 대상_파일`
  `$ cp /home/jundols/examples.desktop /home/jundols/test.desktop`
  `$ cp ./examples.desktop ./test.desktop`
- 파일 이동
  `$ mv ./examples.desktop ./test.desktop`
- 디렉토리 복사
  `$ cp -r ./Music ./MusicCopy`
- 파일 삭제
  `$ rm ./test.desktop`
- 디렉토리 삭제
  `$ rm -rf ./MusicCopy`
- 디렉토리 생성과 삭제
  `$ mkdir newdir`
  `$ rmdir dirname`
- 명령어 자동 완성 기능
  `$ rm ex<tab>`
- 특수기호 활용하기
  `$ cp test* ./subdir`
  `$ mv * ./subdir`
  `$ cp test? ./subdir`
- 프로그램을 콘솔에서 설치하기
  `$ sudo apt-get install docky`
- 패키지 정보를 최신으로 갱신하기
  `$ sudo apt-get update`
- 우분투 버전 업그레이드
  `$ sudo apt-get dist-upgrade`
- 갱신된 패키지 업그레이드
  `$ sudo apt-get upgrade`
- 패키지 정보 보기
  `$ apt-cache show 패키지명`

- 패키지를 새로 설치하기
  `$ sudo apt-get install 패키지명`
- 패키지 제거하기
  `$ sudo apt-get remove 패키지명`
- 사용하지 않는 패키지 설치파일 자동 제거하기
  `$ sudo apt-get autoclean`
- 설치된 패키지 목록 보기
  `$ apt-cache pkgnames`
- 네트워크 연결에 문제 없나 확인하기
  `$ ping google.com`
- 네트워크 장치 목록 보여주기
  `$ ifconfig`
- 네트워크 연결 상태 모니터링하기
  `$ netstat -at`
- 인터넷 라우팅 테이블 정보 보기
  `$ route`
- 시스템 종료하기
  `$ sudo reboot`
- 시스템 재시작하기
  `$ sudo shutdown now`
  또는
  `$ sudo halt`
- 일정 시간 뒤 종료하기
  `$ sudo shutdown -h 10 (10분 뒤에 종료)`
  `$ sudo shutdown -h 8:30 (8시 30분에 종료)`
- 일정 시간 뒤에 재시작하기
  `$ sudo shutdown -r 10 (10분 뒤에 재시작)`
  `$ sudo shutdown -r 8:30 (8시 30분에 재시작)`
- 종료 또는 재시작 예약 취소
  `$ sudo shutdown -c`
- 저장 장치의 다양한 정보 보기
  `$ df`
- df 명령어보다 세부적으로 보기
  `$ mount`
- 파일 실행권한 변경하기
  `$ chmod u-x Music`
  (Music 디렉토리의 소유자 권한 중에서 실행권한 제거)

  `$ chmod go+rwx Music`
  (Music 디렉토리의 소유 그룹과 제3자에게 읽기 쓰기 실행권한 모두 부여)

  `$ chmod o-xw Music`
  (Music 디렉토리의 제3자에게 실행과 쓰기 권한 제거)
- 숫자로 실행권한 변경하기
  `$ chmod 755 Music`
  (소유자에게는 권한 전부를 부여하고 소유그룹과 제3자에게는 읽기와 실행 권한만 부여)

  `$ chmod 300 Music`
  (소유자는 쓰기와 실행 권한, 소유 그룹과 제 3자에게는 어떤 권한도 없음)

- 파일 소유자 바꾸기
  ```
  $ sudo chown newuser:newgroup target.file
  ```
  (파일 소유자는 newuser로 소유 그룹은 newgroup으로 바꾸기)
- 현재 및 하위에 있는 모든 파일과 디렉토리 소유자 바꾸기
  ```
  $ sudo chown aaa:bbb -r *
  ```
  (유자를 aaa로 바꾸고 소유 그룹을 bbb로 바꾸기)
- 로그인한 계정명 보기
  ```
  $ whoami
  ```
- 로그인한 계정과 관계없이 root로 변경하기
  ```
  $ sudo whoami
  ```
- 계속 루트 계정으로 사용하기
  ```
  $ sudo su -
  ```
  (exit 명령어를 치면 원상복귀됨)
- 루트권한 탈출하기
  ```
  # exit
  ```
- 시스템 모든 파일 삭제하기(주의! 주의!)
  ```
  # rm -rf /
  ```
  (악의적으로 루트권한 얻어서 이런 명령을 벌인다면, 끔찍!!)
- 프로세스 확인하기
  ```
  $ ps
  ```
- 프로세스 죽이기
  ```
  $ kill -9 3290
  ```
- 모든 프로세스 보기
  ```
  $ ps -aux
  ```
- 프로세스 모니터링하기
  ```
  $ top
  ```
  (종료는 q를 누른다)
- 현재 남은 메모리 크기 확인하기
  ```
  $ free -m
  ```
- 저장장치 목록과 사용량 보기
  ```
  $ df -h
  ```
- 각각의 폴더 용량 확인
  ```
  $ du -h /home/aaa
  ```
- zip으로 압축하기
  ```
  $ zip test.zip source
  ```
- zip으로 압축 풀기
  ```
  $ unzip test.zip
  ```
- tar.gz로 압축하기
  ```
  $ tar -czvf test.tar.gz *.jpg
  ```
- tar.gz로 압축 풀기
  ```
  $ tar -xzvf test.tar.gz
  $ tar -xvf test.tar
  ```
  (압축은 하지 않고 tar로 파일만 묶어놓은 파일 형식의 경우)
- 링크 파일 만들기
  ```
  $ ln -s src.txt dest.txt
  ```
  (src.txt 파일이 원본 파일, dest.txt 파일이 새로 생성될 링크 파일)

- 특정 파일 찾기
  ```
  $ find . -name '*.jpg'
  ```
  (현재와 하위 디렉토리 검색해서 모든 jpg 파일 찾기)
  ```
  $ find / -name 'Music' -type d
  ```
  (루트 디렉토리부터 전부 검색해서 Music이라 폴더 찾기)
  ```
  $ whereis vi
  ```
  (vi 실행 파일이 어디 있는지 찾기)
  ```
  $ locate test.txt
  ```
  (해당 파일명이 포함된 파일들 검색)
- 파일 내용 검색하기
  ```
  $ find . -name '*.txt' | xargs grep -n test
  ```
  (확장자가 txt인 파일 내용 중에 test 문자열을 포함하는 파일 찾기)
  ```
  $ grep -r test ./
  ```
  (현재, 하위 디렉토리 검색 후 test라는 문자열을 가지고 있는 파일 찾기)
  ```
  $ cat test.txt
  ```
  (파일 내용 살펴보기)
  ```
  $ tail -n 50 test.txt
  ```
  (파일 내용의 끝 부분 50줄만 보여주기, 반대는 head 명령어)
- 파이프 명령어(명령어끼리 조합하기)
  ```
  $ ls | more
  ```
  ```
  $ cat test.txt | more
  ```
  (파일 내용을 한 줄씩 키보드 커서를 이용해서 살펴본다. 종료는 q를 누름)
  ```
  $ ps -aux | grep init
  ```
  (프로세스 목록을 얻어와 init이라는 단어를 찾아 해당 라인만 보여줌)
- 리다이렉션
  ```
  $ ls > result.txt
  ```
  (ls 명령 결과를 result.txt라는 파일에 저장)
  ```
  $ grep init < text.txt
  ```
  (파일을 읽어서 init이라는 단어가 있는 줄만 화면에 출력)
- 환경변수 설정하기
  ```
  $ export JAVA_HOME=/usr/bin/jvm/java
  ```
- 환경변수 목록 보기
  ```
  $ env
  ```
- 특정 환경변수 보기
  ```
  $ echo $PATH
  ```
- PATH 환경 변수에 디렉토리 추가하기
  ```
  $ export PATH=/home/jundols:$PATH
  ```

저자가 리눅스를 처음 접한 지도 10년이 훌쩍 넘었다. 대학교 동아리에서 리눅스로 웹 프로그래밍을 공부하기 위해서 접하게 된 게 첫 만남이었다. 그 당시 리눅스는 설치하는 것부터가 일이었다. 같이 공부하던 동기들 중에는 리눅스 때문에 포기하고 다른 분야로 넘어간 동기도 있을 정도였다. 리눅스 깔면 반은 배운 거라는 시절이었다.

그 이후로 리눅스는 참 많이도 변했다. 특히 우분투가 나오고 나서 PC용으로 리눅스를 사용하기에 충분할 정도로 편해졌다(물론 그전에도 가능했지만 뭔가 부족했다). 우분투를 처음 설치할 때 마우스 클릭 몇 번만으로 리눅스가 설치되는 걸 보고 감동과 함께 우분투로 리눅스를 배웠다면 그렇게 고생할 필요가 없었겠다라는 안타까움이 밀려왔다. 우분투로 리눅스를 배우는 여러분들이 부럽다.

우분투를 이용해 리눅스를 공부하는 것은 시작점으로 좋은 선택이다. 뭐든지 처음엔 쉽고 재미있어야 포기하지 않고 계속 갈 수 있다. 단지 우분투를 배우는 게 목표라면 이 책으로 가능하게 하려고 노력했다. 하지만 리눅스 전문가가 되고자 한다면 이 책에서 다루는 내용을 넘어 더 많은 공부를 해야 한다.

어떤 분야의 전문가가 되느냐에 따라서 같은 리눅스지만 배워야 하는 지식과 방향이 달라지게 된다. 다양한 서버의 운영과 관리 경험을 쌓아서 안정적인 서버 운영을 책임지는 서버 관리자가 될 수도 있다. 리눅스 보안 분야를 공부해서 악의적인 해커로부터 서버를 지키는 보안 전문가가 될 수도 있다. 임베디드 분야는 리눅스를 여러 부분에서 사용하고 있다. 리눅스에서 프로그램을 작성하는 리눅스 시스템 프로그래머가 될 수도 있다. 리눅스로 하드웨어 장치를 제어하는 리눅스 디바이스 드라이버 개발자나 새로운 장치에 리눅스 커널을 포팅하는 개발자가 될 수도 있다.

어느 분야 하나 쉬운 게 없지만 첫술에 배부를 수 없다. 욕심내지 말고 쉽고 재미있는 부분부터 차근차근 하나씩 배워가면서 흥미를 잃지 않는다면 어느샌가 고수가 되어 있을 것이다. 리누즈 토발즈가 리눅스 커널을 만들면서 그랬듯(Just for Fun, 2001, Linus Torvalds&David Diamond) 재미가 첫번째다.

재미가 있으려면 이론적인 내용만 계속 파는 것보다 뭐라도 직접 해봐야 한다. 그런 이유로 이 책에서 가장 재미있는 부분은 '5장 나만의 서버 구축하기'라고 생각한다. 여러분도 눈으로만 읽지 말고 꼭 우분투로 서버를 구축해보길 바란다. 한번에 성공할 리 없다(할 수도 있지만). 그래도 고생하면서 원인을 찾아 해결해보자. 서버에 접속이 성공하는 순간 뭔가 뿌듯함이 느껴질 것이다. 눈으로만 보면 모를 맛이다. 리눅스는 실전과 경험이 중요하다.

이 책이 나오는 동안 많은 분들이 고생했다. 계속 지연되는 원고 일정에도 묵묵히 응원해준 임성춘 편집장님께 고마움을 전한다. 책 쓰는 동안 첫째 서윤이가 태어났는데 많이 못 도와줘서 고생한 아내 지은이와 언제나 아들을 응원해주는 부모님, 항상 배려해주고 반겨주는 장모님께도 고마움을 전한다. 이렇게 사랑하는 분들 덕분에 힘을 얻는다.

2016년 1월 7일 한밤중에
정준석

오래 전 당시에도 상당히 희귀한(?) '임베디드 파일시스템'이란 주제로 이 책의 저자와 편집자로서 만난 적이 있다. 그로부터 10여 년이 흘러 이젠 리눅스 입문서로 다시 재회를 하였으니 감회가 남다르다.

사실 처음에 쓰기로 한 주제는 '리얼타임 리눅스 커널'이었다. 이 책을 보고 있을 독자에게는 조금은 멀게 느껴지는(?) 용어일 것 같다. 커널을 다루는 일이 저자의 본업이기도 했으니 안성맞춤이겠거니 했다. 상당 부분 집필하였으나 개인적인 사정으로 책을 완성하지는 못했다. 어느 날 미완의 원고를 만지작거리다 문득 드는 생각, "이러한 고수가 입문서를 써야 하지 않나?"라는 생각에 이르렀고 제안을 하게 된 것이 이 책의 시작이다.

십 년 전에도 리눅스 입문서는 있었고 지금도 나오고 있다. 그런데 왜 또 로드북에서 리눅스 입문서를? 입문서가 다양할수록 독자들에게는 이롭다고 생각한다. 여러 책 중에 골라 볼 수 있기 때문이다. 내용의 깊이, 범위, 서술 방법, 예제의 구성 등등에서 차이가 있기 때문이다. 물론, 그 나물에 그 밥이라는 평가를 받는다면 종이 밥을 먹고 사는 편집자들의 책임이 크다.

"그러면 이 책이 다른 입문서와 다른 게 뭘까?"

첫째, 많이 넣지 않았다. 실무자는 이 책을 볼 필요가 없다. 리눅스로 뭔가를 하고 싶은데 막막한 독자가 봐야 할 책이다. 이 책을 보면 고수(神)가 될 수 있다는 게 아니라 그 길을 갈 수 있도록 닦아주는 책이다. 독자 스스로 뭔가를 할 수 있겠다는 자신감을 심어주는 게 가장 큰 목적이다.

둘째, 왜 배워야 하는가에 중점을 두었다. 물론 명령어 하나하나 어떤 때 쓰인다는 것을 모두 열거할 수 없지만, 몇 가지 사례를 들어줌으로써 단순 타이핑 실습이 아니라 생각하는 실습이 되게끔 노력하였다.

딱 이 두 가지 목적을 갖고 이 책을 기획하였다. 그리고 리눅스 책을 많이 만들어봤지만 아직도 초보자인 편집자가 직접 실습해보고 타이핑해보며 이해가 안 되면 저자에게 물어보고 수정하며 만들었다.

이 책은 눈으로 읽으면 금방 읽힌다. 그만큼 쉽다. 그러나 눈으로 읽어서는 남는 게 없다. 절대 내 것이 되지 않는다. 실무에서 리눅스를 사용하는 사람이라면 sudo ~~ (블라블라) 하는 명령어들을 얼마나 많이 쳐보았겠는가? 파일을 열어 순식간에 편집하고 날쌔게 저장해서 시스템 상황을 파악해야 하는 시스템 관리자는 또 어떨까? 이런 관점으로 생각한다면 입문할 때 별거 아니라고 생각하는 것들이 새롭게 보일 것이다. 명령어에 다른 옵션도 붙여보고 책에서 언급한 자료들도 참고하며 학습한다면 이 책은 여러분에게 멋진 길라잡이가 되어줄 것이다.

여러분 중 많은 독자가 세월이 흘러 책장 한 귀퉁이에 꽂힌 이 책을 보며 "과거에 이 책으로 쉽게 입문한 적이 있었지"라는 평가를 받는다면 편집자로서 더할 나위 없는 기쁨일 것이다.

2016년 1월
담당 편집자 임성춘

1. 명령어와 결과 표시는 아래와 같이 구분을 하였다.

```
$ pwd          ← 명령어
/home/jundols   ← 결과
```

2. 입문자를 위해 아래와 같이 본문 중간중간 Q&A를 두었다. 용어에 대한 설명일 수 있고 기타 궁금증을 유발할 만한 내용을 넣었다.

 변수값을 바꾸어 실행파일을 만들 수 있다는 게 어떤 의미일까?

예를 들어 특정 프로그램은 멀티 코어를 최대한 활용하도록 설계되는데, 이 경우 해당 프로그램이 최적의 성능을 내려면 해당 컴퓨터의 프로세서 코어의 개수를 알아야 한다. 따라서 소스 컴파일 시에 코어 개수를 설정해 준 다음 컴파일을 하면 자신의 컴퓨터에 최적화된 실행 파일을 얻을 수 있다.

3. [직접해보세요] 코너는 반드시 직접 해보아야

이 코너에서는 본문에서 배운 내용들을 다시 약간 응용하여 복습하는 실습이다. 자신의 힘으로 꼭 직접 해보기 바란다.

1. 버추얼박스에 우분투를 설치해 보자.

2. 버추얼박스의 옵션을 바꾸면서 가상머신의 성능이 어떻게 달라지는지 확인해보자.

3. Fedora나 Mint 같은 다른 리눅스 배포판을 한번 설치해보자.

4. 우분투 서버 버전을 설치해보자

4. [정리해봅시다]로 이론적인 내용을 정리

각 장에서 배운 내용을 서술 형식으로 테스트하는 과정이다. 무슨 지식을 습득하든지 연습
문제를 풀어봐야 그 지식에 더 익숙해질 수 있다.

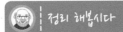 정리 해봅시다

1. 가상머신에 우분투를 설치하는 방식의 장단점은 무엇일까?

2. 멀티 부팅으로 우분투를 설치하는 방식의 장단점은 무엇일까?

3. 버추얼 머신의 게스트 확장은 무슨 기능인가?

4. 가상 저장 장치 방식 중 동적 할당과 고정 크기는 어떤 차이가 있는가?

5. 궁금하면 여기 물어보세요

로드북 전용 Q&A 게시판이다. 질문 앞머리에 [우분투]만 붙여주면 된다. 저자에게 바로 질
문 의뢰가 가고 빠른 답변을 받아볼 수 있다.

http://www.roadbook.zerois.net/qna

1장 기본 지식을 갖추자

1장
기본 지식을 갖추자

이 장을 시작하기 전에

우분투를 본격적으로 배우기 전에 사전에 알아야 할 기초 지식이 있다.

첫번째로 운영체제에 대한 내용인데, 이 책은 입문서이므로 운영체제에 대한 학문적인 내용은 다루지 않고 기초적인 개론만 살펴볼 것이다.

두번째로 리눅스에 대해 알아본다. 우분투가 리눅스를 기반으로 만들어진 운영체제이기 때문에 리눅스를 모르고선 우분투를 이해할 수 없다.

운영체제에 대해 잘 알고 있거나 다른 리눅스를 사용해본 적이 있는 독자라면 이번 장은 넘어가도 된다.

우분투의 세계에 오신 것을 환영합니다

우분투를 공부해보고 싶어서 이 책을 선택한 독자이든 우연히 제목을 보고 호기심에 책을 꺼내 들어 읽기 시작한 독자이든 아마 여러분은 일반적인 다른 컴퓨터 유저보다는 컴퓨터에 대해 많이 알고 있을 것이다. 우분투라는 단어를 들어봤고 우분투에 대해 알고 싶어한다는 것 자체가 사실 일반적인 컴퓨터 유저들이 가지는 관심은 아니기 때문이다.

그만큼 우분투는 대중적이지 않다. 그럼에도 가끔씩 호기심으로 또는 MS윈도우가 식상해서 우분투를 사용해보려고 하는 유저를 종종 만나게 된다. 이들 중 대다수는 MS윈도우 제품에 익숙하기 때문에 우분투를 처음 접하게 되면 어색하고 낯설어 이내 포기하고 다시 MS윈도우로 돌아가고 만다. 하지만 몇몇 유저들은 우분투에 푹 빠져 날로 실력이 늘기도 한다. 다른 일반 유저들이 발견하지 못한 우분투의 매력을 알게 되는 것이다.

우분투를 배우려고 하는 이유가 무엇이든 간에 이제 우분투의 세계로 들어가려고 한다. 이 책을 통해서 진정한 우분투의 매력이 무엇인지 알 수 있게 될 것이다. 그것은 MS윈도우 같이 재미없고 시시한 운영체제에서는 느낄 수 없는 매력이다. 하지만 쉽게 맛볼 수 있는 매력이 아니다. 우분투를 사용하는 것이 MS윈도우를 사용하는 것보다 훨씬 더 어렵다고 느낄 수도 있다. 하지만 포기하지 말고 계속 도전해보라. 당신이 도전한 만큼 우분투는 훨씬 더 많은 매력을 알려줄 것이다.

이 책은 여러분이 우분투의 세계로 들어가서 길을 헤매지 않도록 인도해 줄 것이다. 만약 이미 우분투(또는 다른 리눅스 배포판)를 써본 경험이 있거나 책 앞쪽에서 설명하는 내용이 쉽게 느껴진다면 응용 부분(예를 들면 "5장. 서버 구축하기")으로 바로 넘어가도 좋다. 그렇지 않다면 차근차근 앞장부터 읽어가는 게 좋다. 급하게 내용을 건너 뛰면 길을 잃고 우왕좌왕 할 수 있다. 그럼 이제 우분투를 만날 준비가 됐으면 출발하자.

운영체제와 리눅스

운영체제(OS)란?

그림 1-1 운영체제 종류

우분투를 한마디로 정의하면 운영체제(OS)의 한 종류이다. 따라서 우분투를 이해하려면 운영체제에 대한 지식이 있어야 한다. 운영체제를 이야기할 때 MS윈도우 제품을 빼놓을 수 없다. 가장 대중적인 운영체제이기 때문이다. 대부분의 사용자들은 컴퓨터에 Windows7 같은 운영체제를 설치한다. 컴퓨터에 설치된 Windows7은 전원을 넣으면 컴퓨터를 사용할 수 있도록 준비한다. 이런 과정을 부팅Booting이라고 한다. 부팅이 되고 나면 사용자는 MS Word, Explore, Excel 같은 원하는 응용프로그램을 실행시키고 컴퓨터로 하고자 하는 작업을 수행한다.

이렇듯 운영체제는 컴퓨터를 사용하기 위해서 설치되는 가장 기본적인 프로그램으로, 운영체제가 설치되어 있어야 워드나 게임, 인터넷 서핑 등 다양한 응용프로그램을 사용할 수가 있다. 우분투가 하는 역할이나 목적도 MS윈도우와 동일하다. 우분투는 사용자가 컴퓨터를 이용해서 다양한 응용프로그램을 사용할 수 있도록 해준다. 사용자가 컴퓨터에 우분투를 설치하고 나서 컴퓨터를 켜게 되면 우분투가 부팅을 하게 되고, 사용자는 원하는 프로그램을 실행시켜서 작업을 진행하게 된다.

이처럼 MS윈도우나 우분투나 목적은 비슷하지만 우분투를 사용한다는 것은 MS윈도우와 완전히 다른 형태로 컴퓨터를 사용한다는 것을 의미한다. 예를 들어 MS윈도우에서 동작하는 응용프로그램들은 우분투에서 전혀 사용할 수가 없다. MS윈도우에서 동작하는 응용프로그램들이나 게임은 윈도우에서만 동작하도록 제작되었기 때문에 우분투에서는 호환이 되지 않는다. 우분투에서는 우분투에서 동작하도록 제작된 응용프로그램들을 설치해야 한다. 이런 이유로 Microsoft Office는 우분투에서 동작하지 않는다(원래는 동작하지 않지만 방법은 있다. 나중에 살펴볼 것이다).

이렇게 MS윈도우와 우분투가 전혀 다른 방식으로 동작하고 서로 호환되지 않는 이유를 살펴보면 세부적으로는 다양한 이유가 있겠지만 가장 중요한 이유는 운영체제의 핵심인 커널[Kernel]이 다르기 때문이다.

운영체제 커널이 다르면 서로 호환되지 않는다

 우분투를 왜 쓰나?

우분투는 리눅스를 처음 접하는 초보자에게 적합한 운영체제이다. 리눅스를 처음 배우고자 한다면 우분투가 제격이다. 우분투가 초보자에게 적합하다고 해서 중급자들에게는 어울리지 않는 것도 아니다. 우분투는 서버를 운영하거나 프로그래밍을 하기에도 적합하다.

운영체제 커널(OS Kernel)이란?

그림 1-2 커널의 용도

커널의 사전적 의미는 '알맹이'란 뜻인데 운영체제에서 커널은 운영체제의 핵심기능을 담당하는 부분을 의미한다. 현재 우리가 쓰고 있는 운영체제들은 굉장히 많은 기능을 기본적으로 제공한다.

GUI^{Graphic User Interface}가 없으면 불편하니까 멋진 화면도 보여줘야 하고, 파일도 관리해야 하니 파일 탐색기도 필요하고, 여러 사람이 같이 쓰려면 다중 사용자 로그인 기능도 있어야 한다. 사실 이런 기능들은 운영체제 입장에서 보면 사용자를 편하게 해주는 유틸리티 같은 기능에 불과하다. 운영체제의 핵심 기능은 프로세서^{Processor} 관리, 메모리 관리, 네트워크 관리, 저장 장치 관리, 응용프로그램 관리 같은 다양한 장치와 프로그램들을 관리해서 사용자가 컴퓨터를 효율적으로 이용할 수 있게 해주는 것이다. 커널은 바로 이런 핵심 기능을 담당하는 부분을 말한다.

대부분의 운영체제들은 이렇게 운영체제 커널 부분과 그 위에 올라가는 여러 서비스와 응용 기능들로 구성되어 있다. MS윈도우나 맥에서 사용하는 OS X 등 다른 OS들도 비슷한 구조이다. MS윈도우에서 사용하는 커널은 "NT 커널"이라고 부른다. Microsoft는 이 커널을 기반으로 사용자 편의성을 다양하게 강화하여 Windows 2000 〉 Windows XP 〉 Windows 7 〉 Windows 8 같은 신 버전을 출시한다. 사용자가 보기엔 새로운 운영체제이지만 내부에서 핵심으로 동작하는 커널은 한 종류이다. 물론 커널도 프로그램이기 때문에 시간이 갈수록 계속 기능이 추가되고 버전업이 되어 과거 버전과 최신 버전은 차이가 많이 발생한다. 맥에서 사용하는 운영체제는 OS X이라고 불리는데, 커널은 마하 커널^{Mach Kernel}이라고 부른다. Apple은 이 커널을 기반으로 Mavericks, Yesemite 같은 운영체제를 출시한다.

그러면 이제 리눅스 커널에 대해 살펴보자.

 리눅스 커널을 가지고 무엇을 할 수 있나?

리눅스 커널은 이론이 아닌 실제 환경에서 동작중인 운영체제의 구조를 이해하고 분석하는 데 가장 좋은 자료이다. 따라서 운영체제를 공부하고자 한다면 리눅스 커널의 소스를 분석하는 게 큰 도움이 된다.

리눅스 커널(Linux Kernel)은?

그림 1-3 리누즈 토발즈

리눅스 커널은 필란드 헬싱키 대학원생이었던 리누즈 토발즈^{Linus Torvalds}가 최초로 개발한 것을 시작으로 전세계의 수많은 프로그래머들이 협업해서 개발하고 있는 오픈소스 커널이다. 리누즈는 취미로 커널을 개발해서 1991년에 최초로 인터넷에 공개한다.[1] 최초로 공개된 리눅스 커널은 아직 쓸만한 커널이라고 보기엔 부족한 부분이 많았다. 이렇게 미미하고 보잘것없던 커널이 세계에서 가장 많이 사용되는 커널로 성장하게 된 배경에는 다양한 이유가 있겠지만, 리차드 스톨만이 주도하는 FSF^{Free Software Foundation}의 GNU가 리눅스를 지원한 것도 한몫 했다.

그림 1-4 GNU 로고

---

1 http://en.wikipedia.org/wiki/History_of_Linux에 가면 리누즈가 최초로 발표한 이메일 내용을 볼 수 있다

GNU(GNU is Not Unix의 약칭)는 FSF에서 만드는 소프트웨어들을 말하는데, 컴파일러^{Compiler}, 쉘^{Shell}, C라이브러리^{Library}처럼 컴퓨터로 프로그래밍 하는 데 필수적인 프로그램들을 무료로 만들어서 배포하고 있었다. 소프트웨어의 소스를 감추고 실행 프로그램만 상업적으로 판매하는 행위를 반대하고 모든 프로그램은 소스코드를 공개해서 자유롭게 이용할 수 있어야 한다는 FSF의 이념이 컴퓨터 사용자들 사이에서 상당한 지지를 얻고 있었다.

GNU는 운영체제도 만들어서 무료로 배포하려고 했으나 여러 이유로 성공하지 못했고, 그 와중에 리눅스 커널이 세상에 나오자 GNU의 다양한 소프트웨어가 리눅스에서 동작할 수 있게 지원을 하였다. 이런 이유로 혹자는 리눅스를 GNU/리눅스라고 불러야 한다고 주장하기도 한다.

GNU의 모든 프로그램은 소스코드를 공개하여 코드를 마음대로 수정하거나 상업적으로도 이용할 수 있게 하는 라이센스(GNU License)인 GPL을 취하고 있다. 리눅스 커널 또한 GNU 라이센스 기반으로 배포되고 있다. 따라서 리눅스 커널은 누구나 소스코드를 인터넷에서 마음대로 다운로드[2] 받을 수 있으며 수정할 수 있다. 이런 정책 덕분에 전세계의 수많은 프로그래머들이 리눅스 커널을 개선시키고 버전업 하는 데 기여하게 된다.

 GPL(GNU Public License)이란?

GNU에서 만든 소프트웨어 라이선스를 말한다. GNU가 생각하는 소프트웨어 소스코드 공유 정신을 가장 잘 보여주고 있다. 간단하게 살펴보자. GNU 라이센스로 배포되는 소스코드는 누구나 마음대로 가져다가 쓰고, 수정도 마음대로 할 수 있다. 심지어 상용 프로그램에 가져다 써도 무방하다. 단, GPL 기반의 소스코드를 가져다 사용했다면 반드시 다른 사람들을 위해서 자신의 소스코드를 공개해야 한다. 상용 소프트웨어도 GPL 소스를 가져다 쓸 수 있지만 자신의 소스를 공개해야 하는 조건 때문에 잘 사용하지 않는다.

---

2 http://kernel.org

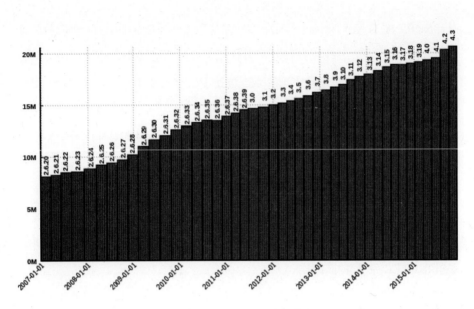

그림 1-5 리눅스 커널의 성장[3]

[그림 1-5]는 리눅스 커널의 발전을 보여주고 있다. 현재 리눅스 커널의 버전은 4.3까지 올라왔다. 리눅스 커널은 전세계의 수많은 회사들과 개발자들이 버전업에 참여하고 있으며 가장 성공한 오픈소스 프로젝트가 되었다. 리눅스 커널의 공식 사이트는 https://www.kernel.org이다.

리눅스(Linux)란?

리눅스가 무엇인지 명확하게 정의하는 게 쉽지는 않다. 리눅스는 사람에 따라서 또는 상황에 따라서 여러 의미를 담고 있기 때문이다. 보통 사람들이 리눅스에 대해 이야기할 때는 아래와 같다.

리눅스 커널을 의미하는 리눅스

첫번째로 많이 쓰이는 정의로는 리눅스 커널 자체를 리눅스라고 부르기도 한다. 리눅스는 원래 커널의 이름이기 때문에 리눅스 커널이라고 말하지 않고 줄여서 리눅스라

---

3 http://www.ibm.com/developerworks/library/l-linux-kernel

고 부르기도 한다. 앞에서 살펴 본 것처럼 리눅스 커널만을 가지고 운영체제라고 말하기는 어렵다. 커널이 운영체제의 핵심이기는 하지만 커널만 가지고는 할 수 있는 게 없다.

리눅스 패포판을 의미하는 리눅스

두번째로는 리눅스 배포판(Linux Distrubution)들을 지칭하는 대명사로 리눅스라는 용어를 쓰기도 한다. 리눅스 커널만 가지고는 할 수 있는 게 없기 때문에 다양한 단체나 회사에서 리눅스 커널을 이용해서 완성된 운영체제를 만드는데, 이렇게 리눅스 커널 기반으로 만들어진 운영체제들을 리눅스 배포판이라고 부른다.

리눅스 배포판들은 기본적으로 리눅스 커널을 기반으로 윈도우를 보여주는 GUI 프로그램과 기타 다양한 프로그램을 한데 모아서 패키징^{Packaging}을 하게 된다. 일반적으로 사람들이 컴퓨터에 리눅스를 설치했다고 말할 때에는 리눅스 배포판 중 하나를 설치했다는 것을 의미한다.

리눅스 배포판들은 리눅스 커널을 이용해서 운영체제를 만들었다는 점을 제외하고는 사용 방법이나 형태가 매우 다를 수 있기 때문에 각각의 배포판에 맞는 지식이 필요하다. 윈도우 운영체제는 단일 회사에서 만들기 때문에 윈도우 제품간에 일관된 인터페이스에 그래픽 환경이 있지만, 리눅스 배포판들은 다양한 조직에서 다양한 목적으로 만들기 때문에 같은 커널을 사용하고 있는 운영체제라고 보기 어려울 정도로 다르기도 하다. 우리가 이 책에서 다루고 있는 우분투도 역시 리눅스 커널 기반으로 개발된 수많은 리눅스 배포판 중에 하나이다.

리눅스 배포판의 종류와 특징

리눅스 커널이 개발된 지 벌써 20년이 넘었다. 그 동안 리눅스 커널을 기반으로 세상에 나온 배포판을 전부 살펴보자고 하면 수백 개가 넘는다. 그 수많은 배포판들이 출시되고 사라지는 것을 반복하면서 더 좋은 배포판들만이 살아남게 된다. 우분투를 제외하고 살펴볼 만한 배포판을 소개한다. 지금부터 소개할 리눅스 배포판은 수년간 사람들에게 인정받은 대표적인 것들이다. 만약 다른 배포판을 써보고 싶은 사람은 한번 깔아봐서 우분투와 비교해 보는 것도 재미있을 것이다.

Cent OS

그림 1-6 CentOS

가장 인기있던 리눅스 배포판인 Radhat Linux가 RHEL[Radhat Enterprise Linux]로 이름을 바꾸고 상업적으로 변하자, RHEL과 호환되는 무료 OS를 목표로 개발되고 있는 배포판이다. RHEL이 돈을 주고 파는 상업용 제품이라고 해도 GNU 라이센스에 따라서 소스를 공개해야 하므로 그것을 기반으로 개발되고 있다.

리눅스를 서버로 이용하는 기업체나 서비스들은 안정성이 가장 첫번째 조건이다. 따라서 리눅스 패포판 중 가장 안정적인 것으로 평가되고 기술 지원도 잘 되는 RHEL을 많이 쓴다. 하지만 일반인이나 학생들은 비용이 부담되는 게 현실이다. CentOS는 이런 사용자들을 위해서 RHEL 소스를 기반으로 만들어지며 RHEL을 그대로 모방하는 제품이다.

이 배포판의 최대 장점은 안정성이기 때문에 서버용으로 적합하다. 안정성을 중시한다는 말은 최신 기능을 적용하는 것에 보수적이라는 말이기도 하다. CentOS가 관리하는 패키지들은 오랜 기간 안정성을 인정받아야만 버전업을 하기 때문에 오래된 버전을 사용하는 경우가 많다. 따라서 리눅스의 최신 기능을 사용해보고자 하는 사용자들에게는 적합하지 않다. 현재 CentOS 최신 버전은 7이며 공식 사이트는 http://www.centos.org/ 이다.

Fedora

그림 1-7 fedora

　레드햇 리눅스가 RHEL로 상업화되면서 레드햇은 오픈소스 커뮤니티인 페도라 프로젝트를 구축해서 페도라 리눅스를 분리 개발하기 시작했다. 원래는 페도라 코어라고 불렀다가 후에 페도라라고 명칭을 바꾸었다.

　CentOS와 fedora 모두 레드햇 리눅스와 관련이 있지만 차이점을 살펴보면 CentOS는 레드햇과 별도로 외부의 커뮤니티에서 지원하고 있는 배포판인 반면 페도라는 레드햇에서 직접 관여하고 있는 배포판이다. RHEL이 기업용 버전이라면 페도라는 일반 사용자들을 위해서 개발되고 있다. 따라서 최신 기술이 많이 들어가 있고 버전업 주기도 6개월 단위로 빠른 편이다. 너무 새로운 기능을 빠르게 도입하다 보니 아직 개발중인 프로그램들도 운영체제에 포함되어 시스템이 불안정한 경우가 종종 있다. 이는 레드햇에서 RHEL에 도입할 기능을 먼저 선행적으로 페도라에 도입해서 안정성을 확인해보려는 경향이 있기 때문이다. 약간 안정성이 불안하다고 해도 RHEL에 비해 그렇다는 것이지 전반적으로는 매우 안정적인 배포판이다. 태생이 레드햇 리눅스를 기반으로 시작되었기 때문에 레드햇 리눅스를 사용했던 유저들은 익숙하게 사용할 수 있어서 많은 사용자들이 여전히 사용하고 있다.

Debian

그림 1-8 debian

위에서 소개한 리눅스 배포판들이 레드햇 계열 배포판이라면, 데비안은 레드햇과는 별개로 독립적으로 개발되고 릴리즈되는 배포판이다. 레드햇만큼 워낙 유명한 배포판이어서 데비안을 기반으로 해서 개발되는 배포판도 그 종류가 다양하다.

우리가 이 책에서 배울 우분투 리눅스 역시 데비안 리눅스를 기반으로 개발되었다. 데비안은 가장 오랫동안 개발되고 있는 배포판 중 하나이다. 초기부터 오픈소스 프로젝트로 비상업성을 띄고 개발되었기 때문에 안정성이나 기술 지원이 RHEL에 비해 부족해서 기업에서는 잘 쓰지 않았다. RHEL에 비해서 그렇다는 것일 뿐 데비안은 다른 배포판에 비해 안정적인 것으로 유명하다.

데비안은 레드햇을 좋아하지 않은 사용자들이 많이 사용한다. 데비안 리눅스의 가장 큰 장점은 패키지 관리가 쉽고 지원되는 패키지의 수가 다른 배포판에 비해 많다는 점이다.

 패키지와 프로그램의 차이는?

데비안은 프로그램은 물론이고 다양한 라이브러리, 소스, 문서 자료 같은 것도 패키지로 만들어서 관리한다. 대게 사용자들은 패키지 관리자를 통해서 프로그램만 설치하므로 패키지는 프로그램을 의미한다고 생각하겠지만, 사용자가 프로그램 패키지 하나를 시스템에 설치하라고 명령을 입력해도 사실은 프로그램 실행에 필요한 수많은 라이브러리 패키지를 자동으로 같이 설치하게 된다.

그 외 배포판들

그 외에 몇가지 특이한 배포판을 좀 더 살펴보자.

- **Slackware**

  현존하는 리눅스 배포판 중 가장 오랫동안 개발되고 있는 리눅스 배포판이다. 다른 배포판들이 좀 더 쓰기 쉽고 편리함을 위해 버전업 되는 것에 비해 이 배포판은 최소한의 편의만 지원하고 있다. 때문에 초보자가 접근하기에 어려워서 어느 정도 리눅스가 익숙한 사용자에게 적합하다. 이렇게 초보자가 사용하기 까다로운 리눅스 배포판 중에는 Gentoo Linux나 Arch Linux가 있다.

- **Mint**

  우분투 리눅스에서 파생된 배포판으로 distwatch.com 사이트 기준으로 인기 순위 1위인 배포판이다. 우분투보다 더 편하게 쓸 수 있는 것을 목표로 하고 개발되고 있다. 예를 들어 우분투는 정책상 어도비 플래시나 오라클 자바 같은 상업용 프로그램을 기본적으로 내장하지 않지만, Mint는 기본적으로 내장하고 있다.

- **OpenSUSE**

  Slackware에서 파생되어 개발되고 있는 배포판이다. Slackware 계열이지만 일반 사용자들이 쉽게 사용할 수 있는 것을 목표로 하기 때문에 우분투만큼 편하다는 평가를 받고 있다. 유럽에서 개발되고 있기 때문에 유럽에서 많이 사용하고 있는 배포판이다.

그 외에 리눅스 배포판이 얼마나 많이 있는지, 배포판 간의 계보는 어떻게 되는지 궁금하다면 Wikipedia[4]를 한번 살펴보면 잘 나와있다.

우분투란 뭐지?

그림 1-9 우분투 로고

우분투는 아프리카 반투어로 "네가 있으니 내가 있다"라는 의미라고 한다. 남아프리카 공화국의 건국 이념이기도 하며 아프리카 특유의 인류애와 사상을 표현하고 있다. 우분투를 사용하는 사용자들 사이에서는 "다른 사람들을 위한 인간애(humanity towards others)"라고 단어를 정의하기도 한다.

---

4 https://en.wikipedia.org/wiki/Linux_distribution

우분투 리눅스는 앞에서 살펴보았듯이 다양한 리눅스 배포판 중에 하나이다. 현재 데스크탑용 리눅스 배포판 중 가장 인기가 높은 배포판이다. 우분투가 다른 배포판에 비해 여러 장점이 많은데 어떤 점이 좋은지 한번 살펴보자.

우분투는 누가 만드나?

우분투는 태생부터 여타의 다른 리눅스 배포판과는 다르게 출발했다. 대부분의 리눅스 배포판들은 오픈소스 진영의 비영리 조직이 개발하는 경우가 대부분인데 우분투는 처음부터 상업회사의 지원 아래서 탄생했다. 우분투는 캐노니컬^{Canonical}이라는 영국에 본사를 둔 회사에서 지원하고 있다. 이 회사의 지원을 받아서 우분투 재단이라는 비영리 조직이 우분투의 개발을 주도하는 형태로 개발되고 있다. 우분투는 캐노니컬의 자금 지원을 받을 수 있었던 덕분에 개발비 부담을 가지고 있는 다른 배포판들보다 빠르게 기능이 추가되고 개선되었다.

그림 1-10 마크 셔틀워스

우분투를 탄생시킨 캐노니컬의 창업자는 남아프리카 공화국 출신의 억만장자인 마크 셔틀워스라는 인물이다. 최초로 자비를 들여서 우주여행을 다녀온 아프리카인으로 알려져 있다. 베리싸인에 써트라는 회사를 매각해서 억만장자가 된 마크 셔틀워스는 2004년에 캐노니컬을 설립해서 우분투를 개발하기 시작했다. 우분투라는 이름도 창립자가 아프리카 출신인 것에 영향이 있을 것이다.

우분투 기반

우분투를 만들고 있는 곳은 우분투 재단이지만 우분투는 모든 것을 처음부터 만든 운영체제는 아니다. 다른 대부분의 리눅스 배포판들도 마찬가지로 기존에 존재하던 유명한 배포판을 기반으로 삼아서 개선하고 변경하고 있다.

우분투는 데비안 리눅스를 기반으로 새롭게 개발된 리눅스 배포판이다. 데비안의 기본적은 패키지 관리 방식(deb)과 업데이트 방식(apt)을 그대로 사용하고 있다. 우분투는 이런 데비안의 기본 구조 위에 새롭게 GUI를 구성하고 설치되는 패키지 종류를 새롭게 구성해서 만든 리눅스 배포판이다.

 deb과 apt란

deb은 패키지 파일 확장자를 나타내고, apt는 패키지 관리 프로그램 이름이다. apt 프로그램을 이용해서 deb 파일을 설치할 수 있다. 자세한 내용은 뒷장에서 다룰 예정이다

우분투 버전 관리

10년이 넘은 기간 동안 개발되면서 우분투도 계속 발전하고 버전이 업그레이드 되어 왔다. 우분투의 버전업은 특이한 규칙이 있다. 항상 6개월마다 다음 버전을 출시하는 규칙이 그것이다. 우분투는 매년 4월과 10월에 차기 버전을 출시한다. 그래서 버전을 정할 때는 13.04나 14.10 같이 숫자 사이에 점을 찍어서 표시한다. 소숫점 앞자리는 버전이 출시된 년도를 나타내고 소숫점 뒷자리는 출시 달을 표시한다. 13.04 버전은 13년 4월에 출시된 우분투 버전을 나타낸다.

우분투의 개발 정책은 기간을 먼저 정하고 개발을 진행하는 형태이다. 때문에 신규 버전에 탑재할 기능들을 우선순위를 정해서 개발하다가 일정상 구현이 완료되지 않을 것 같은 기능은 차기 버전에서 제외하고 차후를 기약한다. 여타의 다른 회사 소프트웨어처럼 기능 구현이 완료되지 못하면 제품 출시를 늦추거나 하는 형태는 없다.

이렇게 빠른 업데이트로 인해서 다른 배포판들보다 최신 기능을 빠르게 반영하고 기능을 개선할 수 있었다. 다른 리눅스 배포판들은 업데이트 속도가 느린 경우가 많아서 우분투의 이런 빠른 버전업은 유저들로부터 많은 호응을 얻었다.

우분투 버전이 이렇게 빠르게 올라가면서 과거 버전의 업데이트를 해주는 기간이 문제가 되는데 일반적인 버전의 경우 보통 출시 후 1년 동안 업데이트를 해주고 있다. 1년이라는 기간은 운영체제 업데이트로는 그다지 긴 기간이 아니기 때문에 몇년에 한 번씩 LTS^{LongTermSupport} 버전을 출시한다. 10.04, 12.04, 14.04가 LTS 버전에 해당하는데 LTS 버전은 업데이트를 5년동안 보장해 준다.

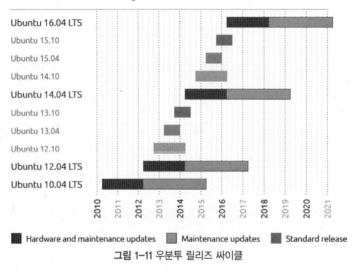

그림 1-11 우분투 릴리즈 싸이클

 업데이트를 보장해준다는 의미?

업데이트를 지원한다는 의미는 해당 버전의 우분투에서 사용중인 프로그램이나 라이브러리에 버그가 있거나, 기능이 개선되었다면 우분투에서 공식적으로 해당 프로그램을 업데이트 해준다는 의미이다. 서버 같은 경우는 보안이 중요하기 때문에 보안 업데이트를 주기적으로 받아야 해서 업데이트가 중단되면 계속 서버를 운영할 수는 있지만 보안 문제가 발생할 수도 있다.

위 그림에서 보듯이 우분투 10.04 버전은 2015년, 12.04 버전은 2017년까지 업데이트를 해주는 것을 알 수 있다.

우분투는 숫자로 버전을 표기하는 것 외에도 버전마다 코드네임을 가지고 있다. 그래서 일부 우분투 사용자는 버전으로 이야기하지 않고 코드네임으로 우분투 버전을 구분하기도 한다.

표 1-1 우분투 코드네임명

버전	코드네임
15.04	Vivid Vervet
14.10	Utopic Unicorn
14.04	Trusty Tahr
13.10	Saucy Salamander
13.04	Raring Ringtail

우분투 코드 네임명은 두 단어로 이루어지는데 알파벳 순으로 버전이 올라가고, 두 단어의 첫 글자가 같은 알파벳을 이용한다. 또한 앞쪽 단어는 형용사가 들어가고 뒤쪽 단어에는 동물 이름이 들어가는 규칙이 있다.

우분투 종류

우분투는 용도에 따라서 크게 데스크탑용 우분투와 서버용 우분투로 구분된다. 그 외에도 캐노니컬의 사업 영역 확장으로 우분투가 태블릿PC, 스마트폰, 스마트TV까지 적용 영역을 넓히고 있지만 여기서는 PC용 버전에 한해서 설명한다.

데스크탑용 우분투

일반적인 PC를 사용하는 유저들을 위한 버전이다. 우분투를 부팅하고 나면 화려한 GUI가 뜨면서 그래픽컬한 인터페이스를 이용해서 우분투를 사용할 수 있다. 다양한 어플리케이션을 설치하거나 웹 브라우저를 이용해 인터넷을 사용하고 음악과 동영상 파일을 볼 수도 있다. Windows 운영체제처럼 일반 사용자를 위한 운영체제이다. 사용자의 편리한 컴퓨터 사용에 초점이 맞추어져 있다.

서버용 우분투

PC를 일반적인 목적이 아닌 서버용으로 사용하려고 할 때 설치하는 버전이다. 서버는 항상 켜져 있고 보통 원격에서 네트워크를 통해 접속해서 사용하기 때문에 서버용 우분투는 사용자 편의를 위한 GUI를 지원하지 않는다. GUI를 사용하게 되면 메모리와 프로세서를 어느 정도 더 사용하게 되고, 경우에 따라서는 시스템이 불안해질 수 있기 때문이다. 따라서 모든 작업을 콘솔창에서 텍스트로 진행해야 한다. 대신 메모리를 적게 사용하고 좀 더 안정적인 운영체제 가동을 보장해준다. 또한 서버용 우분투는 설치 시에도 GUI 환경이 아닌 텍스트 기반으로 설치 마법사를 진행하기 때문에 초보자가 설치하기엔 좀 어려운 면이 있다.

위에서 보듯이 데스크탑용과 서버용의 가장 큰 차이점은 GUI의 지원 유무이다. 큰 차이이긴 하지만 그 외에 기본적인 부분은 데스크탑 버전이나 서버 버전이나 거의 동일하다. 따라서 데스크탑용 우분투를 설치했다고 해서 서버용으로 사용하지 못하는 건 아니다. 특정 프로그램을 추가해주면 데스크탑 우분투도 서버용으로 확장이 가능하다. 이렇게 하게 되면 데스크탑 버전에 있는 GUI도 쓰면서 서버로도 쓸 수 있어서 개인이 서버로 쓰기에는 적합한 방법이다. 반대로 서버용 우분투에 사용자가 직접 GUI를 설치할 수도 있다. 보통 이렇게는 사용하지 않는다.

 우분투를 배우면 다른 배포판들도 쉽게 익숙해질 수 있나?

우분투를 배우면 다른 배포판들도 쉽게 익숙해질 수 있다. 특히 콘솔 기반 작업 명령어들은 대부분 동일하기 때문에 배포판 간의 차이가 크지 않다. GUI 부분은 배포판 간의 차이가 많이 나는 경우도 있다. 그렇다 할지라도 메뉴 위치나 조작법이 다를 뿐 리눅스 시스템을 설정하는 부분은 대부분 비슷한 내용을 다루고 있다.

우분투 형제들

사실 캐노니컬은 우분투 외에도 다양한 리눅스 배포판을 개발하고 있다. 목적과 기능에 따라서 용도에 맞게 쓰면 되는데 우분투가 가장 유명하고 많이 쓰이기 때문에 특별한 목적이 아니라면 우분투를 쓰는 게 좋다.

쿠분투(Kubuntu)

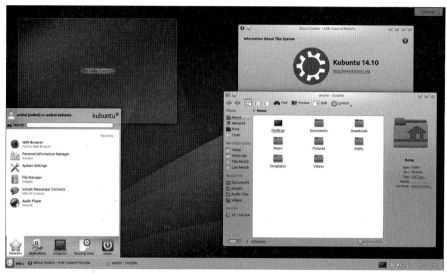

그림 1-12 쿠분투 14.10 스크린샷

쿠분투는 GUI 환경으로 KDE라는 매니저를 사용하는 버전의 우분투이다. 우분투를 기반으로 개발되고 있어서 다른 기능들은 대부분 동일하지만 화면에 보여지는 그래픽적인 모양이 다르다. KDE는 우분투가 사용하는 GNOME 윈도우 매니저와 함께 가장 유명한 리눅스 용 윈도우 매니저이다.

주분투(Xubuntu)

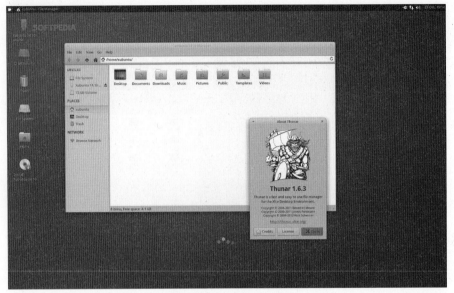

그림 1-13 주분투 14.10 스크린샷

주분투는 GUI 환경으로 Xfce라는 매니저를 사용하는 버전의 우분투이다. Xfce 윈도우 매니저는 저사양의 컴퓨터에서도 무리 없이 사용할 수 있는 가벼운 윈도우 매니저로 유명하다. 만약 설치하고자 하는 컴퓨터가 오래되어 저사양이라면 주분투를 설치하는 것도 좋은 선택이다. 주분투 역시 GUI가 다르다는 점 외에 우분투에서 사용할 수 있는 모든 프로그램을 그대로 사용할 수 있다.

민트(Mint) 리눅스

그림 1-14 민트 리눅스 스크린샷

민트 리눅스는 우분투 리눅스를 기반으로 하는 파생 배포판이다. 유명한 리눅스 배포판들은 이런 파생 배포판들이 생기게 된다. 우분투 리눅스 역시 많은 사용자들로부터 인기를 끌고 있기는 하지만 모든 사용자가 다 마음에 들지는 않았을 것이다. 그래서 우분투의 장점만을 살리면서 약간 수정한 배포판들이 다수 존재한다. 민트 리눅스도 이런 우분투 파생 배포판 중 하나인데 파생 배포판 중 가장 인기 있는 배포판이다. 민트 리눅스는 우분투 리눅스에서 몇 가지 기능을 변경하고 수정해서 발표하고 있는데 주요 변경되는 사항은 아래와 같다.

우분투는 정책상 완전 오픈소스 프로그램이 아니면 운영체제에 포함시키지 않는 정책을 고수하는데 이로 인해서 사용자가 필요한 몇몇 프로그램은 따로 설치해줘야 하는 번거로움이 있다. 민트 리눅스는 우분투에서 따로 설치해줘야 하는 독점 하드웨어 드라이버와 어도비 플래시를 내장하고 있다.

유니티(Unity) GUI를 사용하지 않는다. 우분투의 기본 GUI 매니저는 11.04부터 유니티라는 우분투가 자체적으로 개발한 GUI를 사용하고 있다. 이는 많은 사용자들로부터 호불호가 갈리는 GUI이다. 최신 버전의 우분투를 쓰고 싶지만 유니티 GUI를 불편해하는 사용자들은 민트 리눅스를 선호한다.

쿠분투와 주분투는 캐노니컬의 공식 지원을 받는 배포판이어서 우분투와 버전 업그레이드가 동시에 일어나지만, 민트는 비공식적으로 개발되는 배포판이기 때문에 버전 출시 주기와 버전 숫자가 우분투와는 다르게 진행된다. 가장 최신 버전은 17.1 버전으로 우분투 14.04를 기반으로 개발되었다.

왜 우분투를 쓰는 걸까?

우분투가 나오기 전에도 수많은 리눅스 배포판들이 있었지만 어떤 배포판도 우분투만큼의 점유율을 가지지 못했었다. 우분투가 나오자마자 기존의 배포판을 다 제치고 가장 많은 사용자를 확보하게 된 이유가 뭔지 우분투의 특징을 한번 살펴보자.

쉬운 설치

기존의 리눅스 배포판들은 리눅스를 설치하는 것도 쉽지 않았다. 리눅스를 설치하기 위해서는 리눅스와 컴퓨터에 대한 기본적인 지식이 있어야 했다. 예를 들면 기존의 리눅스 배포판들은 설치시에 리눅스 파티션을 어떻게 설정할지 지정해 주어야 했는데, 이는 리눅스를 접해보지 않은 사용자가 설정하기엔 쉽지 않은 부분이다.

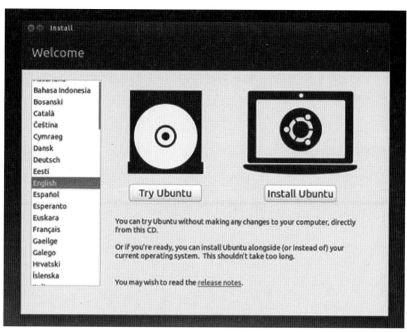

그림 1-15 우분투 설치화면

우분투는 이를 개선해서 마우스로 몇번 클릭만 하면 자동으로 설치되는 환경을 구축했다. 물론 리눅스를 잘 아는 사용자들을 위해서 고급 설정 기능도 가지고 있지만 기본적으로는 자동으로 셋팅을 해준다.

유니티(Unity) 그래픽 환경

그림 1-16 유니티 기반 윈도우 환경

우분투는 기존의 리눅스 배포판들이 사용하던 GUI 환경이던 GNOME과 KDE를 쓰지 않고 새롭게 개발한 유니티라는 GUI 환경을 사용한다. 왼쪽에 아이콘이 모여있는 게 특징인 유니티는 직관적이고 편리한 사용자 환경을 제공해주고 있다. 유니티가 기존의 리눅스 사용 환경과 너무도 다르게 설계되어 일부 리눅스 사용자들은 선호하지 않지만 계속 버전이 올라감에 따라서 점점 개선되고 있다.

유니티는 맥OS와 MS윈도우를 합쳐 놓은 듯한 인터페이스를 가지고 있는데 어플리케이션과 시스템 상태를 보여주는 인디케이터나 사용자에게 이벤트를 알려주는 알림창이 특징이다. 만약 유니티를 사용하다가 불편하다면 설정을 통해서 다른 윈도우 GUI를 설치할 수도 있다.

쉬운 업데이트

그림 1-17 우분투 업데이트 매니저

우분투를 사용하다 보면 자동으로 업데이트 매니저가 뜨면서 업데이트를 해야 한다는 메시지를 보게 된다. 우분투는 사용자가 직접 설치된 프로그램들의 최신 버전을 찾아서 설치할 필요 없이 알아서 업데이트를 해준다. 다른 리눅스 배포판들도 자동 업데이트 기능을 제공하는 경우가 있지만 우분투만큼 편리하게 되어 있지는 않았다.

우분투는 자동 업데이트 과정에서 사용자가 신경 쓸게 없다. 환경설정을 변경해야 한다거나 셋팅을 수정해야 하는 부분들까지도 자동 업데이트 되면서 알아서 설정되기 때문이다. 다만 업데이트 과정이 너무 자동화되어 있어서 업데이트 과정에 문제가 발생할 경우 고치기가 어렵다는 문제도 있다.

소프트웨어 센터

그림 1-18 우분투 소프트웨어 센터

맥OS에 앱스토어가 있다면 우분투에는 우분투 소프트웨어 센터가 있다. 이는 다른 리눅스 배포판에서는 볼 수 없었던 심지어 윈도우 제품도 최근 버전부터 제공되는 운영체제 내장 앱스토어이다. 소프트웨어 센터를 이용하면 프로그램을 간단하게 키워드 검색 후에 설치 버튼만 누르면 자동으로 깔아준다. 또한 대부분의 프로그램들은 무료로 제공되고 있다. 마음에 드는 프로그램이 있다면 한번 깔아보고 별로이면 부담없이 삭제하면 된다.

커뮤니티 지원

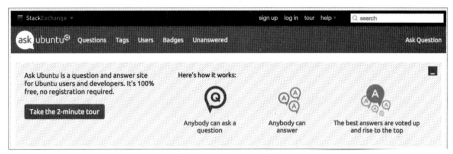

그림 1-19 우분투 ask 사이트

우분투 커뮤니티는 가장 인기있는 배포판답게 많은 자료를 가지고 있다. 초보자가 리눅스를 접하게 되면 많은 문제점에 부딪히게 되는데 이때 인터넷에서 관련 해결책을 찾을 수 있는지는 매우 중요한 요소이다. 많은 사람들이 사용하고 있는 배포판일수록 해결책이 있을 가능성이 높아지고 해결책이 없다고 할지라도 커뮤니티에 물어보면 답해줄 가능성이 높아진다. 실제로 인터넷에서 리눅스 관련 자료를 찾아보면 우분투에 대한 자료가 가장 많이 존재하는 것을 볼 수 있다.

정리하며

지금까지 우리는 본격적으로 우분투의 세계로 들어가 보기 전에 우분투가 속해 있는 리눅스라는 세계를 들여다 보았다. 그리고 커널이 공개되어 있기 때문에 수많은 배포판들이 다양하게 생겨나고 발전하고 있다는 것을 배웠을 것이다.

이제 2장부터는 실제로 우분투를 컴퓨터에 설치해보고 다양한 프로그램들을 깔아보고 만져보면서 우분투에 익숙해져가는 과정을 거쳐볼 것이다. 사소한 것이라도 놓치지 않고 따라해보고 응용해보면서 배워보기 바란다.

1. 리눅스 커널 사이트(https://www.kernel.org/)에 들어가서 현재의 커널 버전을 확인해보고 사이트를 둘러보며 주요 느낀점을 정리해보자.

2. CentOS, Fedora, Debian 사이트를 둘러보고 현재의 버전이나 커뮤니티 등을 확인해보자.

3. 대표적인 오픈소스 다섯 가지를 조사해보고 이들 특성을 알아보자.

4. 왜 개발자들은 돈도 안 될 것 같은(?) 오픈소스 개발에 투자하는지 알아보자.

5. GNU라이센스 전문을 읽고 느낀 점을 서술해보자.

※ 별도로 제공되는 해답은 없습니다. 궁금한 점은 Q&A 게시판에 글을 남겨주세요.
(roadbook.zerois.net/qna)

1. 리눅스 배포판에는 어떤 것들이 있는지 살펴보자

2. OS 커널이 하는 역할은 무엇인가?

3. 우분투의 기반이 되는 리눅스는 무엇인가?

4. 우분두를 기반으로 새롭게 변형해서 만든 대표직인 리눅스는 무엇인가?

5. 다양한 리눅스 배포판들이 계속해서 생겨나고 사라지는 이유는 무엇인가?

※ 별도로 제공되는 해답은 없습니다. 궁금한 점은 Q&A 게시판에 글을 남겨주세요.
(roadbook.zerois.net/qna)

2장
깔아야 쓸 수 있다

○ 이 장을 시작하기 전에

이번 장에서는 우분투를 설치하는 방법에 대해 살펴보자. 만약 컴퓨터에 우분투만 설치해서 사용한다면 바로 설치하면 되지만, 윈도우와 같이 사용하고자 한다면 어떤 방법으로 설치할지 정해야한다. 방법에는 크게 2가지가 있다.

- 가상머신을 이용해서 설치하기
- 멀티 부팅으로 설치하기

이제부터 위 2가지 방법의 장단점을 파악해 보자. 두 방식을 비교해 본 후에 자신에게 맞는 방법으로 우분투를 설치하면 된다.

우분투 설치 준비

설치 준비물

우분투를 실제로 설치하기 전에 필요한 항목을 살펴보자.

1. 우분투를 설치할 데스크탑 또는 노트북

2. 4G 이상의 USB 메모리 스틱 (멀티 부팅 설치 시에만)

3. 공식 사이트에서 다운 받은 설치 이미지 (ISO 파일)

4. 버추얼박스 설치 파일 (가상머신 설치 시에만)

대부분의 컴퓨터에서 우분투는 문제없이 잘 설치되지만, 간혹 하드웨어 호환성 문제로 설치가 안 되는 경우도 발생한다. 인터넷에서 해당 문제점을 검색하면 대부분 해결책이 나오지만 해결책을 적용하기 어려운 경우도 있다. 이럴 땐 다른 컴퓨터를 준비해서 설치하는 게 낫다.

우분투를 설치할 컴퓨터에 이미 MS윈도우가 설치되어 있어도 상관 없다. MS윈도우가 설치되어 있지 않다면 우분투만 설치해서 사용할 수 있다. USB 메모리 스틱은 멀티 부팅으로 설치하고자 할 때에 필요하다. 예전에는 CD를 이용해서 설치를 했지만 요즘 컴퓨터는 대부분 USB 부팅을 지원하므로 USB 메모리 스틱을 준비하자. 단, USB 메모리 스틱의 내용은 전부 지워지게 되므로 주의하자.

시스템 요구사항

우분투를 설치하기 위한 컴퓨터의 최소 요구사항과 권장사항을 알아보도록 하자. 우분투는 일반 사용자를 대상으로 하는 데스크탑 버전과 서버 운영을 목적으로 하는 서버 버전으로 나눌 수 있다. 아래에서는 데스크탑과 서버에 따른 시스템 최소 요구사항과 권장사항을 소개한다.

우분투 데스크탑(Ubuntu Desktop Edition)

그림 2-1 우분투 데스크탑

표 2-1 데스크탑 버전 우분투의 최소 요구/권장 사항

	최소 요구사항	권장사항
프로세스	700MHz (x86)	1GHz (x86)
메모리	512MB	1024MB
하드디스크	5GB	5GB
그래픽	1024×768	최소 256MB의 3D 가속이 가능한 비디오 카드

우분투 서버(Ubuntu Server (CLI) Installation)

그림 2-2 우분투 서버

표 2-2 서버용 최소 요구사항

프로세스	300MHz (x86)
메모리	192MB
하드디스크	1GB
그래픽	640×480

데스크탑 버전과 서버 버전의 시스템 사양을 살펴보면 서버 버전보다 데스크탑 버전의 최소 사양이 더 높은 걸 알 수 있다. 보통 서버용 컴퓨터가 성능이 더 좋아야 한다는 상식과 상반된다. 설치 최소 요구사항이 서버가 더 낮은 이유는 서버 버전은 GUI 환경이 제공되지 않기 때문이다.

서버와 데스크탑 버전의 가장 큰 특징은 GUI를 제공하는 Unity의 설치 유무이다. GUI를 제공하지 않아서 서버 버전의 최소 요구사항이 낮게 되어 있을 뿐, 실제로 서버용으로 사용할 컴퓨터가 다수의 사용자를 처리하기 위해서는 훨씬 고사양이 필요하다.

이 책에서는 데스크탑 버전을 설치할 것이다. 앞에서도 한번 언급했지만 데스크탑 버전도 서버용도로 쓰는 데 문제가 없다.

우분투 설치 방식

우분투도 운영체제이기 때문에 컴퓨터에 우분투만 설치해서 사용할 수 있다. 하지만 여기에서는 우분투를 처음 사용하는 독자를 대상으로 하기 때문에 MS윈도우가 컴퓨터에 이미 설치되어 있는 상태에서 추가로 우분투를 설치하여 사용해 본다는 가정하에 진행하겠다.

MS윈도우가 설치되어 있는 상태에서 추가로 우분투를 설치할 수 있는 방식은 크게 두 가지로 구분할 수 있다. 첫 번째는 MS윈도우 내에 가상머신을 설치하여 MS윈도우 안에서 우분투를 구동하는 가상머신 방식이다. 두 번째는 MS윈도우를 설치했던 하드웨어에 추가로 우분투를 설치하는 멀티부팅 방식이다. 두 방식에 대해 좀 더 살펴보도록 하자.

가상머신 방식

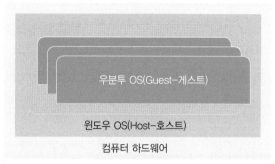

우분투 OS(Guest-게스트)

윈도우 OS(Host-호스트)

컴퓨터 하드웨어

그림 2-3 가상머신 구조

　가상머신 방식은 이미 설치된 MS윈도우 환경 위에서 가상머신을 구현해주는 프로그램을 이용해 우분투를 설치 및 실행하는 방식이다. 이 방식은 MS윈도우로 먼저 부팅한 후 가상머신을 실행시키고 그 위에서 다시 우분투를 부팅하는 방식이다. MS윈도우 입장에서는 가상머신 프로그램이 단지 하나의 프로그램에 지나지 않지만, 가상머신 안에서 동작하는 우분투는 자신이 동작중인 환경이 가상머신인지 모르고 동작한다.

　이런 가상머신 방식으로 우분투를 사용하게 되면 따로 하드웨어 관련 설정을 하지 않아도 되므로 쉽게 설치가 가능하고 다양한 연습을 시도해볼 수 있다. 우분투를 사용하다 망가지면 우분투 가상머신 이미지 파일만 지우고 다시 설치하면 된다. 또한 하드웨어 성능만 받쳐준다면 동시에 여러 가상머신을 실행할 수도 있다.

　여러모로 장점이 많지만 단점도 있다. 가상머신을 동작시키게 되면 메모리나 프로세서를 윈도우와 우분투가 동시에 같이 사용하게 되므로 최적의 성능으로 우분투를 동작시킬 수 없다. 특히 게임같이 하드웨어를 많이 사용하는 프로그램은 원활하게 돌아가지 않을 수 있다. 가상머신으로 동작시킨 우분투에 서버를 구축하는 것도 좋은 방법이 아니다.

따라서 우분투로 서버를 구축하고자 한다면 가상머신 환경에서는 연습만 하고 실제로는 멀티 부팅으로 구축하는 게 좋다.

윈도우에 설치할 수 있는 가상머신 프로그램은 종류가 다양하다. 가장 유명한 프로그램으로는 VMWare가 있고, 그 외에도 MS Virtual PC, Oracle Virtual Box라는 프로그램이 있다. 이 책에서는 무료로 사용할 수 있는 Virtual Box 프로그램을 사용한다.

그림 2-4 우분투에 가상머신 설치 후 윈도우 구동 화면

일반적으로 윈도우 환경에서 우분투를 가상머신으로 동작시키지만, 위 그림처럼 반대로 할 수도 있다. 우분투를 주 운영체제로 사용하고 그 위에서 윈도우를 가상머신으로 동작시킬 수도 있다.

멀티 부팅 방식

컴퓨터 하드웨어

그림 2-5 멀티부팅과 윈도우/우분투

멀티 부팅은 윈도우가 설치되어 있는 컴퓨터의 하드디스크의 공간을 나눈 다음 우분투를 설치하는 방식이다. 컴퓨터에 연결된 저장 장치(하드디스크 또는 SSD)는 물리적으로는 하나의 저장 장치지만 논리적으로 그 안에 파티션을 나누어서 영역을 구분 지을 수 있다. 이렇게 영역을 분리한 다음 한쪽에는 MS윈도우를 설치하고 다른 한쪽에는 우분투를 설치하는 것이다. 컴퓨터가 부팅되는 동안 부트로더가 둘 중에 하나의 운영체제를 선택해서 부팅을 하게 된다(부트로더는 6장 참고).

이 방식은 우분투와 윈도우가 완전히 분리되는 방식이다. 따라서 가상머신 방식과는 다르게 우분투가 컴퓨터 자원(프로세스나 메모리)을 온전히 사용한다. 단점으로는 설치 방법이 가상머신 방식에 비해 좀 어렵고, 한번 파티션을 나누면 자신에게 지정된 용량만큼만 사용할 수 있다.

지금까지 살펴본 각 방식의 특징을 아래 표에 정리하였다. 각각 장단점을 살펴보고 자신에게 맞는 방법으로 우분투를 설치하면 된다.

표 2-3 가상머신 방식과 멀티 부팅 방식의 장·단점

	가상머신 방식	멀티 부팅 방식
장점	한 대의 컴퓨터에서 여러 운영체제를 동시에 구동할 수 있다. 게스트 컴퓨터의 현재 상태를 원하는 대로 저장이 가능하며 복원도 가능하다.	모든 장치들을 하나의 OS에서만 사용할 수 있어 전용 OS를 구동한 것과 같은 성능을 보장한다. 설치되어 있는 각 OS의 영향을 받지 않는다.
단점	거의 모든 장치들을 가상으로 생성하여 사용하므로 약간 느리다. 게스트 컴퓨터와 호스트 컴퓨터가 동시에 동작하므로 프로세서와 메모리 등을 서로 공유해야 한다.	한번에 하나의 OS만 구동할 수 있다. 컴퓨터 구동 시 매번 OS를 선택해야 하는 번거로움이 생긴다.

우분투 구하기

이번 절에서는 우분투 설치 파일을 구해보자. 우분투는 무료 OS이기 때문에 공식 웹 사이트에서 직접 다운로드 받을 수 있고, 별도의 라이센스 비용을 부담할 필요 없이 바로 정식 버전의 사용이 가능하다. http://www.ubuntu.com 사이트에 접속해서 우분투 설치 파일을 다운로드 받는 방법을 살펴보자.

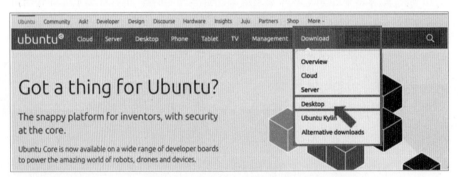

그림 2-6 데스크탑용 다운로드 화면 선택

우분투 홈페이지 상단의 다운로드 버튼에 마우스를 가져다 대면 다운로드에 대한 개요와 다운로드 타입을 확인할 수 있다. 우리는 데스크톱 버전의 우분투를 설치할 것이기 때문에 4번째의 Desktop 메뉴를 선택하여 해당 페이지로 이동한다.

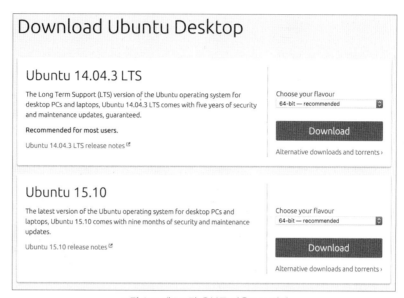

그림 2-7 데스크탑 우분투 다운로드 화면

두 가지 버전을 받을 수 있다. 가장 최신 버전인 15.10을 받을 수 있으며, LTS 버전인 14.04를 받을 수도 있다.

자신의 취향에 따라 둘 중에 어떤 버전을 선택해도 상관없다. 이 책에서는 15.10 버전을 이용해서 진행하도록 하겠다. 어떤 버전을 다운로드 받을지 정했다면 이번에는 32bit/64bit 타입 중 하나를 선택해야 한다. 자신의 컴퓨터가 x64를 지원한다면 둘 중 어느 것을 받아도 상관 없다(최근 컴퓨터들은 전부 x64를 지원한다). 오래된 컴퓨터라면 64bit를 지원하지 않을 수 있으므로 32bit를 받는다. 아니라면 64bit 버전을 받는 것을 추천한다.

그림 2-8 다운로드 및 기부금 결재 버튼

 ## 32bit? 64bit?

컴퓨터는 초기 8bit 컴퓨터부터 시작해서 16bit, 32bit, 64bit 컴퓨터까지 대중화되었다. 64bit 컴퓨터란 뭘 말하는 걸까? 이는 한번에 처리할 수 있는 bit 수를 의미한다. 수를 계산하는 경우 bit 수가 많으면 큰 수 계산에 더 빠르며, 메모리 접근 용량도 bit 수가 많으면 더 많이 장착 가능하다. 설명에서 나타나듯 64bit, 32bit 단위는 처리량을 나타내는 단위이므로 64bit 컴퓨터가 32bit 컴퓨터보다 빠르다는 것을 의미하는 건 아니다.

32비트 컴퓨터에 장착할 수 있는 최대 메모리 크기는 4GB이다. 2^{32}(4GB)이 최대로 표현할 수 있는 메모리 주소이기 때문이다. 64비트 컴퓨터는 장착할 수 있는 최대 메모리 크기는 이론상은 2^{64}(18EB)까지 장착할 수 있지만 실제로는 수TB 정도까지 장착이 가능하다.

컴퓨터가 빠르다는 것은 동작 클럭의 영향이 더 크다. 32비트 컴퓨터와 64비트 컴퓨터가 동일한 클럭이라면 당연히 64비트 컴퓨터가 한번에 처리할 수 있는 비트수가 많기 때문에 더 빠르다. 하지만 (물론 이런 제품은 없지만...) 32비트 컴퓨터의 동작 클럭이 64비트 컴퓨터 동작 클럭보다 더 높은 제품이 있다면 2개의 제품 중에서 32비트 컴퓨터가 더 빠를 수 있다.

32bit와 64bit는 프로세서(Processor)의 구조가 서로 다르기 때문에, 실행 파일이나 운영체제를 해당 bit에 맞는 버전을 설치해야 한다. 다행히 64bit 컴퓨터는 32bit 호환성을 가지도록 설계되기 때문에 64bit 컴퓨터에는 32bit 운영체제를 설치할 수 있다. 하지만 반대로 32bit 컴퓨터에는 64bit 운영체제를 설치할 수 없다.

자신의 컴퓨터가 64bit인지 확인하기 위해서는 "윈도우 제어판 〉 시스템"에 들어가면 확인할 수 있다.

시스템	
프로세서:	Intel(R) Core(TM) i7-3720QM CPU @ 2.60GHz 2.59 GHz
설치된 메모리(RAM):	4.00GB
시스템 종류:	64비트 운영 체제, x64 기반 프로세서
펜 및 터치:	이 디스플레이에 사용할 수 있는 펜 또는 터치식 입력이 없습니다.

그림 2-9 윈도우 제어판의 운영체제 확인 부분

다운로드 버튼을 클릭하면 다운로드 할 수 있는 화면으로 넘어 가게 된다. 다운로드 화면에서 왼쪽 버튼을 클릭해서 바로 다운로드 받을 수도 있고, 오른쪽 버튼을 통해서 약간의 기부금을 내고 받을 수도 있다. 우분투 재단은 운영을 위해서 기부금을 받고 있다. 금액이 정해진 것이 아니어서 소액 기부도 가능하다. 다운로드가 성공적으로 끝나게 되면 iso 이미지 파일을 받을 수 있다. 이 이미지 파일이 우분투 설치 파일이다.

 ISO 이미지란?

CD/DVD 내용을 하나의 파일로 만든 형태를 말한다. 네로(Nero) 같은 프로그램들을 이용하여 CD/DVD 내용을 ISO 이미지 파일로 추출할 수 있다. 이렇게 추출된 파일은 하드디스크 같은 저장 장치에 가지고 있을 수 있으며 나중에 다시 CD/DVD로 구울 수 있다.

가상머신에 우분투 설치하기

버추얼박스 설치하기

그림 2-10 버추얼박스 로고

가상머신에 우분투를 설치하기 위해서는 먼저 가상머신 프로그램을 MS윈도우에 설치해야 한다. 다양한 종류의 가상머신 프로그램이 있지만 이 책에서는 무료인 버추얼박스라는 가상머신 프로그램을 사용한다.

버추얼박스^{VirtualBox}는 본래 이노테크^{InnoTek}가 먼저 개발을 했었고, 썬 마이크로시스템즈가 이노테크를 인수하였으며, 그후 오라클이 썬마이크로시스템즈를 인수하면서 현재는 Oracle VirtualBox로 배포되고 있다. 비슷한 가상머신 프로그램으로는 VMWARE WorkStation, 마이크로소프트 Virtual PC 등이 있다. 상용 프로그램으로는 VMWARE 제품을 가장 많이 사용한다.

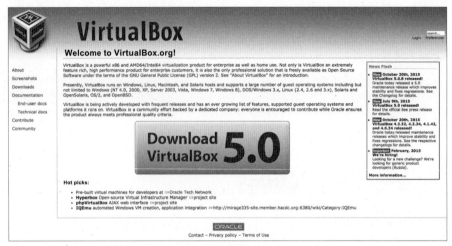

그림 2-11 버추얼박스 사이트

버추얼박스의 공식 사이트인 http://www.virtualbox.org로 접속해서 다운로드 페이지로 이동한다.

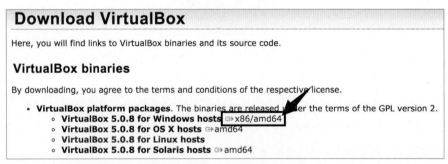

그림 2-12 버추얼박스 다운로드 페이지

버추얼박스는 다양한 운영체제를 지원한다. 위 그림처럼 Windows, OS X, Linux, Solaris용 설치 파일을 받을 수 있다. 여기서 선택해야 하는 운영체제는 호스트 운영체제를 지칭하는 것이다. 우리는 MS윈도우에 우분투를 설치할 예정이므로 MS윈도우가 호스트 운영체제가 되고 우분투가 게스트 운영체제가 된다. 따라서 우리는 VirtualBox 5.0.8 for Windows hosts 파일을 다운로드 받으면 된다.

그림 2-13 버추얼박스 설치 화면

다운로드 받은 파일을 더블 클릭해서 실행하면 버추얼박스 설치가 시작된다. Next 버튼을 클릭하여 계속 진행시킨다. 특별히 다른 부분을 건드릴 필요가 없기 때문에 계속 Next 버튼을 눌러서 설치를 완료하자.

가상머신 새로 만들기

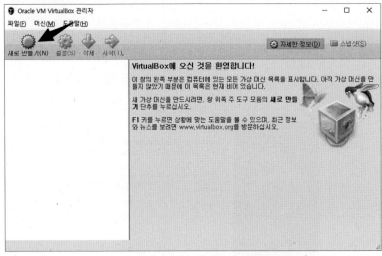

그림 2-14 버추얼박스 실행 후 첫 화면

버추얼박스 설치가 성공적으로 되었다면 실행시켜보자. 위 그림에서 보이는 화면
이 보인다면 프로그램이 정상적으로 설치된 것이다. 이제 우분투를 설치하기 위한 가
상머신을 하나 새로 만들자. 왼쪽 상단에 있는 "새로 만들기" 버튼을 누른다.

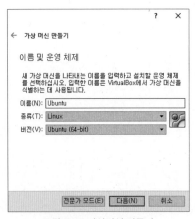

그림 2-15 가상머신 만들기

이름은 사용자가 원하는 대로 할 수 있다. 해당 OS가 어떤 건지 알 수 있게 설정하는 것이 좋다. 종류는 리눅스를 선택하고 버전은 Ubuntu 64bit 또는 32bit를 선택한다. 자신이 우분투 홈페이지에서 받은 설치 파일의 버전에 맞춰서 선택해주면 된다.

 64bit가 보이지 않는다면?

간혹 버전 종류에 32bit만 존재하고 64bit가 안 보이는 경우가 있다. 실행중인 컴퓨터가 64비트를 지원하지 않거나, BIOS 환경설정에서 가상화 기능이 비활성화 되어 있으면 64bit가 안보일 수 있다. BIOS 환경설정을 들어가기 위해서는 컴퓨터가 부팅되는 순간에 보통 F2 또는 DEL 키를 누르면 된다. BIOS의 설정 확인 방법은 메인보드 제조사마다 다르므로 메인 보드 사용 설명서를 참고하도록 하자.

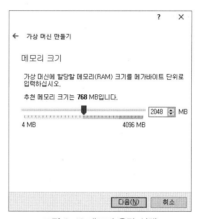

그림 2-16 메모리 용량 선택

가상머신이 사용할 메모리 용량을 선택한다. 너무 작게 설정하면 가상머신 성능이 저하되며, 너무 크게 잡으면 호스트 운영체제가 사용할 메모리가 부족해진다. 1024MB~2048MB 사이에서 지정해 주면 된다. 메모리 용량은 나중에도 변경할 수 있다.

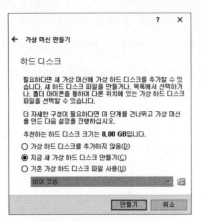

그림 2-17 가상 하드디스크 선택

가상머신이 사용할 가상 하드디스크를 선택해야 한다. 우리는 기존에 만들어준 가상 하드디스크가 하나도 없으므로 "새 가상 하드디스크 만들기"를 선택해서 새로 만들어 줘야 한다.

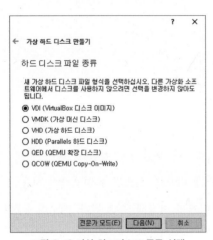

그림 2-18 가상 하드디스크 종류 선택

가상 하드디스크는 사실 호스트 운영체제 관점에서 보면 매우 큰 용량을 가진 하나의 파일로 관리된다. 이 파일의 내용이 가상머신의 하드디스크 내용이 되는 것이다. 가상머신 프로그램마다 각각의 가상 하드디스크 파일 형식을 가지고 있다. 굳이 호환성을 생각하지 않는다면 VDI 포맷으로 가상 하드디스크를 만든다.

 가상 하드디스크란?

가상머신에서 운영체제를 동작시키기 위해서는 보통의 컴퓨터처럼 CPU, 메모리, 하드디스크 등이 똑같이 필요하다. CPU와 메모리는 호스트 운영체제의 물리적 장치를 그대로 나누어 쓰면 된다. 하드디스크는 좀 다른데, 이미 호스트 운영체제가 저장 장치를 사용하고 있는 상황에서 가상머신에서 동작하는 게스트 운영체제에게 저장 장치를 나누어 주기가 애매하다. 따라서 가상머신들은 게스트 운영체제가 실제 저장 장치가 아닌 가상의 하드니스크를 사용하게 한다. 가상 하드디스크는 안에 저장되는 내용이 호스트 운영체제의 파일로 저장된다. 만약 게스트 운영체제가 가상 하드디스크 용량을 총 10GB를 사용했다면, 호스트 운영체제에 10GB 용량을 가지는 파일이 하나 존재하게 되는 것이다. 이런 가상 하드디스크 파일 형태는 가상머신 프로그램마다 다르다. 따라서 프로그램간 호환성이 낮다. 이는 압축 파일들의 종류가 ZIP, RAR, ARJ 등과 같이 다양한 포맷이 존재하는 것과 비슷하다.

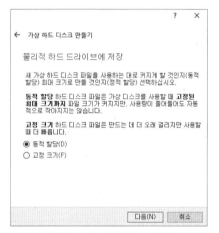

그림 2-19 가상 하드디스크 타입

버추얼박스의 가상 하드디스크 형태는 고정 크기와 동적 할당 2가지 방식이 있다. 고정 크기는 사용자가 지정한 가상 하드디스크 크기만큼 실제 하드 용량을 차지하는 파일이 생성되는 방식이다. 예를 들어, 사용자가 가상 하드디스크의 크기를 8GB로 했다면 실제로 8GB 크기를 가지는 파일이 하나 만들어진다.

동적 할당은 사용자가 지정한 가상 하드디스크 크기와 상관없이 실제로 가상 하드디스크를 사용한 만큼만 실제 하드 용량을 차지하는 방식이다. 물론 동적 할당 방식도 사용자가 지정한 가상 하드디스크의 최대 크기를 넘어갈 순 없다.

각자 방식에 장단점이 있다. 고정 크기 방식은 가상 하드디스크의 처리 속도가 빠르지만, 사용하지도 않은 용량을 미리 다 확보해놓기 때문에 용량 낭비가 심하다. 용량이 부족한 SSD를 사용하는 유저들에겐 좋은 방법이 아니다. 동적 할당은 실제 사용한 만큼만 용량을 차지하므로 하드디스크 공간을 아낄 수 있지만 반대로 속도가 느리다.

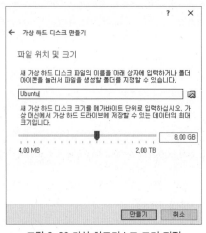

그림 2-20 가상 하드디스크 크기 지정

새로 만드는 가상 하드디스크의 이름과 크기를 지정해 준다 컴퓨터의 저장 장치 용량이 넉넉하다면 수십GB를 할당하면 좋다. 만약 하드 용량이 부족하다면 조금만 할당해 주는데 그래도 최소 8GB 이상 할당하는 게 좋다. 하드디스크 용량은 한번 결정하면 변경할 수 없으므로 신중하게 선택하자.

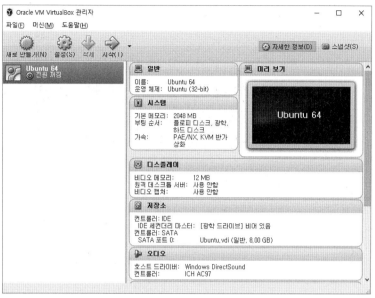

그림 2-21 우분투 가상머신이 설정된 화면

모든 작업이 정상적으로 완료되었다면 위 화면처럼 가상머신이 하나 새롭게 추가된다. 왼쪽 리스트는 가상머신 목록을 나타내고 오른쪽 화면은 선택된 가상머신의 상세 정보를 보여준다. 다음 절에서 방금 만든 가상머신에 우분투를 설치하는 방법을 알아보자.

가상머신에 우분투 설치하기

가상머신에 우분투를 설치하기 위해서 첫 번째로 해야 하는 작업은 가상머신의 부팅을 우분투 설치 이미지로 하도록 설정하는 작업이다. 새로 생성한 가상머신의 가상 하드디스크에 아직 운영체제를 설치하지 않았기 때문에 가상 하드디스크로는 부팅을 할 수가 없다. 따라서 가상머신에 설정되어 있는 가상 CD-ROM에 우분투 설치 이미지를 연결해준 후에 부팅을 하면, 가상 CD-ROM으로 부팅이 되면서 우분투를 설치할 수 있게 된다.

그림 2-22 설정 버튼 누르기

왼쪽의 가상머신 목록에서 앞에서 새롭게 만든 가상머신을 선택한 후, 설정 버튼을 누른다. 위 그림에서는 가상머신이 하나밖에 없으므로 바로 설정 버튼을 눌러도 된다.

그림 2-23 저장소 설정 화면

설정 화면에 들어가게 되면 위 그림에 있는 화면이 보이게 된다. 왼쪽 리스트에 있는 설정 항목 중에서 '저장소'를 클릭한다. 그 다음 오른쪽 화면에 있는 컨트롤러:IDE 아이콘 아래 있는 '비어있음' 항목을 선택해 준다. 이 항목이 의미하는 것은 해당 가상머신에 가상 CDROM이 하나 설정되어 있고 해당 CDROM이 "비어있음"을 의미한다. 이제 가장 오른쪽에 있는 CDROM 모양의 아이콘을 눌러준다.

그림 2-24 CDROM 파일 선택 화면

'가상 광학 디스크 파일 선택…' 버튼을 누른다. 그러면 파일을 선택할 수 있는 창이 뜬다. 미리 받아놓은 우분투 설치 이미지 파일을 선택한 후에 확인을 눌러준다.

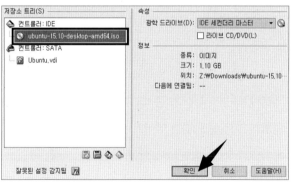

그림 2-25 우분투 이미지를 가상 CDROM에 연결한 그림

모든 작업이 잘 진행되었다면 위 그림처럼 컨트롤러:IDE에 우분투 설치 파일 이름이 보여야 한다. 이제 모든 작업 끝났으므로 확인 버튼을 눌러서 설정 화면을 나오자. 시작 버튼을 눌러서 가상머신을 시작하자.

그림 2-26 우분투 설치 프로그램을 부팅중인 화면

성공적으로 가상머신이 부팅되었다면 위 그림처럼 우분투 버전이 나오면서 부팅이 진행되어야 한다. 만약 위 화면이 나오지 않는다면 지금까지 설명한 설정 작업 중에서 뭔가 잘못된 부분이 있다는 것을 의미한다. 위에서 설명한 내용들이 잘 반영되었는지 다시 한번 검토해보자.

우분투 설치 프로그램이 정상적으로 실행되었다면 가장 처음 만나는 화면은 언어 선택 화면이다. 왼쪽에 다양한 언어가 존재하고 '한국어'를 선택하면 한글 버전의 우분투를 설치할 수 있다. 기본값으로는 영어가 선택되어 있는데 영어 버전으로 설치했다고 해도 추후에 우분투 설정 화면에서 한글 버전으로 바꿀 수 있으므로 영어 버전을 설치해도 무방하다.

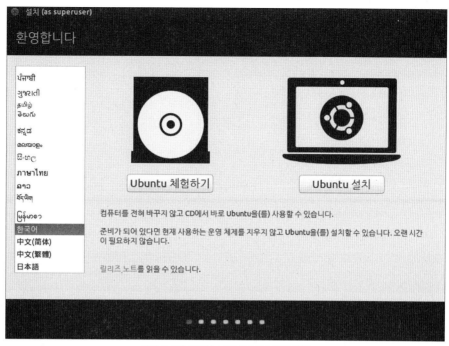

그림 2-27 우분투 설치 중 언어 선택 화면

우분투 체험하기 기능은 우분투를 설치하지 않고 임시적으로 사용할 수 있게 해준다. 하지만 컴퓨터를 종료하면 모든 정보가 사라지게 된다. '우분투 설치' 버튼을 눌러서 다음으로 진행하자.

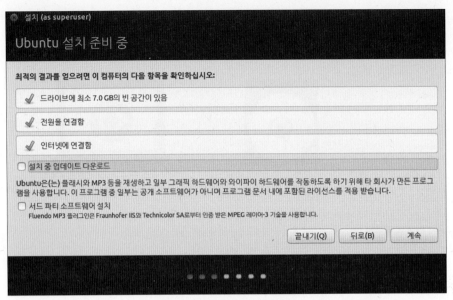

그림 2-28 우분투 설치 진행 화면

우분투를 설치하기 위해 필요한 준비 사항을 체크한다. 최소한의 저장 장치 용량, 노트북이라면 전원 연결 유무, 인터넷에 연결 유무를 체크한다. 인터넷에 연결되지 않은 상황에서도 우분투를 설치할 수 있지만 추천하지는 않는다. 설치 중 업데이트 다운로드와 서드파티 소프트웨어 설치 옵션은 체크해주면 좋다. 다만 해당 옵션은 인터넷에 반드시 연결되어 있어야 하며, 설치 시간이 좀 길어진다. 해당 옵션들을 선택하지 않더라고 설치 완료 후에 따로 설치할 수 있으므로 옵션을 선택하지 않아도 된다.

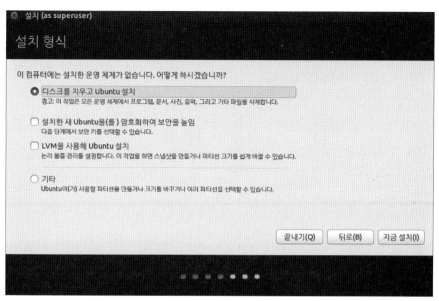

그림 2-29 설치 형식

다음으로는 우분투를 저장 장치에 설치하는 방법을 선택한다. 새로 만든 가상 디스크에는 처음으로 우분투를 설치하려는 것이므로, 자동으로 설치하는 옵션인 '디스크를 지우고 Ubuntu 설치'를 선택한다. 좀 더 세부적인 설정을 하기 위해서는 '기타' 옵션을 선택하면 된다. 파티션 설정에 대한 지식이 없다면 '기타' 옵션은 선택하지 않는 게 좋다. 그 외에 옵션은 따로 선택하지 않아도 된다.

 LVM이란?

Logical Volume Manager의 약자이다. 우분투가 저장 장치에 접근하고 작업을 할 때 물리적인 저장 장치에 직접적으로 접근하는 게 아니라, 소프트웨어 레벨에서 저장 장치를 추상화한 레이어(Layer)를 만든 후 해당 레이어를 거쳐서 저장 장치에 접근하게 하는 구조를 말한다. 이런 형태로 저장 장치를 관리하게 되면 저장 장치를 확장하거나 변경할 때 용이하다.

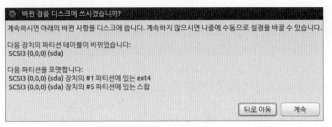

그림 2-30 설치 확인 화면

'디스크를 지우고 Ubuntu 설치'를 선택한 후에 '지금 설치' 버튼을 누르면 위 그림처럼 한번 더 확인을 위한 창이 뜬다. '계속' 버튼을 눌러서 다음으로 진행한다.

그림 2-31 지역 설정 화면

지역 설정 화면이다. '서울'을 선택해 주면 된다. 이 부분에서 다른 나라를 설정하면 시간대가 제대로 표시되지 않으므로 주의해야 한다. 시간대 변경은 추후에 설치가 완료되고 나서 우분투 설정 메뉴에서 변경 가능하다.

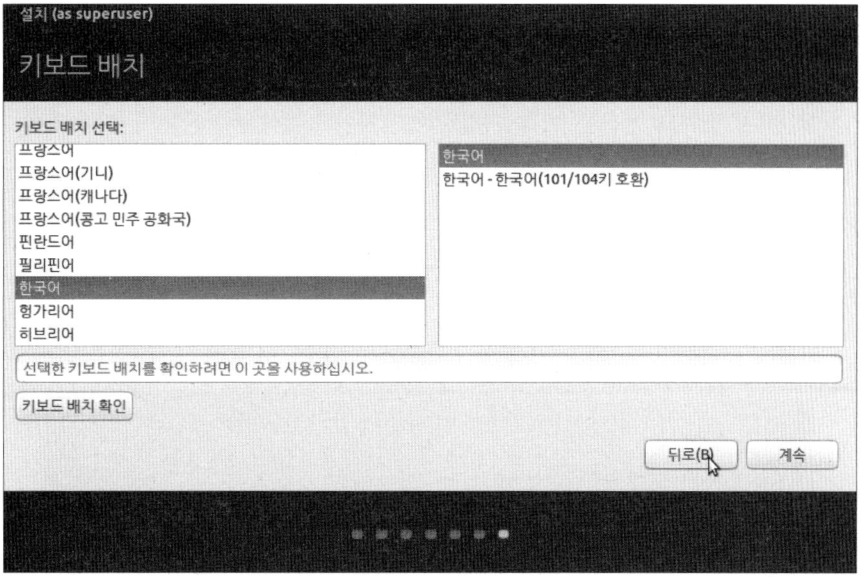

그림 2-32 키보드 배치 화면

키보드 배치 설정에서는 '한국어'를 선택해준다. 영어를 선택하게 되면 한글 입력을 지원하지 않는다. 그래도 추후에 우분투 설정 메뉴에서 다시 한글로 변경 가능하다.

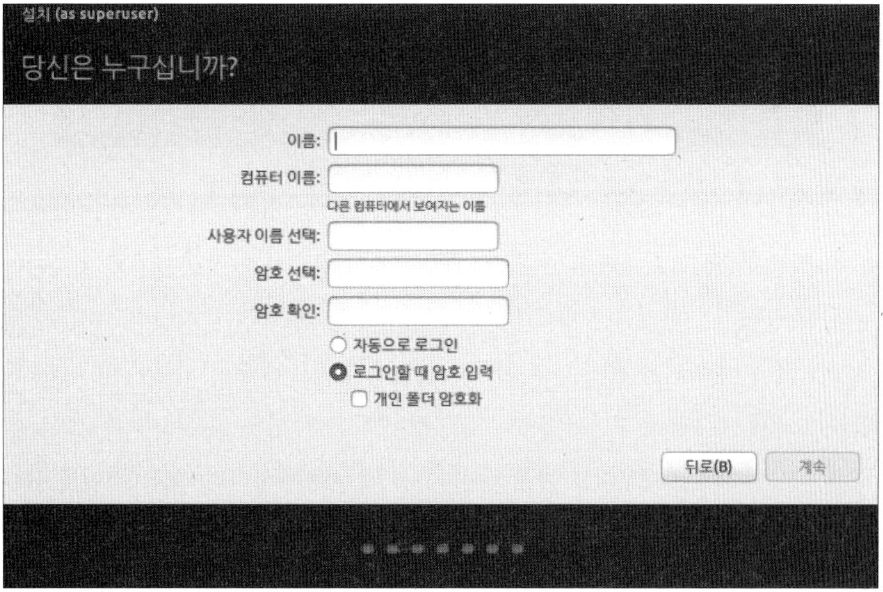

그림 2-33 계정 설정 화면

우분투를 사용할 사용자 계정 정보를 입력한다. 이름은 로그인ID를 의미한다. 여기에서 새롭게 만드는 ID는 우분투의 첫 번째 ID가 되면서 자동으로 관리자 권한을 가지게 된다. 컴퓨터 이름은 이름을 입력하면 자동으로 만들어지는데, 마음에 들지 않으면 변경해도 된다. 컴퓨터 이름은 네트워크 상에서 다른 컴퓨터에게 보여지는 이름이다. 사용자 이름은 자신의 영문 이름을 입력하면 된다. 만약 컴퓨터를 혼자 사용한다면 '자동으로 로그인'을 선택하면 부팅할 때마다 암호를 입력하지 않아도 돼서 편리하다.

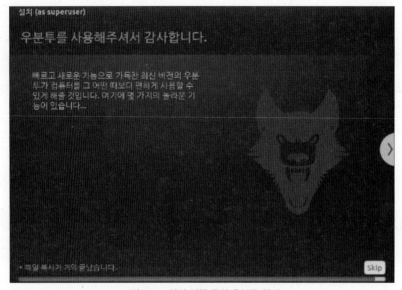

그림 2-34 설치 진행 중인 우분투 화면

이제 설정해야 하는 작업은 모두 끝났다. 우분투 설치가 완료될 때까지 기다리면 된다. 모든 설치가 완료되면 재시작을 하라는 창이 뜬다. '지금 다시 시작' 버튼을 누르게 되면 설치 화면을 빠져 나와 설치 프로그램이 종료된 후에 가상머신이 재부팅된다. 그러면 재부팅이 되면서 우분투로 부팅되게 된다. 만약 재부팅이 자동으로 되지 않는다면, 강제로 재부팅을 해줘야 한다. 강제로 재부팅하려면 가상머신이 동작중인 윈도우 창의 종료 버튼을 누른다.

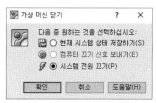

그림 2-35 가상머신 윈도우의 종료 버튼을 누르면 나오는 화면

종료 버튼을 누르면 위와 같은 팝업 윈도우가 나타난다. 총 3가지의 옵션이 나오는데, 각각의 기능은 아래와 같다.

표 2-4 가상머신을 종료하는 3가지 옵션 설명

현재 시스템 상태 저장하기	이 기능은 가상머신의 가장 큰 장점이자 특징을 보여주는 기능이다. 가상머신을 현재 상태 그대로 일시 정지 시키고 종료하는 기능이다. 나중에 가상머신을 다시 시작하면 일시 정지된 상태 시점에서 다시 시작하게 된다.
컴퓨터 끄기 신호 보내기	이 기능은 컴퓨터의 전원 버튼을 살짝 누른 효과와 동일하다. 또는 MS윈도우의 시스템 종료 버튼을 누른 것과 동일하다. 운영체제로 하여금 시스템을 종료하도록 신호를 보내는 기능이다. 운영체제가 설치되어 있지 않거나, 운영체제 부팅 전에 가상머신을 종료하려고 한다면 이 기능은 소용이 없기 때문에 비활성화 된다.
시스템 전원 끄기	이 기능은 컴퓨터의 전원을 길게 누르거나 그냥 컴퓨터의 전원 코드를 뽑아버리는 효과와 동일하다. 컴퓨터의 상황이 어떻든지 간에 즉시 가상머신을 종료시켜 버린다.

우리는 여기서 가상머신을 재부팅 하기 위해서 '시스템 전원 끄기' 옵션으로 가상머신을 종료하면 된다. 그러면 그 즉시 가상머신이 동작중이던 윈도우가 종료된다. 다시 가상머신을 실행하면 정상적으로 우분투로 부팅이 될 것이다.

가상머신 게스트 확장 기능 설치하기

컴퓨터에 운영체제를 새롭게 설치하면 가장 먼저 하는 작업은 하드웨어 드라이버를 설치해주는 작업이다. 드라이버를 설치하지 않으면 그래픽, 사운드, 모니터 해상도가 원활하게 설정되지 않고, 자신의 하드웨어를 최적의 상태로 사용할 수 없다.

가상머신에 운영체제를 설치한 경우에도 비슷한 작업을 해줘야 한다. 버추얼박스에서는 이를 '게스트 확장'이라고 부른다. 우리도 새롭게 설치한 우분투에 게스트 확장 모드를 설치해 줘야만 최적의 성능으로 우분투를 사용할 수 있다. 따라서 반드시 설치해 주도록 하자.

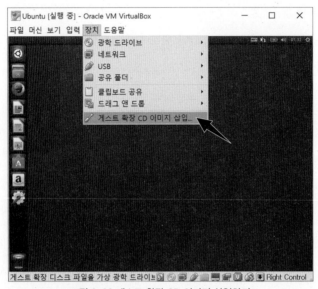

그림 2-36 게스트 확장 CD 이미지 삽입하기

게스트 모드를 설치하기 위해서 먼저 가상머신을 우분투로 부팅한다. 우분투로 부팅이 완료되면 사용자 암호를 입력 받는 초기 화면을 보게 되는데, 설치 시에 입력했던 암호를 입력하면 로그인이 된다. 우분투에 로그인한 상태에서 버추얼박스의 장치 메뉴를 클릭한 후 '게스트 확장 CD 이미지 삽입' 메뉴를 클릭한다.

그림 2-37 게스트 확장 이미지 자동 시작 메시지

게스트 확장 CD 이미지 삽입을 수행하고 잠시 기다리면 위 그림처럼 자동으로 게스트 확장을 설치하려는 메시지가 뜬다. 실행 버튼을 눌러서 설치를 진행한다.

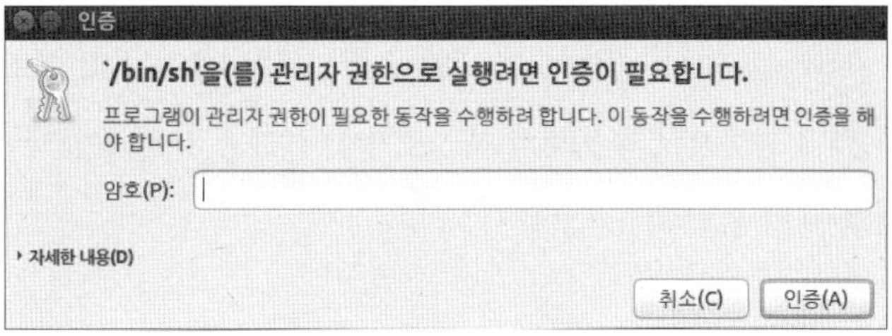

그림 2-38 인증 요청 화면

게스트 확장 프로그램 설치는 시스템의 중요한 부분을 접근하기 때문에 다시 한번 사용자 암호를 입력 받는 화면이 나온다. 다시 한번 로그인 시에 입력했던 암호를 입력하면 계속 설치가 진행된다. 설치는 콘솔 창에서 진행되며 정상적으로 설치 작업이 진행됐다면 아래 그림과 같게 나온다.

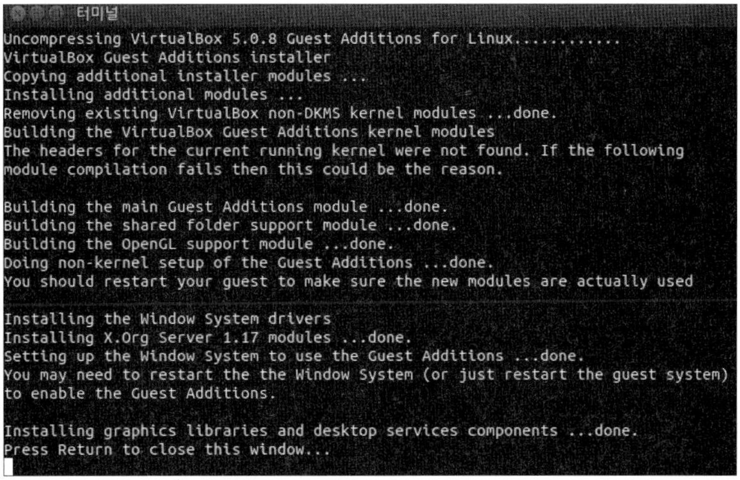

그림 2-39 게스트 모드 설치 완료 화면

이제 가상머신을 재시작 하면 게스트 확장 프로그램 설치 과정이 끝나게 된다. 게스트 확장 모드가 잘 동작하는지 확인하려면 우분투를 부팅하고 암호를 입력해서 로그인한 후에 가상머신의 윈도우 크기를 마우스를 이용해서 움직여보자. 게스트 확장이 설치되기 전에는 가상머신의 해상도 변화가 없었지만, 게스트 확장 기능이 설치되면 창 크기에 맞게 자동으로 우분투의 해상도가 변경되는 것을 확인할 수 있을 것이다. 꼭 재부팅을 해야 확인할 수 있다.

멀티 부팅으로 우분투 설치하기

멀티 부팅으로 우분투를 설치하는 방법은 가상머신에 우분투를 설치하는 방법과 비슷하게 진행된다. 차이가 있는 부분을 살펴보면 우선 첫 번째로 우분투 설치 이미지로 부팅 가능한 USB 메모리 스틱이 필요하다. 컴퓨터에 직접 우분투를 설치하기 위해서는 반드시 컴퓨터가 부팅되는 동안에 윈도우가 아닌 우분투 설치 프로그램으로 부팅이 되어야 하기 때문이다.

두 번째로는 저장 장치에 우분투를 설치할 수 있는 빈 파티션이 존재해야 한다. 이는 저장 장치에 남은 용량과는 좀 다른 이야기이다. 저장 장치에 남은 용량이 충분하다 해도 이미 주 파티션으로 저장 장치의 공간을 전부 할당해 버렸다면 우분투를 설치할 빈 공간은 없다. 이 부분에 대해선 뒤에서 다시 살펴보도록 하자.

USB 부팅 이미지 만들기

그림 2-40 우분투 USB 인스톨러 다운로드 화면

먼저 아래 웹사이트를 방문하자.

http://www.ubuntu.com/download/desktop/create-a-usb-stick-on-windows

이곳에서 우분투 설치 이미지를 USB 부팅 디스크로 만들 수 있는 프로그램을 다운로드 할 수 있다. 다운로드 링크 이외에도 인스톨러 프로그램의 설치 과정이 그림과 함께 잘 설명되어 있다. 위의 링크를 통하여 인스톨러 프로그램을 다운로드 한 후웹사이트에 나와있는 설치 과정 대로 함께 따라 해보자.

그림 2-41 Universal-USB-Installer 다운로드 버튼

[그림 2-40]에 보이는 'Download Pen Drive Linux's USB Installer' 링크를 클릭하면 다른 사이트로 이동하게 되는데, 이 사이트에서 위 그림에 보이는 다운로드 아이콘을 누르면 Universal-USB-Installer라는 프로그램을 다운로드 받을 수 있다. 이 프로그램을 사용하기 위해서 따로 설치할 필요 없이 다운로드 받은 파일을 실행하면 바로 사용할 수 있다. 다운로드가 완료되었다면 컴퓨터에 USB 메모리 스틱을 삽입한 다음 프로그램을 실행하자.

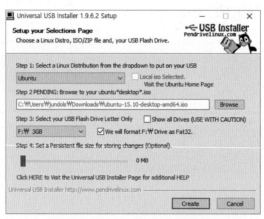

그림 2-42 Universal USB Installer 설정 화면

프로그램을 실행하면 위 그림 같은 화면을 볼 수 있다. 위 그림은 예시로 입력 항목들을 채워놨지만 원래는 비어있다.

Step 1 항목에서는 USB에 작성할 리눅스 배포판을 선택한다. 우리는 Ubuntu를 선택한다.

Step 2 항목에서는 우분투 설치 ISO 이미지를 선택해 준다.

Step 3 항목에서는 USB 메모리를 선택해 준다.

Step 4 오른쪽에 있는 Format 체크 박스를 선택해 주자. 단, USB 메모리 스틱의 내용이 삭제되므로 중요한 자료는 옮겨놔야 한다.

이제 아래쪽에 있는 'Create' 버튼을 누르고 작업이 완료될 때까지 기다린다.

위 작업을 진행하면 우분투 인스톨러로 부팅할 수 있는 USB 메모리 스틱을 생성할 수가 있다. 대부분의 컴퓨터에서는 이 메모리 스틱을 이용해서 부팅이 가능하고 우분투를 설치할 수 있다. 하지만 오래된 컴퓨터나 특수한 경우에는 USB 메모리 스틱을 이용한 부팅을 지원하지 않는 경우가 있다. 이럴 경우에는 DVD에 우분투 설치 이미지를 구워서 부팅하는 방법이 있다. DVD 굽는 방법은 워낙 다양하고 프로그램에 따라서 다르므로 이 책에서는 다루지 않지만, 인터넷에 관련 자료가 많이 있으니 어렵지 않게 진행할 수 있다.

우분투 설치 프로그램이 담긴 USB 메모리 스틱을 완성했다면, 이제 컴퓨터를 재부팅 해야 한다. USB 메모리 스틱을 컴퓨터에 연결한 상태로 재부팅을 하게 되면 자동으로 우분투 설치 프로그램이 실행되게 된다. 만약 우분투 설치 프로그램이 실행되지 않고 다시 MS윈도우로 부팅이 된다면 아래 3가지 원인을 생각할 수 있다.

1. 컴퓨터가 USB 메모리 스틱 부팅을 지원하지 않는 모델이다.
2. 컴퓨터 부팅 순서가 USB 메모리 스틱이 첫 번째가 아니다.
3. USB 메모리 스틱에 우분투 설치 프로그램이 제대로 저장되지 않았다.

첫 번째 원인부터 확인해보자. 우선 자신의 컴퓨터가 USB 메모리 스틱 부팅을 지원하는지 확인하기 위해서는 메인보드 매뉴얼을 참고해야 한다.

두 번째 원인인 부팅 순서를 확인하기 위해서는 BIOS 설정 메뉴에 들어가야 한다. BIOS 메뉴에 들어가기 위해서는 보통 컴퓨터가 켜짐과 동시에 F2키 또는 DEL키를 누르면 된다. BIOS 메뉴에서 부팅 순서를 확인하거나 바꾸는 방법은 각각의 BIOS마다 다르기 때문에 메인보드 매뉴얼을 참고하도록 한다. 만약 USB 메모리 스틱의 부팅 순서가 하드디스크보다 낮게 설정되어 있다면 컴퓨터는 하드디스크로 부팅 가능하면 무조건 하드디스크로 부팅하게 된다. 이렇게 되면 아무리 USB 메모리 스틱에 설치 프로그램을 넣어도 부팅되지 않으므로 USB 메모리 스틱의 부팅 순서를 하드디스크보다 높여 주도록 한다.

마지막 세 번째 원인을 확인하기 위해서는 다른 컴퓨터에서 새롭게 만든 우분투 설치 USB 메모리 스틱을 넣어서 실행되는지 확인 해보자. 만약 다른 컴퓨터에서도 안 된다면 USB 메모리 스틱에 우분투 설치 프로그램이 정상적으로 설치되지 않았을 가능성이 있다. 다른 USB 메모리 스틱으로 다시 한번 만들어보자.

파티션 확보하기

만약 컴퓨터에 MS윈도우를 설치하지 않고 우분투만 설치한다고 하면 이 내용은 고려할 필요가 없다. 컴퓨터에 동시에 2개의 운영체제를 설치하기 위해서는 반드시 파티션 분할이 필요하다. 파티션을 다루기 전에 파티션이 무엇인지 간단하게 살펴보고 넘어가자.

 파티션이란?

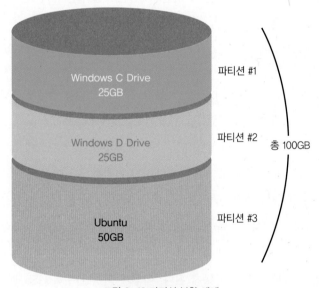

그림 2-43 파티션 분할 예제

실제 물리적인 저장 장치의 공간을 논리적으로 여러 영역으로 분리해주는 기법이다. 파티션을 나누지 않은 저장 장치는 저장 장치당 하나의 드라이브(예를 들면 C드라이브)만을 생성할 수 있지만, 파티션을 나누게 되면 1개 이상의 드라이브를 가질 수 있게 된다. 이렇게 하나의 저장 장치를 여러 파티션으로 나누게 되면 여러 장점이 있다.

- 여러 드라이브를 만들어서 목적에 맞게 영화, 음악 등을 각각의 드라이브에 보관할 수 있다.
- 파티션을 나눈 경우 C드라이브를 포맷해도 다른 드라이브는 포맷되지 않아서 자료를 관리하기 용이하다.
- 하나의 저장 장치에 여러 운영체제를 설치할 수 있다

파티션으로 나눔으로써 생기는 단점도 있다

- 저장 장치의 공간 활용이 나빠질 수 있다. 예를 들어서 파티션을 나눈 특정 드라이브는 용량이 꽉 차서 부족한데 다른 드라이브는 공간이 남아돌 수 있다.

현재 사용하고 있는 컴퓨터의 저장 장치에 파티션 할당을 하지 않은 빈 공간을 확보하고 있다면, 아무런 문제 없이 우분투를 바로 설치할 수 있다. 하지만 대부분 사용자는 파티션을 새로 만들 빈 공간을 가지고 있지 않을 것이다. 이럴 때 새로운 파티션 영역을 만들기 위한 빈 공간을 확보하는 방법을 찾아야 한다. 아래와 같은 방법이 있을 수 있다.

- 저장 장치에 다시 MS윈도우를 새롭게 설치하면서 파티션을 분할해서 설치한다.
- 이미 설치된 MS윈도우의 볼륨 축소 기능을 이용해 이미 설치된 윈도우 파티션을 줄이고 공간을 확보한다.

첫 번째 방법 즉, 새롭게 MS윈도우를 설치하는 방법은 확실하다. 다시 파티션 구조를 잡아서 설정하는 방법이기 때문에 MS윈도우와 우분투의 용량을 얼마만큼 할당할지 정할 수 있다.

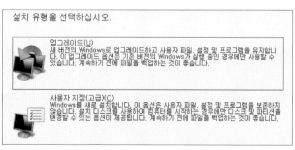

그림 2-44 MS윈도우 설치 중 선택 화면

위 그림은 MS윈도우7의 설치 과정 중에서 볼 수 있는 설치 유형 화면이다. 이 화면에서 사용자 지정(고급)을 선택하면 파티션을 변경할 수 있는 화면으로 넘어갈 수 있다.

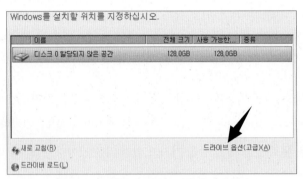

그림 2-45 MS윈도우 설치 중 파티션 설정 화면

위 그림처럼 파티션을 설정할 수 있는 화면으로 이동하면 오른쪽 하단에 있는 '드라이브 옵션(고급)' 버튼을 누른다. 그러면 파티션을 새롭게 생성하거나 삭제할 수 있는 버튼이 추가로 보여지게 된다. 이 기능들을 이용해서 자신이 원하는 만큼만 윈도우 파티션을 지정하고 윈도우를 설치할 수 있다.

다음으로 두 번째 방법인 MS윈도우의 볼륨 축소 기능을 이용하는 방법을 살펴보자. 이 방법의 가장 큰 장점은 역시 MS윈도우를 새롭게 설치하지 않아도 된다는 점이다. 이미 설치된 MS윈도우를 그대로 사용하면서 새롭게 우분투만 설치할 수 있다. 단점은 이 방법으로는 우분투를 설치하기 위한 공간을 사용자가 마음대로 지정할 수 없다. 예를 들어 내가 우분투에 50GB 정도 파티션을 할당하고자 한다 해도, 볼륨 축소 기능으로는 최대 확보할 수 있는 빈 공간이 50GB에 못 미칠 수 있다.

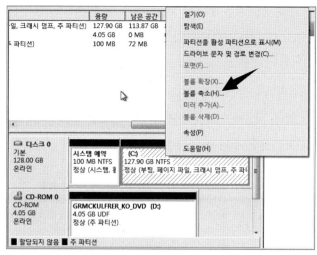

그림 2-46 MS윈도우 디스크 관리 기능에서 볼륨 축소 선택 화면

위 그림은 제어판 〉 관리도구 〉 컴퓨터 관리 〉 디스크 관리에 들어가면 볼 수 있는 화면이다. 현재 컴퓨터에 연결된 모든 저장 장치와 해당 저장 장치의 파티션 정보를 볼 수 있게 되어 있다. 위 그림에서처럼 이미 할당된 파티션 중에서 크기를 축소하고 자 하는 파티션에 마우스 커서를 올리고 우클릭을 하면 메뉴가 뜨는데, 여기서 볼륨 축소를 선택하자(위 그림에서는 C드라이브에 대고 볼륨 축소를 수행하고 있다). 그 러면 MS윈도우가 이미 할당된 파티션을 분석해서 얼마나 공간을 확보할 수 있는지 파악한다.

축소 전 전체 크기(MB):	271797
사용할 수 있는 축소 공간 크기(MB):	4784
축소할 공간 입력(MB)(E):	4784
축소 후 전체 크기(MB):	267013

ⓘ 이동할 수 없는 파일이 있는 지점을 벗어나 볼륨을 축소할 수 없습니다. 작업을 완료한 후 응용 프로그램 로그의 "defrag" 이벤트를 통해 작업에 대한 자세한 내용을 확인하십시 오.

자세한 내용은 디스크 관리 도움말에서 "기본 볼륨 축소"를 참조하십시오.

축소(S)　　취소(C)

그림 2-47 축소 가능한 용량 확인 및 축소 기능 화면

위 그림은 공간 확보를 위한 분석이 완료되면 뜨는 화면이다. 축소 전 크기와 줄일 수 있는 공간 크기, 축소한 후의 파티션의 크기를 알 수가 있다. 위 그림에서는 최대 4.7GB의 빈 공간을 확보할 수 있음을 알 수 있다. 만약 자신이 원하는 용량보다 더 크게 축소할 수 있다면 다행이지만, 위 그림처럼 축소할 수 있는 공간이 얼마 되지 않는다면 어쩔 수 없다. 성공적으로 파티션 축소를 진행했다면 아래 그림처럼 '할당되지 않음' 이라는 공간을 볼 수가 있게 된다.

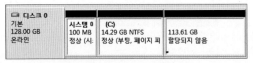

그림 2-48 볼륨 축소가 완료된 상태

 볼륨과 파티션의 차이

볼륨과 파티션은 정확하게는 다른 개념이지만 초보자 입장에서는 동일한 개념이라고 봐도 큰 문제는 없다.

이제 우분투를 설치할 빈 파티션을 확보했다. 우분투 설치 파일이 들어있는 USB 메모리 스틱을 넣고 컴퓨터를 부팅하면 우분투 설치가 진행될 것이다. 설치 방법은 앞서 '가상머신에 설치하기'에서 설명한 방법과 동일하기 때문에 생략한다. 다만 설치 중간에 아래 그림처럼 설치 형식 화면에서 'Windows 7을 그대로 두고 Ubuntu 설치하기'라는 옵션이 생겨야 한다. 이 옵션이 나타나지 않는다면 뭔가 잘못된 것이다. 다시 한번 내용을 검토해보길 바란다.

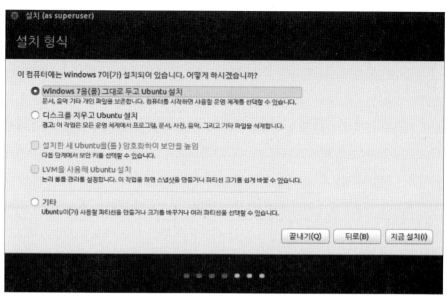

그림 2-49 우분투 설치 중 설치 형식 화면

위 화면을 제외한 다른 설정은 전부 동일하기 때문에 '가상머신에 우분투 설치하기' 부분을 참고하길 바란다. 성공적으로 우분투 설치가 완료되었다면 다음 컴퓨터를 시작할 때부터는 아래 화면처럼 운영체제를 선택할 수 있는 화면을 만날 수 있게된다.

```
*Ubuntu
 Ubuntu용 고급 설정
 Memory test (memtest86+)
 Memory test (memtest86+, serial console 115200)
 Windows 7 (loader) (/dev/sda1에 있는)
```

그림 2-50 컴퓨터 시작시 운영체제를 선택하는 화면

지금까지 멀티 부팅 방식을 이용해서 우분투를 설치하는 방법을 살펴보았다. 설치준비 과정을 제외하고는 가상머신에 우분투를 설치하는 것과 거의 동일하다. 이제 다음 장에서 본격적으로 우분투를 사용해보자.

정리하며

아마도 이 책을 읽는 많은 독자들은 리눅스가 처음인 독자도 있겠지만, 이 장에서처럼 가상머신에 리눅스를 깔아본 적이 있는 독자들도 많을 것이다. 하지만, 여기서 멈춘다면 리눅스는 또 낯선 OS가 될 뿐이다. 이 책을 끝까지 읽어보며 따라 해보고 자신이 사용할 목적에 따라 활용해보기 바란다. 어떤 독자는 프로그래밍을 리눅스에서 해보고 싶을 수 있고 어떤 독자는 서버를 관리해보고 싶기도 할 것이다. 익숙해지기 위해서는 시간이 필요한 게 아니라 실행과 시행착오가 필요한 것이다. 이 장에서 배운 내용들은 우분투에 한해서만 적용되는 방법이 아니라 다른 리눅스 배포판을 설치할 때에도 비슷하게 적용된다. 관심 있는 독자들은 한번 다른 배포판도 설치해보고 우분투와 비교해보는 것도 재미있을 것이다. 아래 대표적인 리눅스 배포판의 다운로드 주소를 적어놨으니 참고하자.

- 페도라 리눅스 : https://getfedora.org/ko/workstation/download/
- 민트 리눅스 : http://linuxmint.com/

1. 버추얼박스에 우분투를 설치해 보자.

2. 버추얼박스의 옵션을 바꾸면서 가상머신의 성능이 어떻게 달라지는지 확인해보자.

3. Fedora나 Mint 같은 다른 리눅스 배포판을 한번 설치해보자.

4. 우분투 서버 버전을 설치해보자

※ 별도로 제공되는 해답은 없습니다. 궁금한 점은 Q&A 게시판에 글을 남겨주세요.
  (roadbook.zerois.net/qna)

1. 가상머신에 우분투를 설치하는 방식의 장단점은 무엇일까?

2. 멀티 부팅으로 우분투를 설치하는 방식의 장단점은 무엇일까?

3. 버추얼 머신의 게스트 확장은 무슨 기능인가?

4. 가상 저장 장치 방식 중 동적 할당과 고정 크기는 어떤 차이가 있는가?

5. 파티션을 분할하게 되면 어떤 장점이 있을까?

6. 저장 장치에 여러 운영체제를 설치하기 위해서는 어떤 준비가 되어 있어야 하나?

※ 별도로 제공되는 해답은 없습니다. 궁금한 점은 Q&A 게시판에 글을 남겨주세요.
(roadbook.zerois.net/qna)

3장
기본기 다지기

Q 이 장을 시작하기 전에

지금까지 우분투를 사용하기 위한 기초지식과 설치 방법을 다루었다면, 이번 장부터 본격적으로 우분투란 무엇인지를 배운다. 이 책은 우분투를 처음 접하는 사용자가 대상이니 처음에는 우분투의 가장 기초적인 조작과 화면 구성부터 알아볼 것이다. 그렇게 여러 기능을 살펴보다 보면 우분투에 조금씩 익숙해질 것이다.

그리고 나서 뒷부분에서 우분투가 가지고 있는 화려면 기능과 특징을 살펴보도록 하자.

우분투가 컴퓨터에 설치가 안 되어 있으면 2장을 참고하여 설치하도록 하자.

유니티 환경 살펴보기

이전 장에서 우분투를 설치하는 것을 살펴보았다. 이번 장을 읽고 있다면 우분투를 성공적으로 설치했을 것이다. 비록 설치하는 과정이지만 초보자가 하기에는 쉽지 않을 수도 있는데 성공한 것을 축하한다. 지금까지는 우분투의 배경지식을 살펴보고 설치하는 등의 준비작업이었다면 이번 장부터 본격적으로 우분투의 기능을 하나씩 살펴보자.

로그인 화면

우분투 데스크탑 버전을 제대로 설치하고 부팅이 잘 된다면 우분투에서 가장 처음 만나게 되는 화면은 아래 그림과 같은 로그인 화면이다.

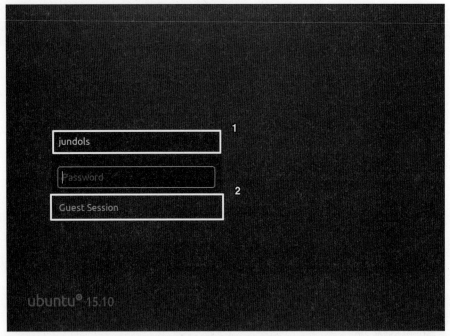

그림 3-1 우분투 로그인 화면

만약 우분투를 설치하는 도중 옵션으로 자동으로 로그인하도록 설정했다면 위 화면은 생략되고 바로 우분투 바탕화면으로 넘어갈 수도 있다.

위 화면에서 1번 박스는 로그인하려고 선택된 사용자 계정명을 보여준다. 설치 시에 입력한 계정을 보여주며 암호를 입력하고 엔터를 치면 로그인이 되고 우분투 바탕화면으로 이동한다.

2번 박스는 Guest Session으로 로그인하는 기능이다. 손님 권한으로 우분투를 사용할 수 있게 해준다. 손님 권한으로 로그인하게 되면 암호가 따로 필요하지는 않지만 우분투를 종료하게 되면 데이터를 전부 삭제하게 되므로 주의해야 한다. 또한 임의로 프로그램을 설치하거나 실제 주인 계정의 데이터를 접근해서 보는 것은 보안상 제한된다. Guest Session은 혼자만 컴퓨터를 사용한다면 필요 없는 기능이지만, 잠깐 컴퓨터를 빌려주거나 다수의 사용자가 컴퓨터를 사용하게 될 때 자신의 데이터를 보호하면서 타인에게도 컴퓨터를 사용할 수 있게 해줄 수 있다.

우분투 바탕화면

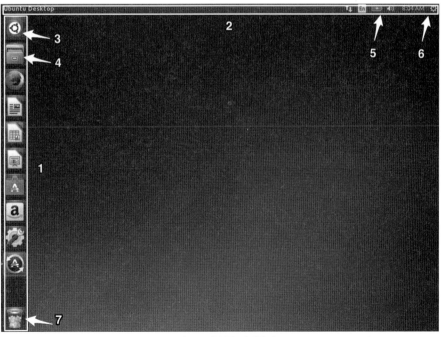

그림 3-2 우분투 바탕화면

로그인을 성공적으로 했다면 위 화면 같은 우분투만의 특이한 유저 인터페이스를 볼 수 있다. 유니티^{Unity}라 불리는 우분투의 그래픽 유저 인터페이스(GUI)는 MS윈도우와 비교했을 때 비슷한 것 같으면서도 많이 다르다. 오히려 MacOS와 좀 더 비슷한 느낌을 가진다. 하나씩 살펴보도록 하자.

우선 1번 박스 영역은 런처^{Launcher}라고 불리는 영역이다. 윈도우로 비교하자면 작업줄과 비슷하다. 특정 프로그램이 실행중이면 해당 프로그램의 아이콘이 보여지는 기능과 자주 쓰는 프로그램은 바로 실행할 수 있도록 아이콘을 등록해 놓을 수 있는 기능이 동시에 존재한다. 위 바탕화면에서는 우분투를 설치하면 기본적으로 런처에 등록되어 있는 프로그램만 보여주고 있다. 웹 서핑을 위한 Firefox와 문서 작업을 위한 Libre Office 프로그램 등 몇가지 프로그램은 우분투 설치시에 같이 설치된다. 이런 프로그램들은 우분투가 설치되면 자동으로 아이콘이 런처에 등록되어 있는 걸 볼 수 있다.

 런처에 등록되어 있는 아이콘을 제거하려면?

해당 아이콘 위에 마우스를 올려 놓고 우클릭하면 나오는 팝업 메뉴에서 'Unlock from Launcher'를 클릭하면 제거된다.

 런처에 아이콘을 등록하려면?

등록하고자 하는 프로그램을 먼저 실행시킨다. 그러면 해당 프로그램의 아이콘이 런처에 보여지게 된다. 해당 프로그램의 아이콘에 마우스를 올려 놓고 우클릭하면 나오는 팝업메뉴에서 'Lock to Launcher'를 클릭하면 프로그램이 종료돼도 런처에서 아이콘이 사라지지도 않는다.

3번 화살표가 가리키고 있는 아이콘은 MS윈도우의 시작 버튼 역할을 하는 아이콘이다. 해당 아이콘을 마우스로 클릭하면 디스크에 설치되어 있는 프로그램을 찾아서 실행할 수 있는 기능을 제공한다. 그 외에도 MS윈도우의 시작버튼보다 더 확장된 기능을 제공하고 있는데 추후에 다시 자세히 살펴보도록 하겠다.

4번 화살표가 가리키고 있는 아이콘은 Files라는 프로그램인데 윈도우의 탐색기의 역할을 하고 있다. 디스크에 있는 파일을 탐색할 수 있는 가장 기본적인 파일 관리 프로그램이다. 파일을 복사하거나 삭제하거나 폴더를 생성하는 등의 파일 관리 작업은 모두 이 프로그램을 이용해서 수행할 수 있다.

2번 박스 영역은 메뉴바^{Menu bar}라고 불리는 영역이다. 기본적인 역할은 프로그램이 실행되면 해당 프로그램의 메뉴 목록을 보여주는 역할을 담당하고 있다. 이는 MacOS의 상단에 위치한 메뉴바와 그 기능이 동일하다. MS윈도우의 경우와는 다른데 MS윈도우의 경우 다수의 프로그램이 실행 중이라면 각각의 프로그램의 윈도우 안에 따로 메뉴바를 가지고 있다. 하지만 유니티는 그렇지 않다. 현재 활성화된 프로그램의 메뉴 목록이 바탕화면 상단에 위치한 메뉴바에 보이는 구조이다. 따라서 활성화된 프로그램이 변경되면 메뉴바의 메뉴 목록도 변경된 프로그램의 메뉴 목록으로 변하게 된다.

5번 화살표는 MS윈도우의 우측 하단에 존재하는 트레이 아이콘(Tray Icon)에 해당한다. 한영설정, 시간, 배터리 잔량, 네트워크 연결 상태 등 다양한 상태 정보를 보여주고 있다. 다른 아이콘들은 직관적이어서 바로 이해되지만 가장 왼쪽에 있는 위아래로 그려진 화살표는 뭘 의미하는지 헷갈릴 수 있겠다. 해당 아이콘은 유선 네트워크가 잘 연결되어 있다는 표시이다. 만약 무선 인터넷을 사용하고 있다면 위아래 화살표 아이콘이 아닌 부채꼴 아이콘이 보여지게 된다.

6번 화살표는 우분투를 종료하고 싶거나 잠자기, 재시작 같은 기본적인 시동에 관한 기능을 담고 있는 아이콘이다. 따라서 우분투를 끄려고 할 때 가장 마지막에 누르게 될 아이콘이다.

7번은 휴지통이다. MS윈도우의 휴지통과 동일한 기능을 하고 있다.

지금까지 우분투 바탕화면의 기본적인 구성에 대해 살펴보았다. 정리해 보자면 바탕화면 구성은 크게 왼쪽에 아이콘이 모여있는 런처 부분과 프로그램의 메뉴와 트레이 아이콘이 모여 있는 메뉴바 그리고 나머지 영역으로 구분되어 있다.

지금까지 설명한 구조는 우분투의 기본적인 설정을 바꾸지 않았을 경우이며 만약 사용하기 불편하거나 자신이 사용하는 스타일과 맞지 않다면 시스템 셋팅에 들어가서 몇몇 형태는 변경이 가능하다.

시작 버튼

이번엔 프로그램을 실행하고 검색하는 방법에 대해 살펴보자. 우분투는 운영체제이기 때문에 그 자체로는 할 수 있는 기능이 없고 컴퓨터로 유용한 작업들을 하기 위해서는 응용프로그램을 실행시켜야 한다. [그림 3-2]에서 3번 아이콘을 누르면 [그림 3-3]과 같은 화면을 볼 수가 있다.

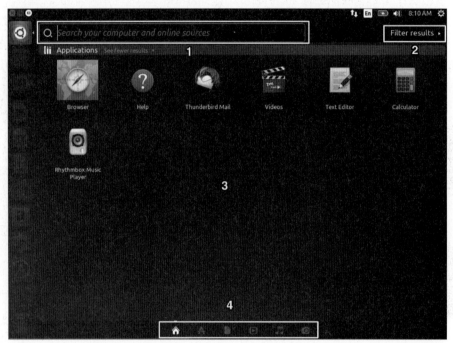

그림 3-3 시작버튼을 누른 상태의 화면

 리눅스와 오픈소스

리눅스에도 유료 프로그램들이 있지만, 대부분의 리눅스용 응용프로그램들은 무료이다. 무료로 사용할 수 있는 수준을 넘어서 프로그램의 소스를 공개하는 경우도 많다. 이는 리눅스가 오픈소스를 지향하고 있고 리눅스용 응용프로그램들도 자연스럽게 같은 철학을 공유하기 때문이다. 오픈소스 진영은 소스를 누구나 수정할 수 있게 공개함으로써 프로그램이 더 버그도 없고 좋게 개선된다고 믿는다. 이에 관해 유명한 글이 있는데 에릭 레이몬드가 쓴 〈성당과 시장〉[1]이란 글을 한번 읽어보길 바란다.

---

1 https://wiki.kldp.org/wiki.php/DocbookSgml/Cathedral-Bazaar-TRANS

시작 버튼을 누르면 화면이 불투명하게 바뀌면서 위 그림과 같은 상태로 변하게 된다. MS윈도우의 시작 버튼을 누르면 나오는 화면과는 사뭇 다르다.

가장 위쪽에 보이는 1번 박스는 검색 창이다. 이 검색 창에 단어를 치면 우분투에 설치되어 있는 프로그램뿐만 아니라 다양한 정보를 동시에 검색해준다. 컴퓨터에 존재하는 프로그램이나 문서, 사진을 검색하는 기능을 넘어서 인터넷에 있는 다양한 정보들도 같이 검색해서 결과를 보여주는 통합 검색 창이다.

검색 창에 나오는 결과에 어떤 정보를 보여줄지 선택할 수 있는데 2번 상자 영역인 'Filter results' 버튼을 누르면 다양한 검색 소스가 나온다. 그 중에서 자신이 필요한 검색 결과만 나오도록 선택해 주면 된다.

3번 영역은 검색 결과나 프로그램 목록을 보여주는 영역이다. 보여지는 형태는 큰 카테고리 별로 분류해서 정렬해서 보여지게 된다. 보여지는 정보가 화면 크기를 넘어가면 숨어있게 되므로 'more results'라는 버튼을 눌러 펼쳐보기를 해야 한다.

사실 검색 기능을 이용해서 프로그램을 찾아서 실행하는 방법은 실행하고자 하는 프로그램의 이름을 알고 있을 때는 빠르고 효과적인 방법이지만 어떤 프로그램이 존재하는 지도 모르는 상태에서는 딱히 활용하기가 어렵다. 이럴 경우는 우분투에 설치되어 있는 프로그램 목록을 살펴보면서 자신에게 필요한 프로그램을 실행하는 방법이 필요하다. 우분투에 설치되어 있는 프로그램의 목록을 보고자 한다면 4번 박스에 있는 아이콘을 눌러서 어플리케이션 목록 탭으로 이동해야 한다.

그림 3-4 시작 버튼에 존재하는 탭 메뉴들

지금까지 홈 탭이 활성화되어 있는 상태였다면 마우스로 다른 아이콘들을 클릭하면 해당 아이콘에 관련된 정보들만 추려서 보여지게 된다. 우리는 지금 우분투에 설치되어 있는 프로그램의 목록을 보려고 하기 때문에 App 탭으로 이동하면 된다.

그림 3-5 우분투에 설치되어 있는 프로그램 목록

위 그림처럼 다양한 프로그램이 기본적으로 설치되어 있는 것을 알 수 있다. 이제 프로그램 목록에서 필요한 프로그램을 찾아서 아이콘을 클릭하면 실행이 된다. 기본적으로 우분투만 설치해도 다양한 프로그램이 동시에 설치되어 있으니 하나씩 살펴보면서 익히는 것도 좋은 방법이다. 아래는 주요 프로그램의 이름과 용도를 정리해 보았다.

표 3-1 우분투에 기본적으로 설치되는 대표적인 프로그램들

이름	용도
Firefox	Internet Explore, Chrome과 더불어 가장 유명한 인터넷 웹 브라우저이다. 우분투의 기본 브라우저로 사용된다.
Libre Office	MS Office와 같은 목적의 프로그램이다. 워드, 엑셀, 파워포인트 등등 사무용 문서 작업 프로그램이며, 완벽하지는 않지만 MS Office 파일도 읽을 수 있다.

이름	용도
Thunderbird Mail	Outlook 같은 메일 프로그램이다.
Empathy Messaging	메시지를 주고 받을 때 사용하는 프로그램이다. 페이스 북이나 구글 같은 다양한 서비스들을 지원하고 있다.
Rhythmbox Music Player	음악 파일을 들을 수 있는 프로그램이다

그 외에도 다양한 어플리케이션이 기본적으로 설치되니 한 번씩 살펴보길 바란다.

 Unix, Linux, MacOS에 대하여

우분투는 대표적인 Linux 기반 운영체제이다. Linux는 리누즈 토발즈가 최초로 개발할 때 미닉스 (Minix)라는 Unix 계열 운영체제로부터 영감을 받았다. 이런 이유로 Linux는 Unix 계열 운영체제에 속한다. MacOS 또한 Unix 계열의 운영체제이다. 이런 Unix 계열의 운영체제들은 콘솔 기반 명령어들이 서로 비슷해서 다른 Unix 계열 OS도 금방 익숙해진다. 하지만 GUI 환경은 각각의 운영체제마다 전혀 다르게 설계되기 때문에 처음부터 다시 배워야 한다.

새로운 어플리케이션 설치하기

우분투를 설치하고 기본적인 사용법을 익혔다면 이제는 자신의 입맛에 맞는 프로그램들을 찾아서 설치하는 과정이 필요하다. 컴퓨터를 사용하는 다양한 목적에 따라서 필요로 하는 프로그램들이 다를 텐데 우분투에 있는 수많은 프로그램들을 전부 하나씩 소개하는 것은 무리이고 여기서는 어떻게 자신에게 필요한 프로그램을 찾아서 설치하는지 알아보도록 하자.

이 절에서는 영문 버전으로 설명이 진행되지만, 한글 버전도 용어가 한글화된 부분만 다르기 때문에 동일하게 진행하면 된다.

우분투에는 Ubuntu Software Center라는 어플리케이션 스토어가 존재한다. 우분투를 만드는 캐노니컬에서 관리하고 있는 스토어이다. 대부분의 우분투용 프로그램들을 확보하고 있어서 쉽게 찾아서 설치할 수 있다. 기존에 나와있던 리눅스 배포 판들은 이런 스토어가 없어서 프로그램을 찾아서 설치하는 게 상당히 번거로웠는데 우분투는 이런 점을 해결해주었다.

Ubuntu Software Center를 실행하는 방법은 아래 두 가지 중 선택하면 된다.

1. 런처 영역에 있는 Ubuntu Software Center 아이콘을 누른다.

2. 시작 버튼을 누르고 검색 창에 'ubuntu software center'라고 치고 나오는 결과의 아이콘을 클릭한다.

그림 3-6 Ubuntu Software Center 아이콘

그림 3-7 Ubuntu Software Center 실행 화면

애플 앱스토어를 사용해본 경험이 있는 사용자라면 위 화면이 친숙할 것이다. UI가 애플의 앱 스토어를 벤치마킹해서 만들었기 때문에 비슷하게 디자인되었다.

1번 박스 영역은 탭 메뉴 영역인데 설치 가능한 프로그램들이나 이미 컴퓨터에 설치되어 있는 프로그램 목록, 프로그램을 설치한 기록 같은 기능을 제공한다. 또한 검색을 할 수 있는 검색 창도 있다.

2번 박스 영역은 프로그램들을 카테고리 별로 구분해서 찾아볼 수 있도록 되어 있는 영역이다.

Ubuntu Software Center의 사용법이 직관적이어서 사용하기가 그다지 어렵지는 않을 것이다. 여기에서는 예시로 프로그램을 하나 찾아서 설치해보자. 설치할 프로그램은 Docky라는 프로그램인데 MacOS의 대표적인 기능인 Dock을 흉내 낼 수 있게 해주는 프로그램이다.

Docky를 설치할 수 있는 방법은 2가지가 있다. 카테고리 탭을 이용해서 찾거나 검색 창에 직접 검색어를 입력해서 찾는 방법이다. 비슷한 프로그램이 뭐가 있을지 궁금하거나 다른 프로그램도 살펴볼 요량이라면 2번 박스 영역에서 Accessories를 클릭하면 된다.

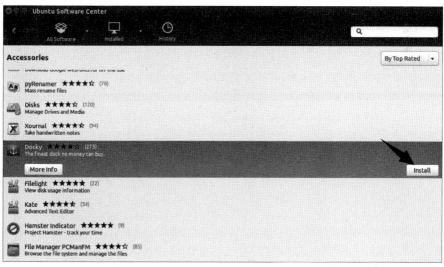

그림 3-8 Accessories에서 Docky 검색

그림에서 보듯이 목록을 내리다 보면 Docky라는 프로그램을 만날 수 있다. Docky를 찾았다면 해당 리스트를 클릭한 후 상세정보 창으로 넘어갈지 바로 설치할지 선택할 수가 있다. 여기서는 바로 Install 버튼을 눌러서 설치하도록 한다. Install 버튼을 누르면 즉시 설치되는 것이 아니라 사용자의 암호를 묻는 창을 만나게 된다.

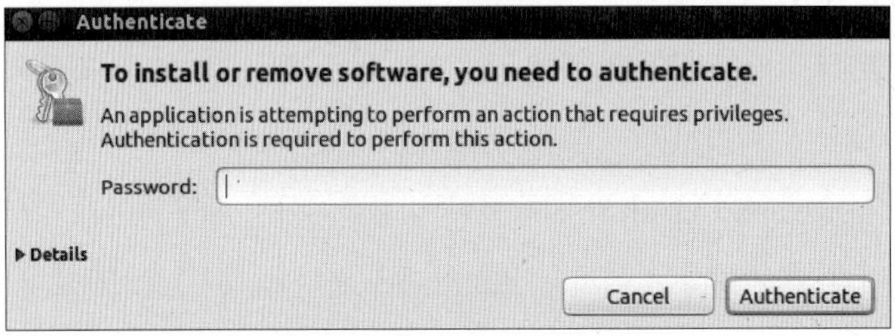

그림 3-9 사용자의 암호를 묻는 화면

우분투는 보안상의 이유로 시스템에 영향을 주는 행동에 대해서는 다시 한번 사용자의 암호를 묻도록 되어 있다. 앞으로도 계속 위 화면을 만나게 될 텐데 MS윈도우에 익숙한 사용자라면 귀찮다고 생각할 수도 있겠지만 보안성을 중요시 하는 리눅스에서는 반드시 필요한 절차이다.

암호를 다시 한번 입력하고 나서 엔터를 치면 드디어 Docky를 우분투에 설치하는 과정이 시작된다. 설치가 완료되면 런처 영역에 Docky의 아이콘이 새롭게 추가된 것을 볼 수가 있다. 시작 버튼을 누르고 Docky라고 쳐도 역시 프로그램이 설치된 것을 확인할 수 있다. 이제 Docky아이콘을 눌러서 한번 실행시켜보자. 아래 그림와 같이 멋진 Dock 영역을 볼 수 있을 것이다.

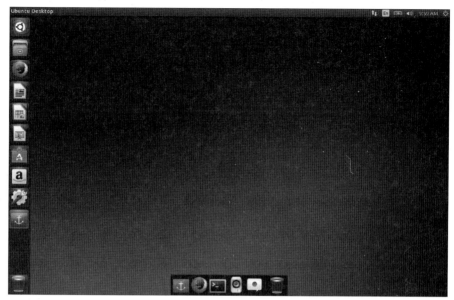

그림 3-10 Docky 실행 화면

지금까지 프로그램을 설치하는 과정을 살펴보았다.

 프로그램 삭제하기

설치된 프로그램을 삭제하기 위해서도 역시 Ubuntu Software Center를 이용하면 된다. 새로운 프로그램을 설치하기 위해서 상단에 위치하는 탭 중에서 All Software 탭을 이용했다면 설치된 프로그램을 삭제하기 위해서는 Installed 탭을 이용하면 된다. Installed 탭은 우분투에 설치된 프로그램의 목록을 보여주고 있다. Accessories를 클릭해서 목록을 펼치게 되면 금방 설치한 Docky를 볼 수가 있다. Docky를 클릭해서 선택하면 좌측에 Remove 버튼이 보여지는데 해당 버튼을 누르는 것으로 간단하게 프로그램을 제거할 수 있다.

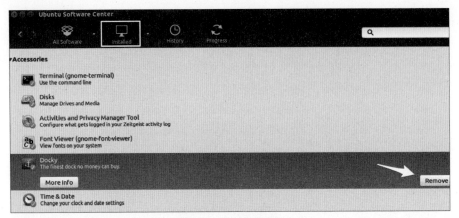

그림 3-11 프로그램 삭제하기

이렇게 Ubuntu Software Center를 통해서 설치하는 방법 외에도 다른 방법으로는 설치 파일을 직접 구해서 실행하는 방법과 프로그램 소스를 구해서 직접 빌드한 후에 실행하는 방법이 있다.

Ubuntu Software Center에 원하는 프로그램이 없다면 직접 설치 파일을 구해서 설치하는 방법을 선택해야 한다. 우분투의 설치파일은 .deb이라는 확장자를 가진다. 해당 파일을 인터넷에서 다운로드 받아서 마우스로 더블 클릭하면 설치 관리자가 자동으로 설치해준다.

소스를 직접 빌드해서 실행하는 방법은 초보자가 하기에는 매우 어려운 방법이므로 추천하지 않는다. 하지만 리눅스에서 이용하는 대부분의 소프트웨어들은 소스가 공개되어 있고 원한다면(또는 실력이 된다면) 누구든지 자신의 입맛에 맞게 수정하거나 버그를 고치는 작업을 할 수 있다. 이런 부분들이 많은 사람들에게 우분투(또는 리눅스)를 쓰는 매력 요소로 작용하기도 한다.

 소스 빌드로 Docky 설치해보기

소스를 컴파일해서 프로그램을 설치하는 것은 어렵고 전문적인 지식이 필요하지만 궁금한 독자를 위해서 쉽게 따라해볼 수 있게 명령어만 정리해본다. 아래 방법은 하나의 예시이므로 독자의 상황에 따라서 잘 안 될 수도 있다.

우선 Terminal 프로그램을 실행하자. 그리고 아래 명령어들을 하나씩 입력해 나가면 된다. 명령어의 의미는 4장 이후에 살펴볼 것이다.

```
sudo add-apt-repository ppa:docky-core/ppa
sudo apt-get update
sudo apt-get install bzr libgio2.0-cil-dev
sudo apt-get build-dep docky
bzr branch lp:docky
cd docky
./autogen.sh
make
sudo make install
```

우분투에서 한글 쓰기

리눅스 배포판들은 전부 외국(대부분이 미국)에서 개발되고 있기 때문에 국제화나 다국어 지원에 미흡한 점이 많았다. MS윈도우 운영체제처럼 상용 운영체제는 판매를 촉진시키기 위해서 당연히 완벽하게 다국어를 지원하고 한글화도 완벽하게 되어 있지만, 리눅스처럼 비영리 재단이나 아마추어 개발자들이 만들어가는 운영체제는 비영어권 지원에 대한 요구사항이 다른 기능들에 비해 관심도가 떨어진다. 그래도 우분투는 다른 리눅스 배포판에 비해서는 상당히 많은 한글화도 진행되어 있고 다국어 지원도 원활한 편에 속한다. 재미있는 점은 우분투의 한글화 역시 한국 우분투 유저들이 기여해서 진행되고 있다는 점이다. 궁금한 독자는 한번 들어가서 번역 상황을 구경하거나 한번 기여해보는 것도 좋은 경험이 될 것이다.[2]

우분투에서 한글을 지원한다는 것은 2가지 의미로 쓰인다.

첫 번째로는 메뉴나 기타 운영체제의 다양한 문장들을 영어가 아닌 한글로 보여지게 하는 한글화가 있다. 한글은 입력하고 싶지만 그 외에 다른 설정은 영문 버전 그대로 사용하고 싶다면 굳이 메뉴를 한글화하지 않은 상태로 우분투를 사용할 수 있다.

두 번째는 한글을 입력할 수 있는 것을 의미한다. MS윈도우에도 IME라는 다국어 입력기가 존재하듯이 우분투에도 한글 등 비영어권 문자를 입력할 수 있게 해주는 프

---

2 https://translations.launchpad.net/ubuntu

로그램이 존재한다. 기본적으로 설치되는 프로그램은 IBus라는 프로그램이며 그 외에도 Nabi라는 한국 개발자가 만든 입력기도 있다.

우분투 한글화하기

우분투에서 한글화를 위해서는 'System Settings' 메뉴에서 'Language Support' 설정메뉴를 이용하면 된다. System Settings를 실행하기 위해서는 시작 버튼을 누르고 검색 창에 System Settings를 입력하거나 런처에 있는 System Settings 아이콘을 클릭하면 된다.

그림 3-12 System Settings 아이콘

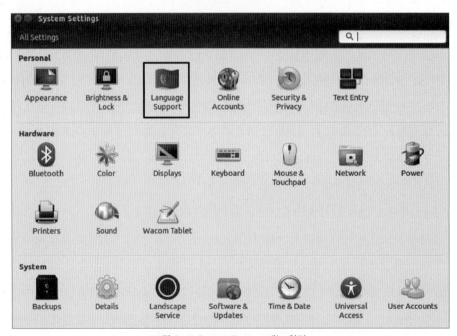

그림 3-13 System Settings 메뉴 화면

위 그림에서 박스 표시가 되어 있는 Language Support 메뉴를 클릭하면 아래와 같이 추가적으로 언어 팩을 받아야 한다는 메시지가 나온다. Install 버튼을 누르면 추가 언어 팩을 다운로드 받아서 설치하는 과정이 진행되는데 이때 인터넷이 연결되어 있어야 과정이 정상적으로 진행된다. 추가 언어 팩 설치는 시스템의 구성을 변경하기 때문에 보안상의 이유로 다시 한번 사용자의 암호를 물어볼 수 있다.

그림 3-14 추가 언어 팩 설치 팝업 창

그림 3-15 Language Support 메뉴 화면

추가 언어 팩 설치가 끝나면 위 그림과 같은 메뉴화면이 뜨는데 'Install/Remove Languages' 버튼을 누른다. 매우 다양한 언어 리스트를 볼 수 있는데 우리는 'Korean'을 찾아서 설치하겠다고 체크 박스를 설정해주고 'Apply Changes' 버튼을 누르면 된다.

그림 3-16 한국어 선택 화면

'Apply Changes' 버튼을 누르면 우분투는 자동으로 인터넷에 접속해서 한글 지원에 관련해서 필요한 다양한 파일을 받는 작업을 진행한다. 설치가 잘 마무리가 되었다면 아래 화면처럼 언어 목록에 '한국어'라 뜨는 것을 볼 수 있다. 만약 '한국어'라는 글자가 안 보인다면 스크롤을 내려보면 보일 것이다. 그럼에도 불구하고 '한국어'가 보이지 않는다면 제대로 설치되지 못한 경우이므로 다시 한번 시도하자. Install/Remove Languages 버튼 다시 눌러 'Korean'에 체크 박스를 제거해서 한글 설치를 취소한 다음에 다시 Korean에 체크 박스를 눌러 한글을 재설치해주면 문제가 해결된다.

그림 3-17 우분투 언어에 한글이 추가된 화면

위 상태에서 마우스로 '한국어'라는 글자를 오른쪽 마우스 클릭 후 맨 위로 드래그를 해준다. 그러면 한국어라는 글자가 최상위로 올라가게 된다.

그림 3-18 한국어를 최상위로 올린 상태

지금까지 잘 진행했다면 모든 작업이 완료되었다. 이제 우분투를 재부팅을 하면 메뉴나 기타 글자들이 한글로 변경된 것을 볼 수 있을 것이다.

우분투에서 한글 입력하기

이번에는 한글을 입력하는 것을 살펴보자. 앞에서 설명한 대로 잘 진행했다면 우분투 상단에 있는 트레이 아이콘 중 'En'이라는 글자 아이콘을 클릭하면 태극 마크가 보이면서 'Hangul'이라는 선택 사항이 보일 것이다.

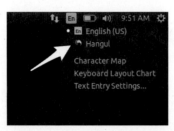

그림 3-19 태극 모양의 한글을 선택

Hangul을 선택하게 되면 트레이 아이콘의 모양이 En에서 태극 마크로 바뀌는 것을 확인할 수 있다. 이제 한글을 사용할 수 있다. 확인을 위해서 시작 버튼을 누르고 검색 창에 커서를 두고 한글을 입력해보자. 만약 한글이 아니라 영문자가 나온다면 Shift+Space(Shift는 누르고 있는 상태에서 Space Bar를 누르라는 의미이다)를 눌러준다. 그러면 한글이 잘 입력될 것이다. 다시 영어 입력 상태로 바꾸려면 다시 Shift+Space를 눌러준다.

주의할 점은 간간히 한글 모드가 풀린다는 점이다. 그럴 때에는 Shift+Space를 눌러도 한글 입력이 되지 않는다. 원인은 트레이 아이콘에 태극 마크가 사라지기 때문이다. 트레이 아이콘의 입력 아이콘의 모양이 En이 아니라 태극마크인지 확인해 보고 En으로 바뀌어 있다면 다시 태극 마크로 바꿔준다.

MS윈도우를 계속 사용한 사용자라면 한영 변환을 Space Bar 오른쪽에 있는 한/영키로 변환을 했을 텐데 우분투는 Shift+Space로 한영 변환을 해서 불편함을 느끼는 경우가 많다. 우분투로도 한/영키로 한영 변환을 할 수 있는 방법이 있다.

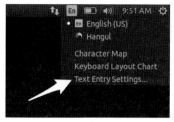

그림 3-20 Text Entry Settings

트레이 아이콘의 언어 아이콘을 클릭해서 나오는 팝업 메뉴에서 Text Entry Settings를 클릭한다.

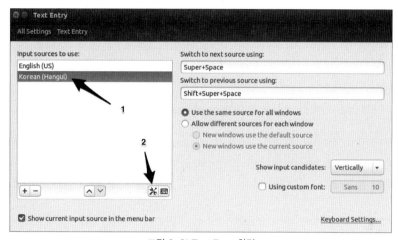

그림 3-21 Text Entry 화면

위 그림에서 설명한 대로 우선 'Korean(Hangul)'을 선택한 후에 2번 화살표가 가리키는 아이콘을 클릭한다.

그림 3-22 한글 단축키 추가

위 화면에서 보이는 Add 버튼을 누르고 자신이 원하는 한영 변환 키를 선택해주면 자동으로 추가되는 것을 볼 수 있다.

지금까지 우분투에서 한글을 입력하고 메뉴 등을 한글로 나오게 하는 방법을 살펴보았다. 만약 이런 과정이 어렵거나 부담된다면 우분투를 설치할 때 언어를 한국어로 선택하면 자동으로 한글화가 되어 설치되므로 이런 한글 설정 과정을 거치지 않아도 된다.

환경설정으로 내 입맛에 맞게

여기까지 진행한 독자라면 우분투의 기본적인 사용 방법은 어느 정도 익혔다고 생각된다. 원하는 프로그램을 설치하고 사용하는 것이 운영체제를 사용하는 가장 큰 이유이기 때문에 이 정도만 해도 우분투를 사용하기엔 큰 부족함이 없다.

하지만 우분투를 조금 사용하다 보면 뭔가 더 자신의 입맛에 맞게 설정을 바꾸고 싶은 욕구가 생길 것이다. 이번 절에서는 우분투를 자신에게 더 편리하게 사용할 수 있도록 바꾸는 방법에 대해 살펴보도록 하자.

MS윈도우에서는 환경 설정을 바꿀 수 있는 곳이 제어판이라면 우분투에서는 시스템 설정 메뉴가 그 역할을 해주고 있다. 시스템 설정 메뉴에 들어가기 위해서는 런처에서 톱니바퀴 모양의 아이콘을 클릭하든지 시작 버튼에서 검색 창에 '시스템 설정'이라고 입력한다.

그림 3-23 시스템 설정 아이콘

시스템 설정 아이콘을 클릭하면 아래와 같은 화면을 보게 된다.

그림 3-24 시스템 설정 화면

위 화면에서 보이는 것처럼 여러 가지 환경 설정과 하드웨어 관리를 할 수 있는 메뉴가 존재한다. 각각 메뉴의 용도에 대해 간단하게 아래 표에 정리했다.

표 3-2 시스템 설정 기능 요약

메뉴명	설명
모양	화면의 배경 그림이나 런처 형태 등 보여지는 모양을 설정한다.
밝기와 잠금	사용자 입력이 없을 경우 화면을 끄는 기능을 설정한다.
보안&사생활 보호	사용자가 자리를 비우거나 했을 경우 암호 입력 유무 등을 설정한다.
언어 지원	우분투의 메시지들을 어느 언어로 보여줄지 설정한다.
온라인 계정	페이스 북이나 구글 등의 계정을 등록해 놓고 다양한 서비스를 받을 수 있게 한다.
텍스트 입력 창	키보드를 통한 언어 입력을 설정할 수 있다.
네트워크	유/무선 네트워크 설정을 변경한다. 고정IP를 설정한다든지 하는 고급 설정을 할 때 사용한다.
디스플레이	화면 해상도를 변경한다.
마우스 및 터치패드	마우스 속도나 기능을 변경한다.
블루투스	블루투스 장치를 추가하거나 삭제한다.
색	화면에 보여지는 색상을 보정한다.
소리	오디오의 볼륨을 조정하거나 효과음을 변경한다.
전원	노트북을 사용할 경우 전원 관리 설정을 변경한다.
키보드	키보드의 입력 속도나 단축키 등을 설정한다.
프린터	프린터를 추가하거나 삭제한다.
날짜와 시간	컴퓨터의 시간을 변경하거나 보여주는 방식을 변경한다.
랜드스케이프 서비스	여러 대의 컴퓨터(서버)를 효율적으로 관리해주는 서비스인 랜드스케이프를 활성화한다.
백업	사용자의 데이터를 백업할 수 있게 설정한다.
사용자 계정	새로운 사용자를 추가하거나 기존 사용자를 제거한다.
소프트웨어&업데이트	소프트웨어 업데이트 주기를 변경하거나 업데이트 대상을 선택한다.
자세히 보기	파일을 열 때 기본적으로 보여지는 프로그램을 설정하거나 이동식 미디어가 인식되었을 때 어떤 동작을 할지 결정한다.
접근성	글씨가 작아서 사용하기 불편한 장애인이나 노인에게 도움이 될 수 있는 옵션들을 제공한다.

지면을 통해서 위 기능들을 하나씩 전부 살펴보기에는 무리가 있으므로 가장 대표적인 기능들을 추려서 한번 살펴보도록 하자.

화면 모양 변경하기

화면의 모양을 변경할 때 가장 큰 효과는 배경화면 변경일 것이다. 배경화면 변경은 기본적으로 지원하고 있으며 그 외에도 화면 모양을 바꾸기 위한 다양한 설정이 존재한다. 이를 설정하기 위해 시스템 설정 〉 모양 메뉴로 들어가야 한다.

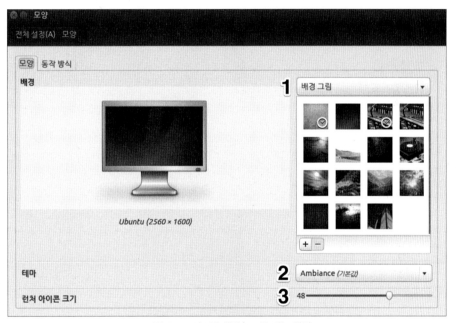

그림 3-25 시스템 설정 〉 모양 메뉴 화면

우분투는 기본적으로 멋진 배경화면 사진을 다수 가지고 있어서 다른 기본 배경화면으로 바꾸는 것만으로도 분위기가 확 바뀌게 된다. 기본 배경화면이 맘에 들지 않거나 자신이 좋아하는 사진을 배경화면으로 쓰고 싶다면 1번 영역에 있는 풀다운 메뉴를 클릭해서 사진 폴더로 선택을 바꿔준다. 그리고 자신이 원하는 사진을 선택하면 배경화면이 바뀌는 것을 볼 수 있다.

2번 테마 메뉴는 창의 모양이나 런처 바 등의 모양을 변경할 수 있는 기능이다. 기본적으로 4가지 테마만을 제공하고 있는데 기본적으로 제공하는 테마가 마음에 들지 않는다면 인터넷에서 더 멋진 테마를 받아서 설치할 수도 있다. 이 기능은 나중에 다시 살펴보도록 하자.

3번 런처 아이콘 크기 변경은 런처바가 너무 크거나, 런처바에 들어가는 아이콘의 개수가 적다고 생각되면 크기를 줄일 수 있도록 하는 기능이다.

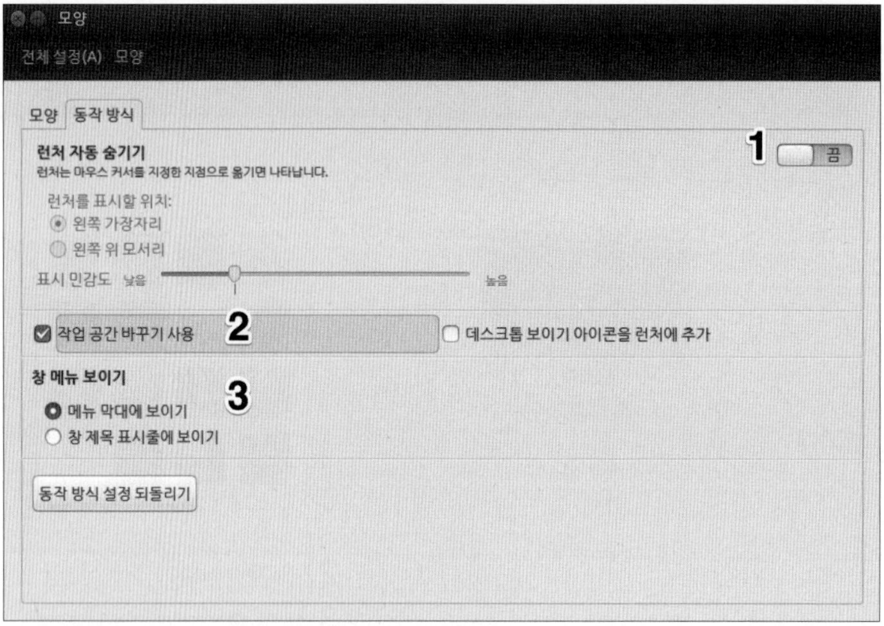

그림 3-26 시스템 설정 > 모양 메뉴 중 동작 방식 탭화면

메뉴 상단에 있는 탭 메뉴에서 두 번째 탭인 '동작 방식' 탭으로 이동하면 또 다른 기능들이 나타난다. 1번 런처 자동 숨기기 기능은 런처가 항상 화면의 일부분을 차지하는 게 부담된다면 평소에는 숨어있다가 필요할 때만 보이게 하도록 설정할 수 있게 해준다.

2번 작업 공간 바꾸기 사용 기능은 MS윈도우 사용자들은 익숙하지 않은 기능일 것이다. 우분투는 특이하게 바탕화면을 4개나 가지고 있다. 다양한 프로그램을 띄워놓고 작업할 경우 계속 창이 겹쳐서 불편하다면 이 기능을 한번 사용해 보라. 이 기능을 활성화 하면 런처바에 4분할 표시가 있는 아이콘이 새로 생기게 된다. 해당 아이콘을 클릭하면 우분투가 보여주는 4개의 바탕화면이 보여지는 화면으로 전환된다.

그림 3-27 작업 공간 바꾸는 화면

물론 이 기능이 듀얼 모니터처럼 동시에 화면을 보여줄 수는 없지만, 각각의 화면마다 구분 지어서 프로그램을 실행한 후 바탕화면을 전환하면서 작업을 하면 훨씬 편하게 작업할 수 있다.

3번 창 메뉴 보이기 기능은 프로그램의 메뉴 기능이 화면 위쪽에 있는 메뉴바에 표시되는 것이 불편한 사람들을 위해 MS윈도우처럼 각각의 프로그램 창에 표시되도록 설정을 변경해준다.

사용자 계정 추가하기

컴퓨터를 혼자 쓰는 게 아니라면 사용자마다 각각의 계정을 따로 만드는 게 좋다. 윈도우 사용자들은 대부분 컴퓨터를 하나의 계정으로 같이 쓰기 때문에 사용자마다 계정을 다르게 가지고 있는다는 개념이 생소할 수 있지만, 리눅스에서는 매우 친숙한 개념이다.

이것에는 태생적인 이유가 있다. MS윈도우는 최초 시작이 개인용 컴퓨터를 위한 운영체제였기 때문에 계정 개념이 약했지만, 리눅스는 처음부터 다중 사용자 환경용으로 시작했기 때문에 계정 설정이 매우 중요했다. 각각의 사용자마다 계정을 다르게 주게 되면 여러 장점이 있다.

1. 자신의 데이터를 타인으로부터 보호할 수 있다.

같은 컴퓨터를 사용할 지라도 계정을 분리하면 각 계정 사용자들은 자신의 파일만 볼 수 있다. 물론 다른 계정 사용자들이 자신의 파일에 접근할 수 있도록 할 수 있다.

2. 계정의 권한을 조정해서 시스템 영역을 손대지 못하게 할 수 있다.

누군가 자신의 컴퓨터에 이상한 프로그램을 깔아 놓는다면 찝찝할 것이다. 리눅스에서는 개별 계정마다 권한을 다르게 하여 컴퓨터를 쓰고 파일을 편집할 수는 있지만 시스템을 건드리는 작업(신규 프로그램 설치 같은)을 못하도록 막을 수 있다.

그러면 새로운 사용자를 추가하는 방법을 살펴보도록 하자. 환경설정으로 들어가서 사용자 계정 메뉴로 들어가면 아래와 같은 화면을 볼 수 있다.

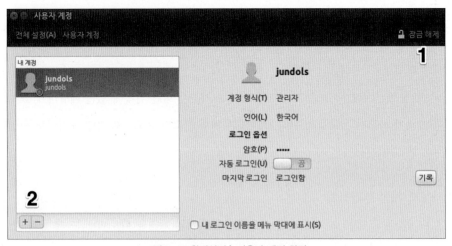

그림 3-28 환경설정 〉 사용자 계정 화면

우분투를 설치하고 나서 아무 계정도 추가하지 않은 상황이라면 설치 시에 지정한 최초의 계정 하나만 보일 것이다. 위 그림에서는 아이디가 jundols라는 계정 하나만 존재하는 것을 볼 수 있다. 계정의 세부 속성들이 몇 가지 있는데, '자동 로그인'은 암호를 입력하지 않아도 컴퓨터가 켜지면 자동으로 해당 사용자 계정으로 로그인하라는 옵션이다. 계정 형식은 관리자로 되어 있는데, 우분투에서 가장 많은 권한을 가지고 있는 계정 형식으로 시스템에 영향을 주는 모든 작업이 가능하다.

이제 새롭게 계정을 추가해볼 텐데 기본적으로 사용자 계정 추가 작업은 비활성화되어 있다. 1번에 있는 [잠금 해제] 버튼을 눌러야 계정 추가 작업을 할 수가 있다. 이는 관리자 계정으로 로그인 해놓고 잠시 자리를 비운 사이 아무나 몰래 계정 정보를 수정할 수 있는 상황을 막기 위함이다. 잠금 해제를 했다면 2번에 있는 + 버튼을 눌러서 새롭게 계정을 추가한다.

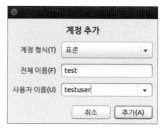

그림 3-29 계정 추가 화면

계정 형식은 '표준'과 '관리자'가 있다. 시스템 영역을 손대지 못하게 하고자 한다면 '표준'으로 선택한다. '전체 이름'은 로그인할 때 입력할 ID를 말한다. '사용자 이름'은 해당 계정의 사용자 이름을 적어주면 된다. 적절한 이름을 입력한 후에 추가 버튼을 누르면 새로운 계정이 하나 만들어지게 된다. 하지만 계정을 만들었다고 바로 사용할 수 없다. 아직 해당 계정으로 로그인할 때 입력할 암호를 지정해 주지 않았기 때문이다. 새롭게 추가된 계정의 세부정보에서 암호 부분을 보면 '계정 사용 중지됨'이라고 적혀져 있을 것이다. 해당 글씨 위로 마우스를 가져가면 클릭이 가능한데 클릭한 후 적절한 암호를 입력해주면 계정이 활성화된다. 암호를 입력할 경우 너무 짧거나 영문자로만 이루어져 있다면 암호가 부적절하다면서 바꾸기 버튼이 비활성화되므로 조금은 어려운 듯한 암호를 입력해주자.

 사용자 계정과 Guest Session

여기서 새롭게 만든 사용자 계정은 컴퓨터를 사용하는 데 문제없는 권한을 가지는 사용자를 추가하는 작업이다. 따라서 새롭게 생성된 사용자는 자신의 파일이나 데이터를 컴퓨터에 저장하고 관리할 수 있다. Guest Session은 손님 계정이기 때문에 컴퓨터를 종료하는 순간에 Guest Session이 생성한 모든 데이터는 자동으로 삭제되게 된다.

지금까지 환경설정에 대해 살펴보았다. 우분투의 환경설정 메뉴에는 많은 기능이 있지만 MS윈도우 사용자들이 사용하는 제어판엔 있는데 우분투에는 없는 부분도 존재한다. 가장 큰 특징이 '장치 관리자'의 역할을 해주는 메뉴가 없다는 점이다. MS윈도우을 잘 다루는 파워 유저라면 자주 이용하는 기능이 '장치 관리자'인데 우분투에는 그런 메뉴가 없다. 그렇다고 장치 관리를 못하는 것은 아니고 사용자가 직접 추가적인 프로그램(sysinfo라는 프로그램이다)을 설치해서 사용할 수 있다. 이런 점들이 우분투가 사용하기 쉬운 운영체제이긴 하지만 시스템을 깊숙이 들어가서 조작하는 건 여전히 어려운 운영체제로 인식되는 이유 중 하나이다.

MS윈도우와 비슷하게 사용하려면?

MS윈도우를 사용하다가 우분투를 접하게 되는 유저가 사용에 어려움을 느끼게 되는 이유를 살펴보면 크게 2가지가 있다.

1. MS윈도우와 사용 방법이 너무 다르다

우분투가 MS윈도우와 사용 방법이 너무 달라서 사용하기 어려운 문제는 우분투를 MS윈도우에 비교하기 때문에 생기는 문제일 것이다. 예를 들어서 어떤 유저가 MS윈도우를 한번도 접해보지 않은 상태에서 우분투로 처음 컴퓨터를 배우기 시작했다면 오히려 우분투가 익숙해져서 MS윈도우가 어렵다고 느낄 수도 있는 부분이다. 따라서 우분투가 MS윈도우와 사용법이 너무 달라서 어렵다고 느끼는 유저는 시간이 지나가면서 우분투가 익숙해지면 해결될 수 있는 문제이다. 단, 그전에 우분투 사용을 포기한다면 우분투는 영원히 어려운 운영체제로 남을 수도 있다.

이런 MS윈도우와의 차이 때문에 느끼는 문제 외에도 우분투 그 자체로 어려움을 느끼는 경우도 있다. 예를 들어서 컴퓨터에 새로운 하드웨어(그래픽카드나 사운드카드)를 장착했다고 해보자. MS윈도우 사용자의 경우는 하드웨어 제조사의 웹사이트에 들어가서 관련 드라이버를 다운받아서 실행해주면 대부분 문제없이 하드웨어가 인식되게 된다. 우분투의 경우는 유명한 하드웨어의 경우 문제 없이 인식될 수 있지만 많은 경우 잘 인식이 되지 않아서 수작업으로 설정해줘야 하는 경우가 생긴다. 심지어는 리눅스 커널을 다시 컴파일 해야 하는 경우도 발생한다.

이런 일련의 작업들은 전문적인 리눅스의 지식이 없으면 해결하기가 힘들다. 이는 하드웨어 제조사들이 대부분 리눅스를 지원하지 않아서 발생하는 문제이다.

또한 리눅스는 원래 사용자들이 직접 기능을 수정하거나 설정을 바꾸면서 사용하던 운영체제였다는 것도 초보자가 접근하기 어려운 이유 중 하나이다. 이런 문제들은 리눅스의 문제점들이라서 아무리 우분투가 리눅스를 사용하기 쉽게 만들었다 할지라도 우분투를 사용하다보면 여전히 전문적인 지식이 필요한 부분들이 존재한다. 이런 부분들은 어쩔 수 없이 우분투와 리눅스를 더 깊게 공부하는 수밖에는 없다.

우분투를 사용하면서 발생하는 문제점들은 관련 커뮤니티를 통해서 서로 도와주면서 해결하는 경우가 대부분인데 이 책의 뒷부분(6장)에서 커뮤니티로부터 도움을 받는 방법도 한번 살펴보도록 하겠다.

2. MS윈도우에서 사용하던 프로그램을 쓸 수가 없다

MS윈도우 사용자가 우분투를 쓰면서 불편해 하는 큰 이유 중 하나가 MS윈도우에서 자주 쓰던 프로그램을 쓸 수 없다는 문제점이다. MS윈도우에 인기 있는 수많은 프로그램들은 우분투에서 동작하지 않는다. 그렇다고 실망하거나 우분투를 포기할 필요는 없다. 언제나 대안은 있는 법이다.

대체 프로그램 이용하기

첫 번째 방법은 MS윈도우에서 사용하던 프로그램과 비슷한 프로그램을 이용하는 방법이다

우분투에서는 수많은 윈도우용 대안 프로그램이 존재한다. 조금만 노력해서 찾아보면 큰 무리 없이 비슷한 기능을 가진 프로그램을 찾아서 사용할 수 있다. 아래 유명한 프로그램 몇 가지에 대한 대안 프로그램을 소개한다.

MS 오피스

MS윈도우 사용자의 핵심 프로그램은 단연 MS Office의 Word, Excel, Power Point 같은 프로그램일 것이다. 우분투에서는 MS Office의 대안 프로그램으로 Libre Office를 사용하고 있다. Libre Office는 우분투를 설치하면 기본적으로 같이 설치되기 때문에 따로 설치할 필요가 없다.

그림 3-30 Libre Office

Libre Office는 MS Office의 파일인 xls, ppt, doc 파일을 읽을 수 있다. 완벽하게 호환되지는 않지만 그대로 쓸만한 수준으로 호환되기 때문에 유용하게 사용할 수 있다. Libre Office 외에도 Open Office와 WPS Office라는 프로그램도 존재한다. WPS Office는 사용성 관점에서 MS Office와 매우 유사한 사용 환경을 제공한다. 관심 있는 분은 한번 설치해서 사용해보길 바란다.

포토샵

이미지 리터칭 프로그램 중에서 PhotoShop을 이길 수 있는 프로그램은 없을 것이다. 그래도 우분투에는 꽤 괜찮은 대안 프로그램이 있다. GIMP라는 프로그램이다.

그림 3-31 GIMP 화면

GIMP는 PhotoShop과 UI가 매우 비슷하게 디자인되어 있기 때문에 큰 어려움 없이 쓸 수 있다. Layer나 Filter 같은 기능들도 제공되므로 필수적인 기능은 다 있다고 봐도 된다. GIMP는 Windows와 Mac용 버전도 존재한다.

GOM 플레이어

한국에서 컴퓨터로 영화를 보는 사람들은 대부분 GOM 플레이어나 다음 팟플레이어를 사용할 것이다. 한글 지원도 잘 되고 사용하기도 편하고 코덱도 대부분 지원되기 때문에 큰 문제없이 영화를 볼 수 있기 때문이다.

이런 대안으로 우분투에는 토템이라는 기본적인 동영상 플레이어를 내장하고 있다. 하지만 토템이 뭔가 불편하고 멋있는 프로그램으로 느껴지지 않는다면 VLC라는 프로그램을 추천한다. 한글 지원도 잘 되는 편이고 대부분의 코덱도 지원된다. 동영상 플레이에 필요한 기능도 충분히 제공되기 때문에 동영상을 즐기기엔 문제가 없다.

그림 3-32 VLC 미디어 재생기

VLC 외에도 MPlayer라는 대안 프로그램도 있으니 관심 있는 사용자는 한번 설치해봐서 VLC와 MPlayer 중에서 더 마음에 드는 것을 선택해보기 바란다.

아웃룩

메일을 주고받거나 관리하는 프로그램으로 MS윈도우 사용자들은 대부분 아웃룩을 이용할 것이다. 우분투에서 사용하는 아웃룩 대안 프로그램은 썬더버드이다. 유명한 인터넷 브라우저인 파이어폭스를 만드는 모질라 재단에서 만드는 이메일 관리 프로그램이다.

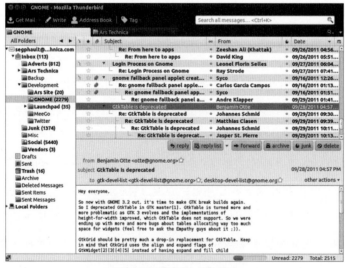

그림 3-33 썬더버드 사용 화면

사용성이 아웃룩과 매우 유사하기 때문에 쉽게 접근이 가능하다. 구글 GMail과도 잘 연동이 되고 한글 지원도 잘 되는 편이다. 메일 외에도 다양한 부가 기능을 지원하는데, 뉴스 그룹이나 RSS 피드 기능도 제공되기 때문에 RSS 리더로도 사용할 수 있다.

인터넷 익스플로어

최근의 컴퓨터 사용성을 살펴보면 대부분은 인터넷 기반 서비스들이다. 구글의 멋진 서비스인 구글닥스Google Docs 덕분에 워드나 엑셀 작업도 인터넷으로 하는 시대이다. 그래서인지 과거보다는 MS윈도우를 탈출하는 게 훨씬 수월해졌다. 인터넷 브라우저만 있으면 MS윈도우든 우분투든 동일한 서비스를 사용할 수 있기 때문이다. 이런 추세로 인해 최근에는 운영체제보다 어떤 인터넷 브라우저를 사용하는지가 더 중요한 상황도 발생한다.

인터넷 익스플로어는 MS윈도우의 기본 브라우저이지만 그렇게 좋은 브라우저는 아니다. 그래서 컴퓨터를 잘 다루는 사용자들은 구글의 크롬Chrome이나 모질라의 파이어폭스Firefox 브라우저를 별도로 설치해서 사용한다.

우분투는 다행히도 인터넷 익스플로어를 제외한 다른 브라우저들을 전부 설치할 수 있다. 우분투의 기본 브라우저로는 파이어폭스가 설치되어 있지만 크롬도 설치해서 사용하는 데 전혀 문제가 없다. 대부분의 인터넷 사이트를 이용하는 데 전혀 문제가 없지만 한국의 인터넷 환경에서 우분투는 약간 제한이 있다. 인터넷 뱅킹이나 쇼핑몰의 결제 진행을 위해서는 한국은 공인인증서를 사용하거나 액티브X 기반의 프로그램을 설치해야만 한다. 액티브X는 MS윈도우 계열에서만 사용이 가능하기 때문에 MacOS, 리눅스 운영체제 사용자는 액티브X를 지원하는 웹사이트를 제대로 이용할 수 없다. 이는 윈도우를 제외한 다른 운영체제를 사용하는 데 큰 걸림돌이 되고 있다. 최근 이런 비판의 목소리가 높아지자 윈도우와 엑티브X를 걷어내려는 움직임이 나타나고 있으니 언젠가는 모든 운영체제에서 인터넷 뱅킹과 쇼핑을 마음껏 할 수 있는 날이 올 수 있을 것이다.

한글(HWP)

한글 워드 프로세서를 리눅스에서 사용할 수 있는 완벽한 대안은 없다. 대부분의 리눅스용 프로그램이 외국에서 개발되고 있으며 한국 개발자들의 활동은 미미한 편인데, 다들 알다시피 한글 워드 프로세서는 한국에서만 사용하는 토종 워드 프로세서이다. 당연히 외국의 개발자들이 대안 프로그램을 만들어 줄리 없다. 하시만 HWP 파일을 볼 수는 있다. 한글 워드프로세서를 만든 한글과 컴퓨터에서 리눅스용 한글 파일 뷰어를 제공하기 때문이다. 아쉽지만 우분투에서 한글 파일을 볼 수 있다는 것으로 만족해야 한다.

에버노트

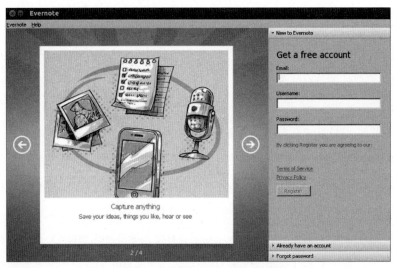

그림 3-34 우분투용 에버노트 로그인 화면

인터넷 기반 문서 저장 프로그램으로 가장 유명한 에버노트는 우분투를 지원한다. 윈도우용 에버노트의 모든 기능을 그대로 우분투에서도 사용할 수 있다. 또한 인터넷을 통한 동기화 기능으로 MS윈도우용 에버노트와도 완벽하게 호환된다. 아직 에버노트를 사용하지 않는 사용자라면 필히 한번 써보는 것을 추천한다.

지금까지 우분투에서 사용할 수 있는 다양한 대안 프로그램을 살펴보았다. 사실 대안 프로그램이 아무리 훌륭하거나 원래 프로그램보다 더 뛰어나다고 해도 대안 프로그램은 원래 프로그램과는 다른 프로그램이다. 또한 대안 프로그램이 없는 경우도 허다하다. 예를 들어 최근에 많이 사용하는 메신저인 카카오톡 PC 버전은 MS윈도우와 MacOS용 버전만 존재하고 우분투용은 존재하지 않아서 쓸 수가 없다. 그렇다고 실망하기에는 이르다. 여기에 다른 대안을 소개한다.

Wine을 이용하기

두 번째 방법은 Wine을 깔아서 MS윈도우용 프로그램을 직접 리눅스에서 돌리는 방법이다. 리눅스용 프로그램을 찾을 수 없다면 또는 리눅스에 있는 대안 프로그램이 MS윈도우의 그것보다 마음에 들지 않는다면 우분투에서 MS윈도우용 프로그램을 그대로 쓰자.

말이 안 되는 소리 같다. 지금까지 앞쪽에서 필자는 MS윈도우용 프로그램과 우분투용 프로그램은 전혀 달라서 서로 호환되지 않는다고 누누이 이야기 해왔다. 하지만 이걸 가능케 하는 마법 같은 프로그램이 있다. Wine이라는 프로그램이다.

Wine은 우분투에서 MS윈도우용 프로그램이 돌아가게 해주는 프로그램이다. 하지만 Wine으로 모든 MS윈도우용 프로그램을 우분투에서 실행할 수 있는 건 아니다. 실행이 불안하거나 제대로 실행되지 않는 프로그램도 있다. 그래도 웬만한 프로그램은 Wine으로 잘 실행되며 심지어 게임도 잘 동작한다. 여기서는 Wine을 써서 MS윈도우용 카카오톡을 실행하는 과정을 한번 살펴보도록 하자.

Wine은 그 자체로도 실행이 가능한 프로그램이긴 하지만 사용하기가 조금 까다로워서 Wine을 좀 더 사용하기 쉽게 만들어주는 프로그램을 사용하면 더 좋다. PlayOnLinux라는 프로그램은 Wine 설정을 쉽게 해주기 때문에 추천한다.

이제부터 카카오톡을 우분투에 PlayOnLinux를 이용해서 설치하는 법을 살펴볼 텐데 준비물로 카카오톡 웹사이트에 들어가서 윈도우용 카카오톡 설치 프로그램을 미리 다운 받아두자.

그림 3-35 카카오톡 다운로드 화면

우선 첫번째로 우분투에 PlayOnLinux부터 설치하자. 우분투 소프트웨어 센터를 실행시킨 후에 검색 창에 PlayOnLinux라고 치면 아래와 같이 검색이 된다. 설치 버튼을 눌러서 프로그램을 설치해준다.

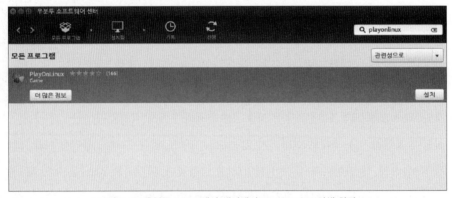

그림 3-36 우분투 소프트웨어 센터에서 PlayOnLinux 검색 화면

프로그램의 크기가 상당히 크다. 인터넷 연결 속도에 따라 설치가 오래 걸릴 수 있으니 설치될 때까지 좀 기다려주자. 설치가 완료되면 시작 버튼을 눌러서 검색 창에 PlayOnLinux라고 치면 아래 실행 프로그램이 검색된다.

그림 3-37 PlayOnLinux 아이콘

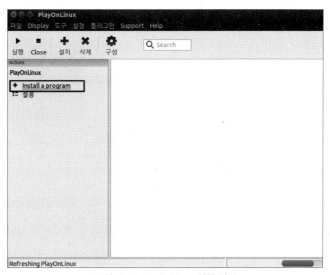

그림 3-38 PlayOnLinux 실행 화면

프로그램을 실행하면 위 그림처럼 화면이 뜨는데 왼쪽에 그려진 상자 안에 'Install a program'을 클릭한다.

그림 3-39 install menu 화면

PlayOnLinux는 카테고리별로 구분해서 다양한 프로그램의 설치 옵션을 미리 가지고 있다. 자신이 설치하려는 프로그램을 검색했는데 존재한다면 쉽게 해당 프로그램을 설치할 수 있다. 하지만 카카오톡은 한국에서 대중적으로 쓰이는 메신저이기 때문에 외국 프로그램들 목록만 있는 PlayOnLinux의 설치 옵션에는 존재하지 않는다. 따라서 수작업으로 적절한 설정을 해야 한다. 좌측 하단에 있는 'Install a non-listed program' 버튼을 눌러준다.

그림 3-40 PlayOnLinux Manual Install 마법사 화면

그러면 Manual Install 마법사가 뜬다. '다음' 버튼을 누른다.

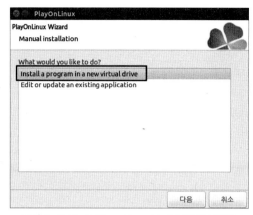

그림 3-41 PlayOnLinux Manual Install 마법사 화면2

'Install a program in a new virtual drive'를 선택한 후에 다음 버튼을 누른다.

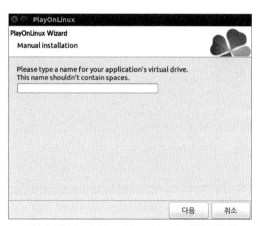

그림 3-42 PlayOnLinux Manual Install 마법사 화면3

설치하려는 프로그램이 저장될 가상 드라이브의 이름을 정하는 화면인데 아무 이름이나 적어주고 '다음' 버튼을 누른다.

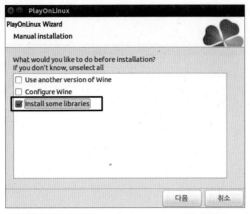

그림 3-43 PlayOnLinux Manual Install 마법사 화면4

이 화면에서는 'Install some libraries'를 체크해주고 다음 버튼을 누른다. 카카오톡이 사용하는 몇몇 라이브러리를 같이 설치해줘야만 문제 없이 설치되기 때문이다.

그림 3-44 PlayOnLinux Manual Install 마법사 화면5

어떤 라이브러리를 같이 설치할지 선택하는 화면이 나오는데 아래 3가지 라이브러리를 체크해주고 다음 버튼을 누른다.

- □ POL_Install_gdiplus
- □ POL_Install_riched30
- □ POL_Install_wmp9

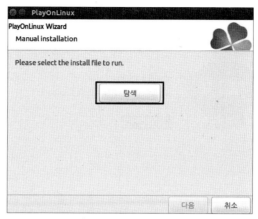

그림 3-45 PlayOnLinux Manual Install 마법사 화면6

이제 카카오톡 설치 파일을 선택해 주자. 탐색 버튼을 눌러서 카카오톡 설치 파일이 다운로드 된 폴더에서 KakaoTalk_Setup.exe 파일을 선택한다. 그리고 다음 버튼을 누르면 카카오톡 설치가 시작된다.

그림 3-46 우분투에서 카카오톡 설치 화면

여기서부터는 익숙한 윈도우 화면 같은 카카오톡 설치 화면을 볼 수 있다. 윈도우용 카카오톡 설치하듯이 설치를 계속 진행해준다. 설치가 완료되면 마지막 화면에서 '카카오톡 실행' 기능이 체크가 되어 있는데 체크 박스를 빼준다.

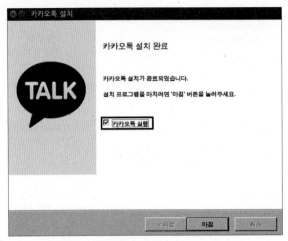

그림 3-47 우분투에서 카카오톡 설치 화면2

카카오톡 설치가 완료되면 PlayOnLinux는 어떤 프로그램이 설치된 것인지를 물어보는데 여기서는 KakaoTalk를 선택해 준다.

그림 3-48 우분투에서 카카오톡 설치 화면3

이제 드디어 마지막 단계이다. 지금 설치한 프로그램의 이름을 적어주고 다음 버튼을 누르면 모든 작업이 완료된다. 그림에서는 KakaoTalk라고 적어주었다.

그림 3-49 우분투에서 카카오톡 설치 화면4

이제 카카오톡을 실행해 보자. 금방 등록한 카카오톡의 아이콘이 PlayOnLinux 좌측 리스트에 뜨는 것을 볼 수 있다. 카카오톡을 선택한 후에 실행 버튼을 누르면 카카오톡이 실행되게 된다.

그림 3-50 카카오톡 실행하기

지금까지 우분투에서 윈도우와 비슷한 환경을 만들기 위한 방법들에 대해서 살펴보았다. 우분투에서 제공하는 리눅스 프로그램만을 사용하면서 우분투를 쓴다면 가장 안정적이고 좋은 방법이겠지만, MS윈도우용 프로그램들이 좋은 프로그램이 많기 때문에 어쩔 수 없이 다양한 방법으로 우분투에서 MS윈도우용 프로그램을 사용하는 방법을 찾게 된다.

위에 설명한 방법 외에도 우분투 안에서 가상머신을 동작시켜서 윈도우를 사용하는 방법도 있다. 리눅스에 VirtualBox를 설치하고 그 안에 윈도우를 설치하는 방법이다. 사람마다 자신에게 맞는 방식이 다를 테니 어떤 방법이 자신에게 가장 적절한지 찾아보길 바란다.

화려한 기능들! 이 맛에 우분투 쓴다

우분투는 MS윈도우와 다르게 사용자가 운영체제를 커스터마이징할 수 있는 요소가 많다. 이는 본래 리눅스가 폐쇄적인 설계를 가지지 않는 오픈소스 프로젝트인 이유도 있다. 우분투 역시 리눅스 배포판의 한 종류답게 많은 부분을 사용자가 수정하고 바꿀 수 있게 되어 있다. 반대로 이야기하면 우분투는 파고 들면 들수록 어려운 운영체제라는 뜻이기도 하다. 하지만 잘 이해하고 자신에게 맞도록 설정해서 사용한다면 자신에게 딱 맞는 운영체제를 탄생시킬 수도 있다.

이번 절에서는 우분투의 모양과 효과를 멋지게 변신시킬 수 있는 몇 가지 방법을 소개한다. 첫 번째 방법은 테마를 통한 스타일을 바꾸는 것이고 두 번째 방법은 Compiz라는 프로그램을 이용해서 우분투에 멋진 효과를 주는 방법이다.

테마를 이용한 우분투 모양 변경하기

테마는 우분투의 창이나 버튼 같은 유저 인터페이스의 디자인을 바꿀 수 있는 기능이다. 같은 우분투라도 테마가 달라지면 완전히 다른 운영체제처럼 보일 수도 있다. 테마를 적용하기 위해서는 Unity Tweak Tool이라는 프로그램을 설치해야 한다. 우분투 소프트웨어 센터를 실행하고 검색창에 Unity Tweak Tool을 입력하면 아래와 같이 검색 결과가 보이는데 해당 프로그램을 설치해 준다.

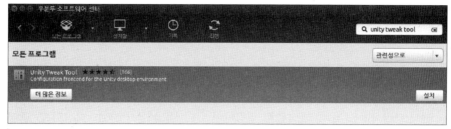

그림 3-51 Unity Tweak Tool 설치 화면

Unity Tweak Tool은 테마뿐만이 아니라 다양한 옵션들을 제공하고 있으니 한 번씩 살펴보길 바란다. 설치가 완료되면 이제 마음에 드는 테마를 찾으러 인터넷에 들어가보자. 구글에서 ubuntu theme라고 검색하면 다양한 종류의 테마가 나온다. 마음에 드는 테마를 찾아보길 바란다. 여기서는 Numix 테마를 한번 설치해보도록 하겠다.

이번 작업에서는 이 책에서 처음으로 터미널 창에서 명령어를 입력해서 작업하는 과정을 진행한다. 터미널의 다양한 사용법에 대해서는 다음 장에서 자세히 다룰 테니 여기서는 그냥 따라하면서 진행하도록 하자. 우분투의 시작 버튼을 누르고 terminal 이라고 치면 아래 모양의 아이콘이 나오는데 해당 프로그램을 실행시킨다.

그림 3-52 터미널 아이콘 모양

그림 3-53 터미널 실행 화면

아무것도 없이 그저 깜박이는 커서만 나와서 조금 어려워 보이고 거부감이 들 수 있지만 익숙해진다면 이렇게 터미널에서 명령어를 직접 쳐서 작업을 진행하는 방법이 훨씬 수월하다는 것을 느낄 수 있을 것이다. 앞으로는 자주 보게 될 화면이니 익숙해지자. 이제 터미널 창에서 명령을 입력하자.

아래 명령어들을 차례차례 1줄씩 입력하면 된다. 작업이 진행되는 시간이 좀 걸릴 수 있고, 작업이 진행되는 동안 많은 메시지가 출력될 텐데 기다리면 알아서 작업이 완료된다. 그러면 다음 명령어를 하나씩 순서대로 입력해보자. 입력한 명령의 수행이 완료된 후에 다음 명령을 입력하자.

```
sudo add-apt-repository ppa:numix/ppa
sudo apt-get update
sudo apt-get install numix-gtk-theme numix-icon-theme-circle
```

특이하게 맨 처음 줄을 입력하고 엔터를 치면 사용자 계정의 암호를 다시 한번 묻는 경우가 있을 수 있다. 보안상의 이유로 물어보는 것이기 때문에 로그인할 때 입력했던 암호를 다시 한번 입력하고 엔터를 치면 된다. 터미널에서 위 명령을 다 입력했다면 터미널에서 작업은 종료된 것이므로 닫아도 된다. 이제 Unity Tweak Tool을 실행하자. 마찬가지로 우분투 '시작' 버튼을 눌러 검색 창에 'Unity Tweak Tool'이라고 입력한다.

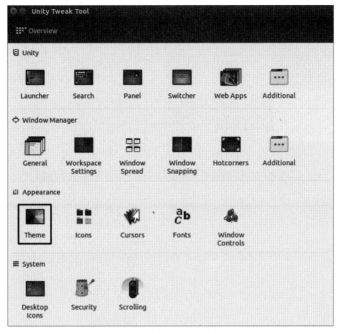

그림 3-54 Unity Tweak Tool 실행 화면

위 그림에서 검은색 박스로 표시된 Theme 아이콘을 클릭한다.

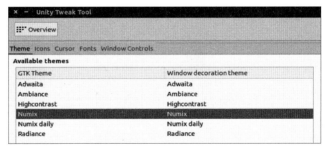

그림 3-55 Numix 테마 선택 화면

기본적으로 Ambiance 테마가 선택되어 있는데 Numix 테마를 클릭한다. 바로 윈도우의 모습이 달라지는 것을 볼 수 있을 것이다. 이번에는 Icon 탭으로 화면을 옮겨서 아이콘도 Numix-circle로 바꿔준다.

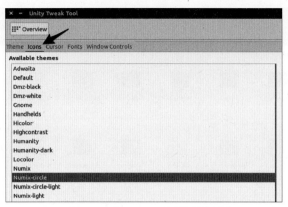

그림 3-56 Numix-circle 아이콘 선택 화면

위 작업을 완료하면 우분투의 모습이 달라진 것을 볼 수 있을 것이다. Numix 테마외에도 다른 테마들도 한번 설치해보면서 자신에게 맞는 테마를 한번 찾아보기 바란다. 아래는 Numix 테마 적용 화면이다.

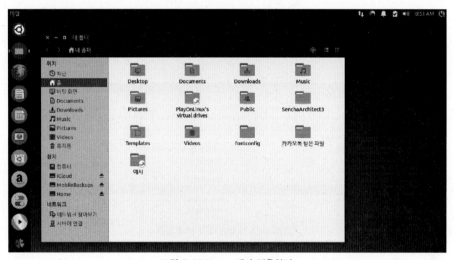

그림 3-57 Numix 테마 적용화면

다시 우분투 오리지널 테마로 돌아가고 싶다면 Unity Tweak Tool에서 테마를 Ambiance로 선택하고 Icon을 Unity-icon-theme로 선택하면 된다.

Compiz 이용해서 화려한 효과 주기

Compiz는 3D 가속 기능을 활용해서 리눅스 데스크탑 환경에서 화려한 효과를 주는 프로그램이다. 일반적인 데스크탑 환경에서 게임에서나 볼 듯한 화려한 효과들을 적용시킬 수가 있어서 많은 관심을 받았다. 예를 들어 윈도우를 종료할 때 불타오르듯 사라지는 효과나 윈도우를 움직일 때 울렁거리면서 흔들리는 효과, 데스크탑 화면을 다른 화면으로 변경할 때 큐브 형태로 돌리는 효과 등 멋진 효과들을 적용시킬 수가 있다. 이런 효과들을 적용하게 되면 어떤 운영체제보다 가장 화려한 효과를 줄 수 있는 운영체제가 된다.

어떤 효과들이 제공되는지 궁금한 독자들은 유튜브에서 compiz라고 검색하게 되면 다양한 효과 동영상들이 있으니 한번 살펴보길 바란다. 아마 환상적인 모습에 반할 것이다. 다만 실제로 운영체제를 사용하다 보면 이런 화려한 효과들이 처음엔 보기 좋을진 몰라도 나중엔 거추장스러워질 때가 올 것이다. 필자의 경험으로 보자면 그렇다. 어쨌든 compiz는 정말 멋진 프로그램이므로 한번 설치해서 사용해보자.

compiz를 사용하기 위해서는 우선 관련 프로그램들을 설치해줘야 한다. 이번에도 터미널 환경을 이용해서 프로그램을 설치해보자. 터미널 환경을 실행하는 방법은 앞에서 설명했으니 그대로 실행하면 된다. 터미널 프로그램을 실행하고 아래 명령어를 입력해서 compiz를 우분투에 설치하자.

```
sudo apt-get install compizconfig-settings-manager
sudo apt-get install compiz-plugins-extra
```

위 명령어를 입력하면 우분투가 암호를 물어볼 수 있는데, 로그인시에 입력한 암호를 다시 한번 입력해주면 된다. 프로그램 설치가 완료되었으면 터미널 창을 닫고 시작 버튼을 눌러서 프로그램 검색창에 'Compizconfig settings manager'라고 입력하면 아래 아이콘이 결과에 나오는데 해당 아이콘을 클릭해서 실행하자.

그림 3-58 CompizConfig Setting Manager 아이콘

프로그램이 실행되면 아래와 같은 화면을 볼 수 있다.

그림 3-59 CompizConfig Setting Manager 실행 화면

CompizConfig Setting Manager는 compiz의 다양한 옵션들을 설정하고 활성/비활성 시킬 수 있는 프로그램이다. 화면에서 보이는 것처럼 매우 다양한 옵션들이 있다. 여기서는 모든 옵션을 다 설명하지는 않고 몇 가지 흥미로운 효과를 한번 살펴보도록 하겠다.

데스크탑 큐브

데스크탑 큐브는 우분투가 가지고 있는 가상 데스크탑 화면을 전환할 때 큐브 모양으로 멋지게 변환하는 효과를 제공한다. 아래 예제 화면을 한번 보면 이해가 갈 것이다.

그림 3-60 데스크탑 큐브 효과 화면

위 그림처럼 데스크탑 화면 전환시에 각각의 데스크탑 화면이 큐브 면에 맵핑되어서 전환하는 효과를 주는 기능이다. 이 기능을 쓰기 위해서 어떤 설정을 해야 하는지한번 살펴보자.

가장 첫 번째로 'General Options' 메뉴에 들어가서 상단에 있는 'Desktop Size'탭으로 이동한다. 그리고 'Horizontal Virtual Size'의 값을 4로 변경한다. 그리고'Back' 버튼을 눌러서 메인 메뉴로 돌아가자.

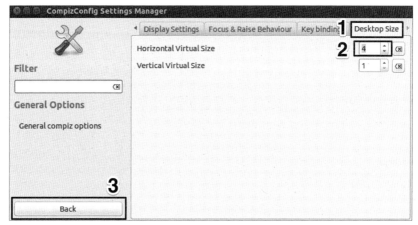
그림 3-61 General Options 설정 화면

다음으로 'Desktop Cube'와 'Rotate Cube' 옵션을 활성화 시켜준다.

그림 3-62 Cube 옵션 선택 화면

Desktop Cube 옵션을 활성화 시킬 때 Desktop Wall과 충돌이 나는데 어떤 기능을 사용할지 물어보는 화면이 나올 수도 있다. 이 때 Desktop Cube를 선택해 주어야 한다.

여기까지 진행했다면 설정은 완료된 것이다. Desktop Cube를 한번 사용해 보자. 우선 데스크탑 화면을 좌우로 움직이는 기능을 써보자. Ctrl키와 Alt키를 동시에 누른 상태에서 키보드 좌/우 방향키를 눌러보자. 데스크탑 화면이 전환될 때 사각형 모양이 빙글빙글 돌아가는 것을 볼 수 있을 것이다. 이번엔 데스크탑 큐브를 돌려보자. Ctrl키와 Alt키를 동시에 누른 상태에서 마우스 왼쪽 버튼을 화면 아무 곳에서나 클릭하고 떼지 말고 그대로 좌/우로 드래그 해본다. 마우스가 움직이는 방향대로 데스크탑 큐브가 움직이는 것을 볼 수가 있다.

이런 기능 외에도 'Cube Reflection and Deformation' 기능을 켜면 더욱 특이한 큐브 효과를 볼 수가 있다. '3D Windows' 기능을 켜면 데스크탑 큐브를 움직일 때 프로그램 창들이 큐브에서 약간 떠있는 듯한 모양으로 표현된다.

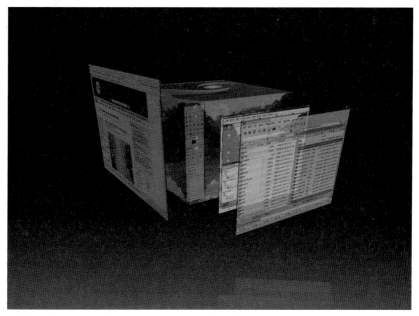

그림 3-63 3D Windows 효과가 적용된 데스크탑 큐브 화면

울렁거리는 창 효과

창을 잡고 이동할 때 울렁거리는 효과를 줄 수 있다. 이 효과를 사용하기 위해서는 'Wobbly Windows'를 활성화시켜 준다. 이 효과를 활성화하려고 하면 Snapping Windows 기능과 충돌이 나는데 어떤 기능을 쓸지 물어보는 창이 뜰 수도 있다. 이 때 'Disable Snapping Windows'를 선택해서 Wobbly Windows를 활성화시키도록 한다. 기능이 활성화가 되었으면 아무 창이나 상단 부분을 마우스 왼쪽 버튼을 누르고 드래그 해보자. 창이 흔들거리는 효과를 볼 수 있다.

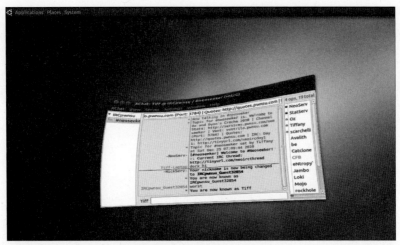

그림 3-64 Wobbly Windows 효과

compiz는 여기서 설명한 효과 외에도 정말 다양한 효과들을 제공한다. 여기서 다 설명할 수는 없으므로 관심 있는 독자는 옵션 하나씩 활성화시켜 가면서 어떤 효과가 있는지 살펴보길 바란다. Compiz 효과를 잘 사용하게 되면 MS윈도우 사용자들에게 자랑할 만한 운영체제를 가지게 된다.

정리하며

이 장에서는 우분투의 GUI 환경인 Unity를 어떻게 사용하는지에 대해 알아보았다. MS윈도우 OS만 접해본 독자들은 신선한 경험이었을 것이다. Ubuntu Software Center를 이용해서 이것저것 깔아보기도 하고 하면서 우분투에 익숙해지는 계기가 되었기를 바란다.

하지만, 이미 우분투를 경험해보고 여러 다양한 목적, 예를 들면 서버 관리나 프로 그래밍 등을 하기 위해 리눅스의 여러 명령어들에 익숙해지고자 하는 독자에게는 지 루한 시간이었을 수도 있다. 그런 독자들을 위해서 다음 장부터는 리눅스가 갖고 있 는 본래의 강점, 콘솔을 활용하여 할 수 있는 여러 가지 작업들을 배워볼 것이다.

앞으로 리눅스를 제대로 활용하기 위해서는 지금까지 배웠던 GUI 환경보다는 다 음 장에서 배울 콘솔 명령어들을 제대로 익혀두는 것이 좋다.

1. 우분투 검색 창에 Help 프로그램을 검색해서 실행해 본 후에 어떤 내용들이 있는지 살펴보자.

2. Ubuntu Software Center에서 Extreme Tux Racer라는 프로그램을 검색해서 설치해보자.

3. 만약 멀티 부팅으로 우분투를 사용 중이라면 리눅스용 Virtual Box를 받아서 MS윈도우를 설치해 보자.

4. 시스템 설정에 들어가서 키보드 단축키가 어디에 설정되어 있는지 찾아보고, 어떤 단축키가 있는 지 살펴보자.

5. 자신의 로그인 계정의 암호를 변경해보고 프로필 사진을 등록해보자.

6. PlayOnLinux를 이용해서 자신이 자주 사용하는 윈도우용 프로그램을 설치해보자.

7. Compiz에 어떤 종류의 효과들이 있는지 살펴보자.

※ 별도로 제공되는 해답은 없습니다. 궁금한 점은 Q&A 게시판에 글을 남겨주세요.
(roadbook.zerois.net/qna)

1. 유니티 바탕화면은 크게 어떤 영역으로 구분되어 있나?

2. 우분투의 계정 권한에는 어떤 종류가 있고, 각각 어떤 특징이 있나?

3. 우분투에서 MS윈도우의 장치 관리자 같은 하드웨어 관리 정보를 보려면 어떻게 해야 하나?

4. 우분투에 대안 프로그램이 아닌 MS윈도우 프로그램을 사용하려면 어떤 방법이 있는가?

5. 우분투에 새로운 소프트웨어를 설치하려면 어떤 방법들이 있는가?

※ 별도로 제공되는 해답은 없습니다. 궁금한 점은 Q&A 게시판에 글을 남겨주세요.
(roadbook.zerois.net/qna)

4장
중급으로 올라가자

이제부터 우분투를 더 깊숙하게 다루는 방법을 살펴볼 것이다.

앞장에서 살펴본 내용만 잘 활용해도 일반적인 용도로 우분투를 사용하는 데에는 큰 문제가 없다.

하지만 좀 더 우분투를 다양하게 활용하고자 한다면(예를 들어 서버로 쓰고자 한다면), 더 많은 내용을 알아야 한다.

이번 장에서는 우분투의 내부 구조를 살펴보고 더 세부적인 셋팅 방법도 살펴볼 것이다. 조금 어려울 수 있지만 한 단계씩 차분히 따라 하다 보면 큰 무리 없이 진행할 수 있을 것이다.

콘솔을 이용해보자

MS윈도우를 통해서 처음 컴퓨터를 접하는 사용자들은 마우스를 이용해서 아이콘이나 버튼을 클릭하는 컴퓨터 조작 방법에 매우 익숙할 것이다. 이런 환경을 GUI ^{Graphic User Interface}라고 부르는데, 보통 마우스를 활용해서 원하는 대부분의 기능을 수행하게 된다.

이런 GUI 형태의 운영체제는 직관적이고 이해하기가 쉽기 때문에 컴퓨터를 사용하기 매우 쉽게 만들어준다. 하지만 운영체제들이 처음부터 이런 GUI를 가지고 있지는 않았다. GUI를 사용하려면 컴퓨터의 성능이 좋아야 하기 때문에 컴퓨터 성능이 지금 같지 않던 시절에 나온 과거 운영체제들은 콘솔창에 명령을 입력하여 컴퓨터를 사용할 수 있도록 했다. 이를 CLI^{Command Line Interface}라고 부른다. MS윈도우가 나오기 전에 사용하던 대표적 운영체제인 MS-DOS도 CLI 방식이다.

리눅스 역시 그 역사가 꽤 긴 운영체제이다. 리눅스 역시 초기 버전은 CLI 형태로 제작되었고, 이런 역사 때문에 리눅스는 지금은 멋진 GUI 환경을 가지고 있음에도 대부분의 컴퓨터 설정 작업을 콘솔창을 이용해서 똑같이 할 수 있게 되어 있다. 콘솔창에서 명령어를 직접 입력해서 명령을 수행하는 방법은 명령어를 모르면 컴퓨터를 사용할 수 없고, 명령어 사용법이 직관적이지 않고 어렵다는 단점이 있다. 하지만 명령어에 익숙해지면 GUI를 이용해서 작업을 진행하는 경우보다 훨씬 빠르게 작업을 진행할 수 있고, 명령어만 설명하면 되므로 글로 설명하기가 더 수월하다.

이런 이유로 이제부터는 작업을 대부분 콘솔에서 진행할 것이다. 처음에는 어렵고 불편하지만 계속 콘솔을 사용하다 보면 GUI를 이용해서 작업할 때보다 더 편하다고 느낄 것이다.

우분투에서 콘솔창을 실행시키는 방법은 '시작' 버튼을 누르고 검색 창에 'Terminal'이라고 치면 아래와 같은 아이콘이 나오는데 이걸 실행하면 된다.

그림 4-1 Terminal 아이콘

터미널을 실행하면 아래와 같은 화면을 볼 수 있다.

그림 4-2 Terminal 실행 화면

그림에서 보이는 jundols@ubuntu:~$라는 글자는 프롬프트^{prompt}라고 부른다. 사용자로부터 명령을 입력 받는 역할을 담당한다. 프롬프트에 적혀있는 단어들의 의미는 다음과 같다.

> **사용자ID@컴퓨터명 : 현재디렉토리$**

위 그림을 기준으로 설명하면 현재 로그인한 사용자ID는 jundols이고 우분투를 설치할 때 넣은 컴퓨터 이름은 ubuntu이다. 현재 디렉토리명에 물결(~) 표시가 있는데 이는 관례적으로 리눅스에서 사용자의 홈 디렉토리를 나타낸다. 우선 이렇게만 이해하고, 디렉토리 구조에 대한 자세한 이야기는 나중에 다시 살펴보도록 하자.

마지막으로 $ 표시도 의미가 있다. $는 현재 사용하고 있는 계정의 권한이 일반 사용자임을 나타낸다. 일반 사용자 외에 최고 권한 사용자도 있는데 이를 root라고 부른다. root 계정을 사용하게 되면 # 표시로 바뀌게 된다. 사용자 권한에 관한 이야기도 추후 살펴보도록 하자.

Terminal을 종료하는 방법은 키보드를 이용해서 exit라고 입력한 후 엔터를 치면 된다.

```
$ exit
```

앞으로 명령을 입력하는 예제는 모두 위와 같이 표시하도록 한다. 프롬프트의 앞쪽에 있는 글자는 생략하고 마지막 특수 기호($)만을 표기할 것이다. 독자는 특수기호($) 뒤쪽에 있는 글자만 키보드로 입력하면 된다.

지금까지 콘솔창을 사용하기 위한 기본 설명을 진행했다. 이제부터 본격적으로 콘솔창을 이용해서 작업할 때 사용하는 기초적인 명령어 들을 하나씩 살펴보도록 하자. 참고로 여기에서 설명하는 명령어들은 우분투뿐만이 아니라 리눅스 기반의 다른 배포판들에서도 동일하게 사용 가능한 명령들이 많다.

 이 책에서 다룰 명령어는 다른 배포판에서도 그대로 통할까?

앞으로 다룰 대부분의 콘솔 명령들이 리눅스 배포판에 관계 없이 전부 호환이 되는 기본 명령어들이다. 다만 패키지 관리 명령어들은 데비안 계열의 리눅스 배포판에 특화된 명령어들이다. 이런 특정 배포판에 특화된 명령어들은 따로 언급하도록 하겠다.

파일과 디렉토리 관련 명령어

디렉토리 이동

콘솔을 이용하는 데 가장 기본적이며 중요한 내용은 디렉토리와 파일을 다루는 법이다. 콘솔을 이용하게 되면 사용자는 반드시 어느 한 특정 디텍토리에 위치하게 된다. 대부분의 리눅스 배포판은 콘솔을 처음 실행하게 되면 사용자 계정의 홈 디렉토리에서 시작하도록 되어 있다. 현재 콘솔에서 자신의 위치를 확인하려면 아래와 같이 입력한다.

```
$ pwd
/home/jundols
```

pwd 명령은 현재 어느 디렉토리에 위치하고 있는지 알려준다. 위의 경우를 살펴보면, 루트 디렉토리(/)의 하위 디렉토리 home의 하위 디렉토리인 jundols에 위치하고 있다는 것을 보여준다. .

 최상위 디렉토리

나중에 다시 살펴보겠지만, 리눅스에서는 최상위 디렉토리를 루트 디렉토리(/)라고 부른다. 모든 파일과 디렉토리는 전부 루트 디렉토리의 하위에 위치하게 된다.

이제 디렉토리를 이동해보자. 우선 자신의 상위 디렉토리로 이동하자

```
$ cd ..
```

cd라는 명령어는 change directory라는 의미로 디렉토리를 이동할 때 사용한다. 뒤에 입력한 점 두개(..)는 현재 디렉토리의 상위 디렉토리로 이동하라는 명령이다. 상위 디렉토리로 잘 옮겨졌는지 확인해보자.

```
$ pwd
/home
```

home 디렉토리로 잘 이동한 것을 확인할 수 있다. 이제 다시 /home/jundols 디렉토리로 이동해보자.

```
$ cd jundols
```

cd 뒤에 특정 키워드를 입력하면 현재 디렉토리의 하위 디렉토리 중에 동일한 이름을 가진 디렉토리로 이동하게 된다.

이번엔 응용을 한번 해보자. 위에서 우리는 물결(~)이 사용자의 홈 디렉토리를 나타낸다는 것을 알았다. 이를 이용하면 아래 같은 명령어도 가능하다.

```
$ cd ~
```

위 명령어는 사용자가 지금 어느 디렉토리에 있든지 홈 디렉토리로 이동하라는 명령어이다.

 리눅스 명령어는 어느 디렉토리에서든지 실행할 수 있나? 그리고 디렉토리를 이동해야 하는 경우는 주로 어떤 경우인가?

/home/jundols 디렉토리 안에 hello라는 실행 파일이 있다고 하자. 해당 명령어를 어느 디렉토리에서든지 실행하고자 한다면 아래와 같이 입력해야 한다.

```
$ /home/jundols/hello
```

만약 사용자가 해당 디렉토리에 있다고 해도 아래처럼 입력하면 에러가 난다.

```
/home/jundols$ hello
hello: command not found
```

따라서 아래처럼 입력해야 한다.

```
/home/jundols$ ./hello
```

리눅스 콘솔에서 명령어를 어느 디렉토리에서든지 실행되게 하고 싶다면 환경 변수 $PATH에 해당 명령어가 있는 디렉토리를 추가해주어야 한다. 해당 내용은 뒤에서 다룬다.

파일 보기

이번에는 파일을 다루는 명령어들을 살펴보자. 가장 첫 번째로 살펴볼 명령은 파일 목록 보기이다. 현재 디렉토리에 있는 파일과 서브 디렉토리 목록을 보려면 아래와 같이 입력한다.

```
$ ls
```

또는

```
$ ls -l
```

두 명령의 차이는 한번 입력해 보면 바로 알 수 있다. ls는 간단하게 보여주는 것이고 ls -l은 자세하게 보여주는 것이다. 참고로 MS윈도우의 콘솔에서 동일한 기능을 수행하는 명령어는 dir이다.

파일 복사

파일을 복사하는 명령어는 cp(copy의 약자)이다. 사용법은 아래와 같다.

```
$ cp 원본_파일 대상_파일
```

예를 들어 /home/jundols/examples.desktop 파일을 /home/jundols/test. desktop 파일로 복사하고 싶다면,

```
$ cp /home/jundols/examples.desktop /home/jundols/test.desktop
```

이라고 입력하면 된다. 그런데 지금 사용자가 있는 디렉토리가 /home/jundols 라면 아래와 같이 생략해서 입력해도 된다.

```
$ cp ./examples.desktop ./test.desktop
```

점(.) 기호는 현재 디렉토리를 지칭하는 기호이다. 아까 상위 디렉토리는 점 두개 (..)로 표시한다고 한 것과 비슷한 규칙이다. 즉 점 한 개(.)는 현재 디렉토리 점 두개 (..)는 상위 디렉토리를 지칭하는 기호이다.

아래 명령어는 정상적으로 수행이 될까?

```
$ cp ./../jundols/../jundols/example.desktop ./test.desktop
```

이렇게 사용할 리는 없겠지만, 명령 수행에는 문제가 없는 명령이다.

파일 이동

이번에는 파일 이동을 살펴보자. cp 명령어와 매우 유사한데 mv(move의 약자)라는 명령어명만 다르다. examples.desktop 파일을 test.desktop이라는 파일로 옮기고 싶다면 아래와 같이 입력한다.

```
$ mv ./examples.desktop ./test.desktop
```

디렉토리를 이동하거나 복사하는 방법도 파일과 동일하다. 단, -r 옵션을 붙여줘야 한다.

Music이라는 디렉토리를 MusicCopy라는 디렉토리로 복사하는 예제이다.

```
$ cp -r ./Music ./MusicCopy
```

 MS윈도우는 개인적인 파일들을 여기저기 많이 이동하게 되는데, 리눅스에서는 파일 이동을 할 경우가 많이 생기나?

리눅스에서 파일 이동을 해야 하는 경우도 MS윈도우와 비슷하다. 개인적인 파일을 이동하거나 프로그램의 위치를 옮기고자 하는 경우에 사용한다.

파일 삭제

파일을 삭제하는 명령어는 rm이다. test.desktop이라는 파일을 지워보자.

```
$ rm ./test.desktop
```

디렉토리를 삭제하는 명령은 -rf를 붙여주면 된다.

```
$ rm -rf ./MusicCopy
```

콘솔에서 파일이나 디렉토리를 지우게 되면 휴지통으로 들어가지 않는다. 다시 복구할 수 없으니 신중히 작업해야 한다.

디렉토리 생성과 삭제

디렉토리를 생성하는 명령은 mkdir이다.

```
$ mkdir newdir
```

위에서 디렉토리를 삭제하는 명령어로 rm을 이용하는 법을 배웠는데, 이것 외에도 rmdir을 이용해서 지울 수도 있다.

```
$ rmdir dirname
```

다만, rmdir 명령으로 디렉토리를 삭제하려면 해당 디렉토리가 완전히 비어있어야 하기 때문에, rm 명령을 이용하는 게 더 편하다.

자동 완성 기능

이번엔 자동 완성 기능을 알아보자. 콘솔을 이용함에 있어서 가장 불편한 것 중 하나는 키보드로 명령어와 파일, 디렉토리 경로를 정확하게 입력해야 한다는 점이다. 한 글자라도 틀리면 명령이 제대로 동작하지 않는다. 하지만 수많은 명령어와 파일명을 알고 있다는 것은 불가능에 가깝기 때문에 콘솔을 사용하는 데 큰 걸림돌이 된다. 이런 불편함을 좀 덜어줄 수 있는 기능이 자동 완성 기능인데 일정 부분 이상 단어를 입력하고 키보드 〈TAB〉키를 누르면 나머지는 자동으로 완성해 주는 기능이다.

예를 들어서 example.desktop 파일을 삭제한다고 할 경우,

```
$ rm ex<tab>
```

파일명 중 일부인 ex만 입력 후에 〈TAB〉키를 누르면 자동으로 파일명의 나머지 부분을 완성해준다. 만약 ex로 시작하는 파일명이 여러 개가 존재하면 자동 완성을 하는 대신에, ex로 시작하는 파일명을 전부 보여주게 된다. 이럴 경우 몇 글자를 더 입력한 후 〈TAB〉키를 누르면 자동 완성이 된다.

정리

지금까지 파일과 디렉토리에 관한 기본적인 명령어를 살펴보았다. 가장 기본적인 내용이면서 가장 자주 쓰는 명령어이므로 잘 알아두자. 마지막으로 지금 설명한 명령어들을 표로 정리하니 한번 살펴보길 하란다.

표 4-1 콘솔에서 사용하는 파일/디렉토리 관련 명령어

명령어	설명
pwd	현재 어느 디렉토리에 있는지 알려줌
cd [디렉토리명]	다른 디렉토리로 이동 ..은 상위 디렉토리로 이동을 의미함
ls	현재 디렉토리에 있는 파일과 하위 디렉토리 목록을 보여줌
mv [원본이름] [대상이름]	원본 파일을 대상 파일로 이동시킴
cp [원본이름] [대상이름]	원본 파일을 대상 파일로 복사함 옵션 −r을 붙이면 디렉토리를 복사할 수 있음
rm [파일명]	파일을 삭제함 옵션 −rf를 붙이면 디렉토리를 삭제할 수 있음
mkdir [디렉토리명]	새로운 디렉토리를 만듦

특수기호 활용하기

지금까지 살펴본 명령어 외에도 앞으로 더 많은 명령어들을 살펴볼 텐데 많은 명령어들이 특정 파일 하나만을 지정해서 명령을 내리는 경우보다 다수의 파일을 대상으로 명령을 내리는 경우가 많을 것이다. 이럴 경우 특수기호 *를 이용하면 유용하다. 예를 들어 보자.

```
$ cp test* ./subdir
```

위 명령은 test로 시작하는 모든 파일을 subdir로 복사하라는 명령어이다. 예를 들어 다음과 같은 파일이 해당된다.

```
testa, test_file, test.txt
```

 test*과 같이 test로 시작하는 모든 파일을 특정 디렉토리로 복사하는 경우는 어떤 경우일까?

비슷한 이름을 가진 파일들을 복사하고자 할 때 사용하면 유용하다. 또는 특정 확장자를 가진 파일만 복사하고자 할 때도 유용하다. 예를 들면,

```
$ cp *.mp3 ./mp3
```

위 명령은 디렉토리 안에 있는 모든 mp3 파일을 서브 디렉토리인 mp3 폴더로 복사하라는 명령이다.

```
$ mv * ./subdir
```

현재 디렉토리에 있는 모든 파일과 디렉토리를 subdir로 옮기라는 명령어이다.

또 다른 특수기호로는 ?가 있다. *가 문자열의 길이에 관계없이 전부 포함한다면 ?는 한 문자열을 지칭한다. 예를 들어 보자.

```
$ cp test? ./subdir
```

위 명령어는 test라는 글자 뒤에 딱 한 글자만 더 오는 파일만 찾아서 subdir로 복사하라는 명령어이다. 예를 들어 test1 , testa , test_ 같은 파일이 해당된다. testaa, test1.bin 같은 파일은 해당되지 않는다.

패키지 관련 명령어

우분투에서는 프로그램을 패키지라고도 부른다. 좀 더 정확하게 표현하자면 우분투에서 패키지는 프로그램보다 더 큰 개념으로 프로그램뿐만이 아니라 라이브러리나 문서, 프로그램 소스 등도 전부 패키지 형태로 관리하고 배포한다. 우분투에서 사용하는 패키지 관리는 apt라고 부르는 패키지 관리 명령어 세트를 이용한다. 이는 우분투의 부모격인 데비안^{Debian} 리눅스에서부터 사용하기 시작한 프로그램이다.

콘솔에서 apt 명령어 세트를 이용해 프로그램을 설치하는 것은 GUI에서 우분투 소프트웨어 센터 프로그램을 이용해서 설치하는 것과 동일하다. 단지 GUI를 이용하지 않고 콘솔에서 사용자가 직접 패키지 명을 입력해서 설치하는 것만 다를 뿐이다.

예를 들어 2장에서 예시로 설치했던 docky라는 프로그램을 콘솔에서 설치하고자 한다면 아래와 같이 입력하면 된다.

```
$ sudo apt-get install docky
```

apt-get 명령어는 시스템에 영향을 주는 명령어이기 때문에 권한 상승을 해주는 명령어 sudo를 앞에 붙였다. 권한 상승은 사용자 계정과 권한에 대해 알아야 하기 때문에 추후에 다시 설명하고 여기서는 넘어가도록 하자.

위 명령어를 입력하면 apt-get은 docky를 설치하기 위해서 어떤 라이브러리에 의존성이 있는지를 파악해서 해당 라이브러리까지 같이 자동으로 설치해준다. 만약 설치하려고 하는 프로그램의 용량이 크다면 사용자에게 설치 후 용량이 얼마만큼 되지는 알려주면서 정말 설치할지 물어본다. 키보드로 Y 키를 누르게 되면 그 이후에는 apt-get이 알아서 우분투 패키지 관리 서버에 접속해서 필요한 패키지를 다운로드한 다음에 사용자의 시스템에 설치를 완료시켜준다.

대부분의 프로그램들은 혼자 동작하지 않는다. 수많은 라이브러리를 참조하면서 동작하는 게 보통이다. 과거에 리눅스를 사용할 때 가장 어려웠던 부분이 바로 이런 프로그램 설치 시 발생하는 수많은 라이브러리 의존성 문제였다. 프로그램마다 필요로 하는 라이브러리가 전부 다르고, 같은 라이브러리를 쓴다고 해도 서로 요구하는 라이브러리의 버전이 달라서 이를 관리하기가 매우 까다로웠다.

우분투의 패키지 관리는 이런 문제점을 사용자가 고민하지 않도록 패키지 서버를 운영하고 있다. 수많은 패키지를 보유하고 있으면서 패키지들의 각각 라이브러리 의존성 정보도 같이 관리하고 있다. 이런 데이터를 기반으로 패키지 서버를 통해서 사용자가 패키지를 설치할 때마다 자동으로 관련 라이브러리까지 같이 설치해준다. 이런 패키지 관리 시스템 덕분에 우분투에서 프로그램을 설치하는 게 아주 쉬워졌다.

하지만 몇 가지 단점도 존재하는데, 우선 인터넷에 접속이 가능해야 패키지 서버에 접속해서 관련 프로그램을 다운로드 받을 수 있다. 두 번째로 패키지 서버에서 관리되지 않는 프로그램은 결국 사용자가 직접 설치해야 한다. 세 번째로 이미 컴파일된 상태로 존재하는 프로그램을 다운로드 받기 때문에 소스를 직접 컴파일해서 설치한 경우보다 자신의 시스템에 최적화된 프로그램을 사용할 수 없다. 소스를 다운받아서 설치하게 되면 자신의 시스템에 맞춰서 변수값을 바꾸어서 실행파일을 만들 수 있는 장점이 있는데, 우분투 패키지 서버는 사용자가 설치할 프로그램의 소스를 컴파일해주지 않는다.

마지막으로 패키지 설치 시에 어떤 오류로 인해 설치가 실패하게 되면 오류를 해결하기가 까다롭다. 이는 자동차로 비유하자면 자동미션을 사용하게 되면 수동 미션에 비해 사용하기 더 편하지만 고장 나게 되면 자동미션이 더 복잡하기 때문에 수동 미션에 비해 비용이 더 많이 드는 것과 비슷하다. 이런 단점이 있다 해도 패키지 서버를 이용해서 프로그램을 설치하는 것이 훨씬 좋은 선택이다.

 변수값을 바꾸어 실행파일을 만들 수 있다는 게 어떤 의미일까?

예를 들어 특정 프로그램은 멀티 코어를 최대한 활용하도록 설계되는데, 이 경우 해당 프로그램이 최적의 성능을 내려면 해당 컴퓨터의 프로세서 코어의 개수를 알아야 한다. 따라서 소스 컴파일 시에 코어 개수를 설정해 준 다음 컴파일을 하면 자신의 컴퓨터에 최적화된 실행파일을 얻을 수 있다.

우분투 패키지 관리 시스템을 이용하기 위해서는 콘솔에서 apt-get을 이용하든지 GUI에서는 Synaptic Package Manager라는 프로그램을 이용하면 된다. Synaptic Package Manager는 우분투 소프트웨어 센터로는 설치할 수 없는 수많은 패키지(프로그램, 라이브러리)들을 검색하고 설치할 수 있도록 해준다. 우분투 소프트웨어 센터는 오직 프로그램만 실지해 주는데, Synaptic Package Manager는 우분투 패키지 서버에 있는 모든 패키지를 검색하고 설치할 수 있다. 예를 들면 실행 프로그램이 아닌 특정 라이브러리 패키지를 강제로 설치하고 싶다면 Synaptic Package Manager를 이용해야 한다. Synaptic Package Manager는 우분투에 기본적으로 설치되어 있지 않으므로 우분투 소프트웨어 센터를 이용해서 설치하면 된다.

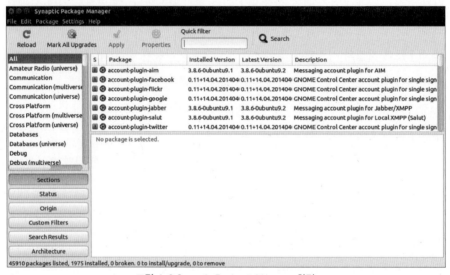

그림 4-3 Synaptic Package Manager 화면

위 그림은 실행 화면을 보여주고 있다. 왼쪽 리스트에는 카테고리 별로 패키지가 구분되어 있고, 화면 중앙 리스트는 각각의 개별 패키지 목록을 보여준다. 관리되고 있는 패키지 개수가 매우 많기 때문에 검색 기능을 이용해서 원하는 패키지를 찾는 게 가장 효율적이다.

이제부터는 콘솔에서 apt 명령어 세트를 사용하는 법을 알아보도록 하자.

```
$ sudo apt-get update
```

위 명령은 패키지 정보를 최신으로 갱신하는 명령어이다. 명령을 실행하면 우분투
패키지 서버에 접속해서 패키지 정보를 받아오기 때문에 반드시 인터넷에 접속된 상
태에서만 수행하자.

```
$ sudo apt-get upgrade
```

설치된 패키지 중에서 버전이 갱신된 패키지가 있다면 서버에서 최신 버전을 받아
서 업그레이드 하는 명령어이다. 이 명령을 수행하기 전에 반드시 apt-get update
명령을 수행해야 가장 최신 정보를 반영할 수 있다..

```
$ sudo apt-get dist-upgrade
```

우분투 버전 자체를 업그레이드 한다. 예를 들어 지금 사용하고 있는 버전이
Ubuntu 15.04인데 15.10 버전이 출시되어 버전업을 하고 싶다면 이 명령을 이용하
면 되는 것이다. 이미 설치된 시스템을 업그레이드하는 것이므로 완전 새로 설치하는
것에 비해서 불안할 수 있다.

```
$ apt-cache show 패키지명
Package: docky
Priority: optional
Section: universe/x11
Installed-Size: 3594
Maintainer: Ubuntu Developers <ubuntu-devel-discuss@lists.ubuntu.com>
Original-Maintainer: Debian CLI Applications Team <pkg-cli-apps-team@
lists.alioth.debian.org>
Architecture: all
Version: 2.2.0-2
Replaces: python-docky (<< 2.0.99)
Depends: mono-runtime (>= 2.10.1), libc6 (>= 2.17) | libc6.1 (>= 2.17) |
libc0.1 (>= 2.17),
```

```
.. 생략 ..
Filename: pool/universe/d/docky/docky_2.2.0-2_all.deb
Size: 605754
MD5sum: 6970a7aa33c1d1dc225ab6ebf0e7fa1c
SHA1: 44deafadbf36f84d13e3c25227f0837be02401f8
SHA256: f45af3fd5021e1ea45aeaf0ba3b57710dffbbfba8d6e03edf4e3d2fd5bab1c2a
Description-en: Elegant, powerful, clean dock
 A full fledged dock application that makes opening common applications
and
.. 생략 ..
```

지정한 패키지에 대한 정보를 보여준다. 위 예시는 docky 패키지 정보를 보여주고 있다. 패키지의 이름, 버전, 파일 크기, 라이브러리 의존성, 패키지 설명 등 매우 다양한 정보를 보여주고 있다. 여기서 보여지는 정보는 우분투 소프트웨어 센터나 Synaptic Package Manager에서 보여지는 정보와 동일하다.

 라이브러리 의존성은 무슨 수식 같이 되어 있는데, 어떤 의미인지 그리고 리눅스 사용자라면 꼭 이런 의미를 알아야 할까?

특정 프로그램이 라이브러리를 사용할 때에는 해당 라이브러리의 버전에 종속적인 경우가 많다. 따라서 라이브러리 의존성 정보에는 반드시 어떤 버전을 사용하는지 어떤 버전 이상은 전부 호환되는지에 대한 정보를 가지고 있다. 프로그램을 설치할 때마다 이런 라이브러리 의존성을 확인하는 것은 고되고 복잡한 작업이다. 따라서 리눅스 배포판들은 자신만의 패키지 관리자를 만들어서 이런 어려움을 없애려고 한다. 패키지 관리자가 있는 리눅스 패포판(래드햇 계열, 데비안 계열, 그 외에도 많다)을 사용한다면 이런 정보를 몰라도 프로그램 설치가 가능하다.

```
$ sudo apt-get install 패키지명
```

패키지를 새로 설치한다. 패키지 명을 정확하게 입력해야 설치가 가능하다. 만약 정확한 패키지명을 모르겠다면 앞에 몇 글자를 입력한 후에 〈TAB〉키를 누르면 예상되는 패키지 목록을 보여준다.

```
$ sudo apt-get remove 패키지명
```

지정한 패키지를 제거한다. 패키지 관련 파일은 삭제하지만, 설정 파일 같은 파일은 지우지 않는다. --purge 옵션을 붙여주면 패키지에 관련된 모든 파일을 같이 삭제한다.

```
$ sudo apt-get autoclean
```

우분투는 패키지를 설치하는 과정에서 해당 설치 파일을 따로 관리하고 있다. 한번 다운받은 설치 파일을 또 서버에서 다운 받지 않도록 하기 위해서다. 그런데 점점 설치하는 패키지가 많아지면 관련 설치 파일이 계속 저장 장치를 차지하게 된다. 이 명령을 이용하면 더 이상 사용하지 않는 패키지 설치 파일을 자동으로 찾아서 제거해준다.

```
$ apt-cache pkgnames
```

시스템에 설치된 패키지 목록을 보여준다. 리스트가 매우 길기 때문에 확인하기가 어려울 수 있다. 이 명령보다는 Synaptic Software Manager를 이용해서 확인하는 게 더 편리하다.

```
$ apt-cache depends 패키지명
```

지정한 패키지가 어떤 라이브러리에 의존성이 있는지 보여준다. 보통 의존성이 있는 라이브러리를 apt 패키지 관리자가 알아서 같이 설치해 주기 때문에, 보통은 확인할 필요가 없다.

```
$ apt-cache search 패키지명
```

패키지명을 일부라도 입력하면 검색해서 결과를 보여준다. 설치된 패키지뿐만 아니라 서버에서 관리되는 모든 패키지를 검색할 수 있다.

개발자라면 어떤 경우에, 리눅스 서버 관리자라면 어떤 경우에 이러한 패키지 관련 명령어를 활용해야 할까?

간단하게 보자면 패키지 관리자를 이용한다는 것은 안드로이드에서 구글 플레이 스토어를 이용하는 것과 비슷한 것이다. 우분투에서 자신이 필요한 프로그램을 설치하기 위에서는 패키지 관리자를 이용하는 게 가장 쉽고 빠르다. 개발자라면 자신에게 필요한 개발툴을 설치하기 위해서, 서버 관리자라면 자신이 사용할 서버 프로그램을 설치하기 위해서 패키지 관련 명령어들을 활용해야 한다.

네트워크 관련 명령어

우분투를 포함한 리눅스를 사용하게 되면 대부분 네트워크를 통한 서비스를 하거나 작업을 하는 경우가 많다. 따라서 가장 많이 쓰이는 명령어들 중 하나가 네트워크를 확인하거나 설정하는 명령어들이다. 여기서는 기본적인 네트워크 명령어들을 소개한다.

```
$ ping IP주소 또는 도메인주소
```

맨 처음 살펴볼 명령어는 ping이다. 가장 기본적인 네트워크 명령어로 연결에 문제가 없는지 확인하는 명령어이다. 예를 들어 자신의 컴퓨터가 인터넷에 잘 연결되어 있는지 확인하려면 아래처럼 입력하면 된다.

```
$ ping google.com
PING google.com (216.58.220.238) 56(84) bytes of data.
64 bytes from nrt13s37-in-f238.1e100.net (216.58.220.238): icmp_seq=1
ttl=128 time=35.6 ms
64 bytes from nrt13s37-in-f238.1e100.net (216.58.220.238): icmp_seq=2
ttl=128 time=35.0 ms
64 bytes from nrt13s37-in-f238.1e100.net (216.58.220.238): icmp_seq=3
ttl=128 time=38.7 ms
```

위 결과가 나온다면 google.com 서버로부터 응답을 받았다는 의미이며, 이는 컴퓨터가 인터넷에 잘 연결되었다는 의미이다. 만약 위 화면처럼 결과가 안 나왔다면 인터넷 연결에 뭔가 문제가 있다는 의미이다.

인터넷 연결이 제대로 되지 않았다면?

아래 항목 살펴보자.

- 유선 인터넷이라면 랜선이 잘 연결되었는지 확인한다. 잘 연결되어 있다면 공유기 LED에 불이 들어와야 한다.
- 무선 인터넷이라면 무선 인터넷 공유기와 연결이 잘 되어 있는지 확인한다. Unity 화면 오른쪽 상단에 Wifi 아이콘이 보여야 한다.
- 윈도우 또는 다른 컴퓨터에서는 인터넷이 잘 되는지 확인해보자. 윈도우에서도 인터넷이 연결이 안 되면 공유기 문제일 가능성이 있다.

```
$ ifconfig
eth0      Link encap:Ethernet  HWaddr 00:1c:42:9d:85:a0
          inet addr:10.211.55.18  Bcast:10.211.55.255  Mask:255.255.255.0
          inet6 addr: fdb2:2c26:f4e4:0:21c:42ff:fe9d:85a0/64 Scope:Global
          inet6 addr: fe80::21c:42ff:fe9d:85a0/64 Scope:Link
          inet6 addr: fdb2:2c26:f4e4:0:f149:99a8:6737:16ac/64 Scope:Global
          UP BROADCAST RUNNING MULTICAST  MTU:1500  Metric:1
          RX packets:20274 errors:0 dropped:0 overruns:0 frame:0
          TX packets:14600 errors:0 dropped:0 overruns:0 carrier:0
          collisions:0 txqueuelen:1000
          RX bytes:23762540 (23.7 MB)  TX bytes:1165057 (1.1 MB)

lo        Link encap:Local Loopback
          inet addr:127.0.0.1  Mask:255.0.0.0
          inet6 addr: ::1/128 Scope:Host
          UP LOOPBACK RUNNING  MTU:65536  Metric:1
          RX packets:2576 errors:0 dropped:0 overruns:0 frame:0
          TX packets:2576 errors:0 dropped:0 overruns:0 carrier:0
          collisions:0 txqueuelen:0
          RX bytes:237928 (237.9 KB)  TX bytes:237928 (237.9 KB)
```

ifconfig 명령어는 운영체제에 설정된 네트워크 장치의 목록을 보여준다. 위 그림은 필자의 환경에서 실행한 결과이다. 위 항목에서 eth0, lo 라고 적혀진 부분이 각각의 하나의 네트워크 장치로 인식된 장치를 말한다.

그 중에서 lo라는 항목은 좀 특이한 항목이다. lo는 loopback이라 불리며 실제 물리적으로 연결된 네트워크의 연결과는 별개로 존재한다. 이는 운영체제 자신을 가리키고 있는 장치이다. lo 장치는 항상 IP주소가 127.0.0.1을 할당 받는데 이는 관례적으로 자기 자신을 가리키는 IP 주소로 사용된다. 용도는 외부 네트워크가 아닌 동일 컴퓨터에서 동작중인 서버나 프로그램에 접속할 때 사용한다.

　eth0이라고 적힌 네트워크 장치가 실제로 네트워크와 연결되는 장치를 의미한다. 만약 네트워크 장치가 1개가 아니라면 eth1, eth2… 이런 식으로 여러 개가 존재하게 된다. 이 명령어로 다양한 정보를 볼 수가 있는데 그 중에서 가장 중요한 항목은 inet addr이다 이 정보가 바로 IP 주소 정보이다. 위 그림에서는 10.211.55.18 주소를 할당 받았다.

　ifconfig 명령은 네트워크 장치의 정보를 보는 기능 외에도 네트워크 장치의 IP를 바꾸거나 장치를 비활성화하거나 재활성하는 등의 기능도 가지고 있다.

 ifconfig 관련하여 조금 더 고급 기능 하나만 소개한다면?

예를 들어 ifconfig로 네트워크 장치의 IP 주소를 변경할 수 있다.

```
$ ifconfig eth0 192.168.1.5
```

위 명령은 eth0라는 네트워크 장치의 IP를 192.168.1.5로 변경하라는 명령이다.

```
$ netstat -at
Active Internet connections (servers and established)
Proto Recv-Q Send-Q Local Address          Foreign Address        State
tcp        0      0 localhost:59479         *:*                    LISTEN
tcp        0      0 localhost:postgresql    *:*                    LISTEN
tcp        0      0 *:8089                  *:*                    LISTEN
tcp        0      0 localhost:mysql         *:*                    LISTEN
tcp        0      0 localhost:http-alt      *:*                    LISTEN
tcp        0      0 *:ssh                   *:*                    LISTEN
tcp        0      0 localhost:postgresql    localhost:46709        TIME_
WAIT
tcp        0     36 localhost:ssh           58.122.34.74:53001
ESTABLISHED
tcp        0      0 localhost:postgresql    localhost:46720        TIME_
WAIT
tcp        0      0 localhost:postgresql    localhost:46718
ESTABLISHED
```

```
tcp        0      0 localhost:postgresql    localhost:46706
ESTABLISHED
tcp        0      0 localhost:postgresql    localhost:46705          TIME_
WAIT
tcp        0      0 localhost:postgresql    localhost:46715          TIME_
WAIT
tcp        0      0 localhost:postgresql    localhost:46721
ESTABLISHE
```

　　netstat은 네트워크의 연결 상태를 모니터링하는 명령어이다. tcp의 연결 상태를 보고 싶다면 위와 같이 입력한다. 이 명령으로 현재 컴퓨터에서 어떤 서비스가 동작하고 있는지를 알 수 있다.

　　예를 들어 위 그림 3번째 항목에서 보이듯이 tcp포트 8089가 클라이언트 접속 대기중인 것을 알 수 있다. State가 LISTEN인 항목은 "클라이언트의 접속 대기 중"이라는 의미이다. 위 그림 8번째 항목에서는 State가 ESTABLISHED라고 나오는데 이는 이미 특정 클라이언트가 해당 서비스를 사용하기 위해 접속되어 있다는 것을 의미한다. 이처럼 netstat을 이용하게 되면 어떤 서비스가 지금 활성화되어 동작 중인지, 어떤 클라이언트가 접속 중인지를 파악할 수 있다.

　　만약 지금 이 명령어가 알려주는 내용이 무엇을 의미하는지 잘 모르겠다면, 다음 장에서 네트워크 기본 지식을 살펴보는 절이 있으니 먼저 읽어보길 바란다.

 보통 포트라는 것은 외부와 연결되는 통로라고 한다. 이 포트는 어떻게 동작하는 것일까?

포트를 관리하고 처리하는 부분은 운영체제 커널에 구현되어 있다. 운영체제 커널은 네트워크 장치로부터 수신되는 모든 정보를 어플리케이션보다 먼저 수신하게 된다. 수신된 정보는 커널에 의해서 분석되고 어떤 포트로 전송된 데이터인지 파악한 다음 해당 포트를 사용중인 프로그램에게 데이터를 전달해주게 된다. 만약 사용되고 있지 않은 포트로 데이터가 수신된다면 해당 데이터는 운영체제 커널에 의해 버려지게 된다.

```
$ route
Kernel IP routing table
Destination     Gateway         Genmask          Flags Metric Ref    Use
Iface
default         10.211.55.1     0.0.0.0          UG    0      0      0
eth0
10.211.55.0     *               255.255.255.0    U     1      0      0
eth0
```

route 명령은 인터넷 라우팅 테이블 정보를 보여준다. 패킷이라고 부르는 데이터 조각이 발신 컴퓨터에서 출발해 인터넷을 거쳐서 목적지까지 도착하려면 수많은 라우터 또는 게이트웨이를 지나가야 한다. 이렇게 패킷이 라우터를 거쳐서 전달되는 과정을 라우팅Routing이라고 한다.

라우팅에서 가장 중요한 것이 첫 번째 게이트웨이 정보이다. 우리는 첫 번째 게이트웨이까지만 패킷을 전달해주면 그 이후에 패킷이 잘 전달되게 하는 것은 첫번째 게이트웨이의 몫이기 때문이다. 보통 인터넷 공유기를 사용하면 첫 번째 게이트웨이는 공유기가 된다. 위 그림에서 보듯이 필자의 게이트웨이는 default라고 되어 있는 10.211.55.1 주소이다. 따라서 컴퓨터에서 외부로 보내지는 모든 패킷은 10.211.55.1로 전달되게 된다. 만약 게이트웨이 IP 주소가 잘못되어 있다면(즉, 인터넷 공유기 주소가 아니라면) 인터넷이 연결되지 않는다.

시스템 종료 명령어

```
$ sudo reboot
```

시스템을 재시작 하는 명령어이다. 재시작을 하게 되면 현재 동작중인 프로그램이 모두 강제 종료되므로 주의해야 한다.

```
$ sudo shutdown now
또는
$ sudo halt
```

시스템을 종료하는 명령어이다. 시스템 재시작 명령이나 종료 명령은 rooy 사용자만이 실행할 수 있는 명령이기 때문에 반드시 sudo를 붙여서 실행해 주어야 한다.

만약 시스템을 바로 종료하지 않고 일정 시간 뒤에 종료하게 하려면 아래처럼 입력하면 된다.

```
$ sudo shutdown -h 10        ( 10분 뒤에 종료 )
$ sudo shutdown -h 8:30      ( 8시 30분에 종료 )
```

일정 시간 뒤에 재시작하도록 하는 것도 가능하다.

```
$ sudo shutdown -r 10        ( 10분 뒤에 재시작 )
$ sudo shutdown -r 8:30      ( 8시 30분에 재시작 )
```

종료 또는 재시작 예약을 취소하려면 아래와 같이 입력한다.

```
$ sudo shutdown -c
```

시스템 구조 파악하기

우분투는 계속 언급했듯이 리눅스 배포판의 한 종류이다. 따라서 기본적으로는 리눅스의 시스템 구조를 가지고 있다. 리눅스 배포판들은 겉으로 보이는 모양이 많이 다를 수 있지만 그 내부 시스템 구조는 일관성을 띠고 있다. 그래서 콘솔을 이용하게 되면 리눅스 시스템에 직접 접근해서 작업을 수행할 수 있어서, 리눅스 배포판 종류와 상관없이 거의 비슷하게 사용할 수 있다는 장점이 있다. 물론 리눅스 배포판들 사이에 시스템 구조가 완전히 동일하지는 않기 때문에 차이가 있는 부분은 따로 익혀야 한다. 그럼 이제부터 우분투의 내부 시스템의 구조를 살펴보자.

우분투의 파일시스템 구조

우분투를 사용하기 위해서는 우분투가 컴퓨터에 설치되어 있어야 하고, 우분투가 설치되기 위해서는 적절한 저장 장치가 있어야 한다. 대부분은 하드디스크나 SSD에 설치할 것이다. 또한 우분투가 설치된 공간 외에 사용자가 자료를 저장하거나 프로그램을 설치할 수 있는 공간도 필요하다.

이렇게 저장 장치에 우분투를 설치하고 사용자가 데이터를 저장하기 위해서는 파일시스템을 사용할 수 있도록 영역을 설정해야 한다. 이를 일반적으로는 "저장 장치를 포맷^{format}한다"라고 이야기한다. 이는 MS윈도우를 사용하는 경우도 마찬가지인데 MS윈도우 사용자라면 MS윈도우를 설치할 때 저장 장치를 새롭게 포맷하게 된다. 그러면 C:라는 드라이브가 하나 생기게 된다. 물론 드라이브를 더 만들 수 있다.

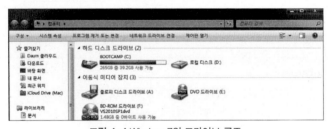

그림 4-4 Windows7의 드라이브 구조

위 그림은 윈도우 운영체제에서 C:와 D:가 있는 것을 알 수 있다. 이런 경우 보통은 컴퓨터에 저장 장치가 2개가 연결되어 있는 경우이다. 또는 저장 장치 하나에 파티션으로 영역을 나누어서 C:와 D:를 만들어 줄 수 있다. 이렇게 드라이브를 따로 가지게 되면 C:를 포맷해도 D:는 포맷되지 않기 때문에 개인 자료 백업이나 자료를 보관하는 데 편리하다.

우분투와 MS윈도우가 각각 저장 장치를 포맷하고 쓴다는 점은 같지만, 문제는 서로 다른 파일시스템을 쓰기 때문에 다른 형식으로 저장 장치를 포맷한다는 점이다. 즉, 우분투는 MS윈도우의 파일시스템을 인식할 수 없고, MS윈도우는 우분투의 파일시스템을 인식할 수 없다.

이제 다시 우분투 파일시스템으로 돌아와서 살펴보자. 가장 첫 번째로 알아야 할 지식은 우분투는 드라이브(C:나 D:)라는 개념이 없다는 것이다. 우분투에는 파일시스템은 단 하나의 파일시스템으로 구성되어야 한다. 쉽게 말해서 우분투는 무조건 C:만 존재한다는 것이다. 이는 리눅스 시스템의 공통된 특징으로 다른 리눅스 배포판도 마찬가지이다.

우분투의 파일시스템의 최상위는 루트 디렉토리(/)라고 부르는 공간이다. 이는 MS윈도우로 비유하자면 C:\와 비슷한 것이다. C: 드라이브의 가장 최상위 폴더는 C:\ 이기 때문이다. 우분투에 드라이브라는 개념이 없다면 아래와 같은 질문이 생긴다.

1. 저장 장치가 2개이면 어떻게 해야 하나? 드라이브가 1개인데…

2. CDROM은 어떻게 접근하나? 윈도우처럼 특정 드라이브를 CDROM으로 지정할 수 없는데…

3. USB 메모리 스틱은 또 어떻게 읽고 쓰나? 윈도우처럼 메모리 스틱을 USB에 꽂아도 새 드라이브가 안 뜨는데…

질문에 답을 하자면 "우분투는 모든 저장 장치를 디렉토리 형태로 관리한다"라고 이해하면 된다.

우선 1번 질문부터 살펴보자. 우분투는 저장 장치가 여러 개가 존재할 경우 각각의 저장 장치를 각각의 디렉토리에 연결하게 된다. 이를 우분투는 "마운트^{mount} 한다"라고 표현하는데, 마운트를 하게 되면 특정 디렉토리를 다른 저장 장치로 보여주는 통로로 설정하게 된다.

예를 들어보자. 저장 장치 하나는 운영체제가 설치되어 부팅이 되는 주 저장 장치일 테니 해당 저장 장치는 반드시 루트(/) 디렉토리에 마운트되어 있게 된다. 그리고 나서 다른 저장 장치를 또 사용하고 싶다면, 루트 디렉토리에서 /other_disk라는 디렉토리를 만들고 다른 저장 장치를 /other_disk에 마운트 하게 되면 해당 저장 장치를 사용할 수 있게 된다.

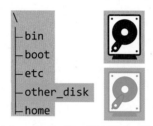

그림 4-5 /other_disk에 다른 저장 장치가 마운트된 예제

개념이 조금 생소해서 어려울 수 있다. 다시 한번 다른 예를 살펴보자. 이번에는 저장 장치가 하나인데 파티션을 여러 개로 나눈 경우를 살펴보자.

아래의 경우에는 첫 번째 파티션을 루트 디렉토리(/)로 마운트한 다음 /other_partition이라는 폴더를 만들고 해당 디렉토리에 두 번째 파티션을 마운트하면 된다.

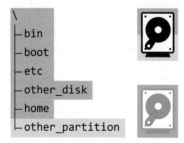

그림 4-6 저장 장치 하나에 2개 파티션을 연결한 예제

지금까지 설명한 것처럼 우분투는 다른 저장 장치든지 동일 저장 장치에 다른 파티션이든지 전부 디렉토리 형태로 연결되게 되는 것이다.

질문의 2번 3번도 역시나 답은 "디렉토리에 마운트되어 접근하게 된다"이다. CDROM이나 USB 메모리 스틱이나 전부 특정 디렉토리에 마운트된다. 참고로 우분투에서 CDROM이 마운트되는 디렉토리는 /media/cdrom이고, USB 메모리 스틱은 /media/[usb명] 디렉토리로 마운트된다. cd 명령을 이용해서 해당 디렉토리로 이동하면 저장된 내용을 볼 수 있는 것이다.

다행히 우분투에서는 콘솔을 이용하지 않고 GUI를 이용하게 되면 이런 어려운 내용을 알 필요 없이 USB 메모리 스틱을 삽입하면 자동으로 연결할 수 있게 되어 있다. CDROM 역시 바로 접근이 가능하게 되어 있다.

지금까지 우분투에서 어떻게 여러 개의 저장 장치나 CDROM, USB 메모리 스틱을 접근하는지 구조에 대해 간단히 살펴보았다. 간단히 요약하자면, 리눅스는 드라이브라는 개념이 없고 무조건 루트 디렉토리(/)부터 존재하기 때문에 다른 저장 장치에 접근하려면 특정 디렉토리를 해당 저장 장치에 연결해서 접근하는 구조이다.

이런 구조는 어떤 장점과 단점을 가지고 있을까? 우선 장점으로는 파일시스템의 저장 공간을 늘리기에 매우 용이하다는 점이다. 윈도우 같은 경우는 C: 드라이브의 용량이 정해지면 그 용량만큼만 사용할 수 있다. 만약 C: 용량이 부족하게 되면 저장 장치를 새로 추가한 후에 D:를 만들어 준다. 그래도 부족하면 저장 장치를 또 추가하면 되는데 그 때마다 드라이브 개수가 늘어나게 된다. 하지만 우분투의 경우 저장 장치에 용량이 부족해지면 새로운 저장 장치를 추가로 장착한 후에 특정 디렉토리에 마운트만 해주면 그만큼 용량이 늘어나게 된다. 드라이브 형태로 저장 장치가 따로 분리되는 게 아니라 하나의 파일시스템에 포함되기 때문에 용량을 추가하기가 쉽다.

단점으로는 저장 장치가 어떻게 파일시스템과 연동되고 있는지 직관적으로 알기가 어렵다는 점이다. 어떤 디렉토리가 정말 일반 디렉토리인지 아니면 다른 저장 장치를 마운트한 디렉토리인지 디렉토리 구조 형태만 봐서는 차이를 알 수가 없다. 따라서 어떤 디렉토리에 어떤 장치가 마운트되었는지 알기 위해서는 프로그램을 이용해야 한다. 간단하게는 GUI에서 Disks라는 프로그램을 실행하면 된다.

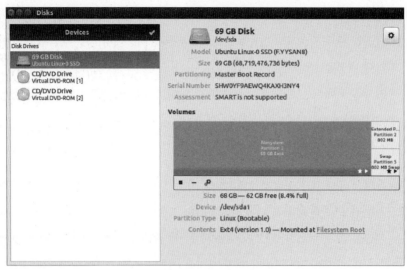

그림 4-7 Disks 실행 화면

왼쪽 리스트는 현재 컴퓨터에 연결된 저장 장치 목록을 보여주고 오른쪽에는 선택된 저장 장치의 다양한 정보(파티션, 마운트된 위치, 파일시스템 타입 등)를 보여주고 있다.

```
$ df
Filesystem      1K-blocks      Used  Available  Use%  Mounted on
/dev/sda1       64891708    8920144   52652220   15%  /
none                   4          0          4    0%  /sys/fs/cgroup
udev              491516          4     491512    1%  /dev
tmpfs             101420       1296     100124    2%  /run
none                5120          0       5120    0%  /run/lock
none              507092       1028     506064    1%  /run/shm
none              102400         16     102384    1%  /run/user
```

만약 콘솔 창에서 마운트 정보를 알고 싶다면 df라고 입력하면 된다. 위의 명령 결과를 살펴보면 /dev/sda1라는 파일시스템이 루트(/) 디렉토리에 마운트되어 있는 걸 확인 할 수 있다. 그 아래쪽에 있는 다른 파일시스템은 실제 저장 장치를 디렉토리로 마운트한 게 아니라 시스템 관리 목적으로 사용되는 특수한 파일시스템을 디렉토리에 마운트한 것들이다. 실제 저장 장치는 파일시스템 이름이 /dev/sdX 형태로 표현된다.

```
$ mount
/dev/sda1 on / type ext4 (rw,errors=remount-ro)
proc on /proc type proc (rw,noexec,nosuid,nodev)
sysfs on /sys type sysfs (rw,noexec,nosuid,nodev)
none on /sys/fs/cgroup type tmpfs (rw)
none on /sys/fs/fuse/connections type fusectl (rw)
none on /sys/kernel/debug type debugfs (rw)
none on /sys/kernel/security type securityfs (rw)
```

좀 더 세부적인 내용을 보고자 한다면, mount라고 입력하면 된다. 위 예제를 살펴보면 /dev/sda1 저장 장치가 역시 루트(/) 디렉토리에 마운트되어 있고, 파일시스템은 ext4이며, 읽기/쓰기가 모두 가능한 상태임을 알 수 있다.

우분투의 디렉토리 구조

이번에는 우분투가 설치되면 어떤 디렉토리 구조를 가지게 되는지 한번 살펴보자. 우선 MS윈도우와 차이를 알기 위해서 MS윈도우는 어떤 식으로 디렉토리 구조를 가지고 있는지 생각해보자.

MS윈도우를 설치하게 되면 C:\Windows라는 폴더(드라이브는 C:\가 아닐 수도 있다)에 운영체제에 관한 모든 파일과 데이터를 저장하게 된다. 가장 중요한 폴더이다. 여기에 운영체제 커널과 각종 장치 드라이버 파일, 설정 파일들이 존재한다. 따라서 C:\Windows라는 폴더를 망가트리면 부팅조차 되지 않는다.

다음으로 중요한 폴더는 C:\Program Files라는 폴더이다. MS윈도우는 프로그램을 설치하면 거의 대부분이 이 폴더에 설치되게 되어 있다. 마지막으로 살펴볼 폴더는 C:\Users라는 폴더이다. 이 폴더는 폴더 이름에서 알 수 있듯이 사용자의 데이터를 담고 있는 폴더이다. 내 사진, 내 음악, 내 문서, 바탕화면 같은 폴더가 모두 이 폴더의 하위 폴더로 존재한다. MS윈도우의 폴더 구조에서 가장 중요한 폴더는 이렇게 3개 정도이며, 그 역할이나 용도가 정확하게 구분되어 있어서 어렵지 않다.

하지만 우분투는 디렉토리 구조가 MS윈도우처럼 간단하지가 않다. 아래는 우분투의 디렉토리 구조를 보여주고 있다. 독자도 직접 루트 디렉토리(/)에서

```
$ ls -l
```

명령을 입력해서 한번 살펴보는 것도 좋다.

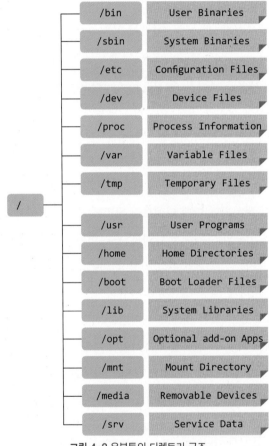

그림 4-8 우분투의 디렉토리 구조

우분투의 디렉토리 구조에서 가장 큰 특징은 운영체제의 다양한 시스템 파일들이 한곳에 모여있는 게 아니라 많은 디렉토리에 분산되어 있다는 점이다. 이는 우분투 뿐만이 아니라 리눅스 기반의 배포판들의 특징이다. 그럼 각각 디렉토리에 대해 간단히 살펴보도록 하자.

bin

실행파일들을 모아놓은 디렉토리다. cp, rm 같은 명령어들의 실행파일이 이 폴더에 존재한다. 그렇다고 시스템에 존재하는 모든 실행파일들이 이 디렉토리에 있는 건 아니다.

 바보 같은 질문이지만 cp나 rm 같은 명령어를 사용하려면 bin 디렉토리로 가야 하나?

cp, rm처럼 bin 디렉토리에 있는 명령어들은 리눅스 디렉토리의 어디에 있든지 실행이 가능하다. 이는 $PATH라는 환경 변수에 /bin 디렉토리가 이미 추가되어 있기 때문이다. $PATH 환경 변수에 대해서는 나중에 살펴볼 것이다.

sbin

시스템 관리자용 실행파일들을 모아놓은 디렉토리다. bin 폴더와 차이점은 여기에 있는 실행파일은 시스템을 관리하거나 수정할 때 사용하는 명령어들이라는 점이다.

etc

환경설정 파일들을 모아놓은 디렉토리다. MS윈도우 같은 경우 환경설정 파일이 레지스트리Registry라 불리는 영역에 저장되거나 각각의 프로그램 폴더에 저장되는 경우가 많지만 우분투에서는 대부분 이 디렉토리에 담아 놓는다.

dev

장치를 접근할 수 있는 파일들이 담겨 있다. 장치를 접근할 수 있는 파일이라는 말이 좀 생소한데, 리눅스에서는 전통적으로 모든 장치를 파일로 표현한다. 예를 들어 /dev/tty 파일에 데이터를 쓰면 실제로 저장 장치에 해당 내용이 저장되는 게 아니라 해당 장치로 데이터가 전송되는 구조이다. 좀 더 자세히 알려면 많은 지식이 필요하고, 일반 사용자들은 깊게 이해하지 않아도 되므로 이 정도만 알아도 된다.

lib

시스템에서 사용하는 라이브러리 파일들이 존재힌다. 라이브러리 파일은 어떤 실행파일이 실행될 때 필요한 기능들을 담고 있는 파일을 의미한다. MS윈도우에서는 DLL이란 파일을 자주 볼 수 있는데, 라이브러리 파일도 이와 비슷한 역할을 한다.

home

사용자 데이터를 저장하고 있는 디렉토리다. 이 디렉토리의 하위 디렉토리를 살펴보면 각각 사용자 계정과 동일한 디렉토리들이 나열되어 있는 것을 볼 수 있다. 각각의 사용자 디렉토리들은 각자의 홈 디렉토리로 지정된다. 따라서 콘솔을 시작하면 항상 '/home/자기계정명' 디렉토리에서 시작하게 된다.

usr

사용자가 사용하는 프로그램들이 있는 디렉토리. 운영체제에 설치되는 대부분의 응용프로그램들이 이 디렉토리에 설치된다.

sys, proc

위 디렉토리들은 특이하게 실제로 존재하는 파일을 담고 있는 디렉토리가 아니다. 이 디렉토리들은 현재 시스템의 상태나 정보들을 알려주는 파일을 담고 있다. 이 파일들은 실제 저장 장치에 있는 것이 아니라 메모리상에 존재한다. 예를 들어 /sys/bus/cpu/device 디렉토리에는 현재 컴퓨터에 장착된 프로세서의 정보를 담고 있는 파일이 존재한다. 이 파일의 내용은 우분투가 부팅될 때마다 새롭게 생성되는 것이다.

그 외에도 수많은 디렉토리가 있지만 대부분 운영체제가 사용하기 위해 존재하는 디렉토리다. 시스템을 더 깊게 파고들기 위해서는 알아야 하겠지만 우선은 넘어가고 추후에 필요할 때마다 하나씩 살펴봐도 무방하다. 위에 설명한 디렉토리 중에서 가장 자주 참고하게 될 디렉토리는 home과 etc 디렉토리다.

사용자 권한에 대해

우분투를 포함한 리눅스 시스템들은 최초에 개발될 때부터 다수의 사용자가 동시에 한 컴퓨터를 같이 쓰는 환경을 고려해서 개발되었다. 다수의 사용자가 같이 하나의 컴퓨터를 사용할 때 가장 중요한 것은 파일의 소유권과 사용권한이다.

만약 누군가가 내가 중요하게 생각하는 파일을 마음대로 수정하거나 삭제해버리면 큰일날 것이다. 때문에 리눅스는 모든 파일과 디렉토리에는 반드시 소유자 개념이 존재하고 소유 개념 외에도 소유자, 소유그룹, 제3자로 권한을 분리해서 각각에 해당하는 사람에 따라서 파일을 읽고, 쓰고, 실행할 수 있는 권한을 따로 따로 줄 수 있게 되어 있다. 소유자, 소유그룹, 제3자는 아래와 같이 분리된다.

소유자	파일의 주인을 말한다. 파일을 생성하면 자동으로 해당 계정이 파일의 주인이 된다.
소유그룹	계정들은 특정 그룹으로 묶여 있을 수 있다. 같은 그룹으로 묶어 놓으면 파일의 소유주가 아니더라도 그룹 권한으로 파일을 다룰 수 있다. 콘솔에서 $ groups 라고 입력하면 자신이 속한 그룹을 확인할 수 있다.
제3자	자신이 파일의 소유자도 아니고, 소유그룹도 아닌 모든 계정은 제3자 계정에 속한다.

우선 이 내용을 자세히 살펴보기에 앞서 콘솔에서 아래 명령어를 입력해보자.

```
$ ls -l
total 56
drwxr-xr-x 2 jundols jundols 4096 Jun  3 20:18 Desktop
drwxr-xr-x 2 jundols jundols 4096 Jun  3 20:11 Documents
drwxr-xr-x 3 jundols jundols 4096 Aug  6 14:57 Downloads
-rw-r--r-- 1 jundols jundols 8980 Jun  3 19:56 examples.desktop
```

```
drwxrwxr-x 2 jundols jundols 4096 Jun  3 20:11 fontconfig
drwxr-xr-x 3 jundols jundols 4096 Jul 11 01:01 Music
drwxr-xr-x 3 jundols jundols 4096 Jul 11 01:03 MusicCopy
drwxr-xr-x 2 jundols jundols 4096 Jun  3 20:11 Pictures
drwxr-xr-x 2 jundols jundols 4096 Jun  3 20:11 Public
drwxr-xr-x 2 jundols jundols 4096 Jun  3 20:11 Templates
drwxr-xr-x 2 jundols jundols 4096 Jun  3 20:11 Videos
```

위 그림은 필자의 홈 디렉토리에서 명령을 입력했을 때 나온 결과이다. 가장 뒤쪽
에 있는 단어가 디렉토리명 또는 파일명을 나타낸다. 위에서 examples.desktop 파
일을 제외하고는 전부 니렉토리인데 그 정보를 알려주는 부분이 맨 첫부분에 있다.

0 123 456 789
d rwx r-x r-x

위 형태처럼 되어 있는데 각각의 필드마다 의미하는 바가 있다.

0번 영역 디렉토리를 의미한다. 파일은 -로 표시가 된다. 그 외에도 다른 특이한
표시가 더 있는데 뒤에서 살펴보자.

123 영역 소유자의 사용 권한을 의미한다. 위 예제에서는 소유자는 읽고, 쓰고, 실
행할 수 있는 모든 권한을 부여 받았다.

456 영역 소유 그룹의 사용 권한을 의미한다. 위 예제에서는 소유 그룹은 읽거나
실행할 수는 있지만 쓸 수는 없다.

789 영역 제3자의 사용권한을 의미한다. 위 예제에서는 제3자는 소유 그룹과 마
찬가지로 읽거나 실행할 수는 있지만 쓸 수는 없다.

예제에서 보이는 것처럼 r은 읽는 권한을 의미한다. r 권한이 없으면 해당 사용자
는 음악 파일은 음악을 재생할 수도, 사진 파일은 사진을 볼 수도 없다. 설령 파일의
소유자가 본인이라고 해도 권한이 없으면 읽을 수 없다. w 권한은 쓰기 권한을 의미
한다. 이 권한이 없으면 파일의 내용을 수정할 수가 없다. x 권한은 실행권한을 의미
한다. 대부분의 데이터 파일(음악, 사진, 문서)들은 실행파일이 아니기 때문에 읽고,

쓰는 권한을 부여 받으면 사용하는 데 문제가 없다. 하지만 실행파일 같은 경우는 실행권한을 부여 받지 못하면 실행할 수가 없다.

디렉토리는 리눅스에서 파일의 일종으로 분류된다. 하지만 디렉토리 안쪽으로 이동해서 들어가려면 반드시 디렉토리가 실행권한을 가지고 있어야 한다. 따라서 위 예제에서 모든 디렉토리가 실행권한을 가지고 있는 것이다. 디렉토리에 실행권한이 없으면 cd 명령으로 이동할 수 없다. 위에서 언급했듯이 아무리 자기 소유의 파일이라 할지라도 적절한 권한을 주지 않았다면 '권한 없음' 오류를 만날 수 있다.

권한 바꾸기

그럼 이제 한번 권한을 바꾸는 방법을 살펴보자. 권한을 바꾸는 명령어는 chmod이다. chmod를 쓰는 방법은 2가지가 있다.

첫 번째로는 영문자를 이용해서 옵션을 주는 방법이다.

```
$ chmod u-x Music
```

위 명령을 Music 디렉토리의 소유자 권한 중에서 실행권한을 제거하라는 명령이다. u는 소유자를 의미하고 -x는 실행권한 제거를 의미한다.

u 말고도 당연히 다른 옵션도 쓸 수가 있다.

u	소유자
g	소유 그룹
o	제3자

-x 말고도 다른 옵션도 쓸 수가 있다.

+r 또는 -r	읽기 권한 추가 또는 삭제
+w 또는 -w	쓰기 권한 추가 또는 삭제
+x 또는 -x	실행 권한 추가 또는 삭제

위에서 설명한 내용을 바탕으로 몇 가지 예제를 살펴보자.

```
$ chmod go+rwx Music
```

위 명령어는 Music 디렉토리의 소유 그룹과 제3자에게 읽기, 쓰기, 실행권한을 모두 부여하겠다는 의미이다.

```
$ chmod o-xw Music
```

위 명령어는 Music 디렉토리의 제3자에게 실행과 쓰기 권한을 주지 않겠다는 의미이다.

두 번째로는 숫자를 이용해서 권한을 바꾸는 방법을 살펴보자. 아래 표처럼 각각의 권한마다 숫자를 지정해서 더해주는 방법이다.

R	4
W	2
X	1

예를 들어보자.

```
$ chmod 755 Music
```

위 명령어는 소유자에게는 읽기(4), 쓰기(2), 실행(1) 권한을 전부 부여하고, 소유 그룹과 제3자에게는 읽기(4)와 실행(1) 권한만을 부여하는 명령이다. 총 세 자리 숫자를 적어줘야 하는데 첫 번째 자리 숫자 값은 소유자의 권한을, 두 번째 자리 숫자 값은 소유 그룹의 권한을, 마지막 셋째 자리 숫자 값은 제3자의 권한을 의미한다.

다른 예제를 하나 더 살펴보자.

```
$ chmod 300 Music
```

위 명령어는 소유자는 쓰기(2)와 실행(1) 권한을 부여하고, 소유 그룹과 제 3자에게는 아무런 권한을 부여하지 않는 명령이다.

일반적으로 chmod를 누구나 마음대로 쓸 수 있다면 소유권한을 분리한 의미가 없을 것이다. 따라서 chmod는 파일의 소유자나 루트계정만이 실행할 수 있다. 루트 계정에 대해서는 뒤에서 바로 살펴볼 것이다.

파일 소유자나 소유 그룹 바꾸기

파일의 소유자나 소유 그룹을 바꾸기 위해서는 chown이라는 명령어를 이용한다. 소유 그룹을 바꾸는 명령어로 chgrp라는 명령이 따로 존재하지만 chown으로도 바꿀 수 있다. 대신 chown 명령을 쓰기 위해서는 루트 권한이 필요하다. 아래는 예제이다.

```
$ sudo chown newuser:newgroup target.file
```

위 명령은 target.file이라는 파일을 소유자는 newuser로 바꾸고 소유 그룹은 newgroup으로 바꾸라는 명령이다.

계정 권한 변경 같은 종류의 명령어는 1개 파일만 지정하는 게 아니라 다수의 파일을 지정하거나 특정 디렉토리 밑에 있는 모든 디렉토리와 파일을 다 지정해야 할 경우도 있다. 이럴 경우 특수기호 *와 재귀 옵션인 -R을 활용하면 좋다. 예를 들어보자.

```
$ sudo chown aaa:bbb -r *
```

이 명령은 현재 디렉토리에 있는 모든 파일과 디렉토리를 포함하고, 하위에 있는 모든 파일과 모든 디렉토리를 전부 포함해서 소유자를 aaa로 바꾸고 소유 그룹을 bbb로 바꾸라는 명령이다. 이렇듯 -r 옵션을 이용하면 하위에 있는 모든 파일과 디렉토리를 지칭할 수 있다. -r 옵션은 많은 명령어들이 지원하는 옵션이다.

사용자 권한은 주로 보안이라는 분야에서 많이 나오지 않나? 예를 들어, 시스템에 침입하여 주요 시스템 명령어들을 실행시킬 수 있는 권한을 획득한다는지…

사용자 권한은 다른 의미로 사용자 보안이다. 원치 않는 사용자가 시스템을 조작하거나, 중요한 데이터를 훔쳐보는 것을 막기 위함이다. 따라서 해커들이 다양한 방법으로 리눅스의 사용자 권한을 조작하거나 루트 사용자 권한을 탈취하려고 하는 것이다.

루트 계정이란

루트^{root} 계정은 특별한 계정이다. 리눅스 시스템을 설치하면 따로 추가해 주지 않아도 기본적으로 반드시 존재하는 계정이다. 루트 계정은 시스템의 모든 부분에 대하여 접근하고 수정할 수 있는 최고 권한을 가진다. 해커가 시스템을 침입해서 노리는 것이 바로 이 루트 권한을 획득하는 것이다. 루트 권한을 뺏겼다면 그 시스템은 이미 해커의 것이나 다름 없다. 이렇게 많은 권한을 가지고 있는 만큼 루트 계정으로 잘못된 명령을 내리거나 실수로 파일이나 디렉토리를 지워 버리면 심각한 문제를 야기할 수 있다. 따라서 루트 권한을 사용할 때에는 신중히 꼭 필요한 경우에만 사용해야 한다. 하지만 루트 권한을 사용하지 않고서는 프로그램 하나 설치할 수도 없기 때문에 생각보다 자주 사용하게 된다.

우분투에서는 일반 사용자가 루트 권한을 사용하고자 할 때에는 명령어 앞쪽에 sudo라는 명령어를 붙여서 명령을 수행하는 방법을 이용한다. sudo 명령어는 뒤쪽에 입력한 명령어를 수행하는 동안만 임시적으로 사용자를 루트 권한으로 승격시켜 주는 명령어이다. 예를 들어 보자

```
$ whoami
```

위 명령어는 현재 로그인한 계정 명을 보여주는 명령이다.

```
$ sudo whoami
```

위 명령어를 치면 로그인한 계정과 관계없이 root라고 보여지게 된다.

이렇게 sudo 명령을 이용해서 순간 루트 권한을 수행하게 되면 실수로 입력한 명령어로 시스템에 오류를 일으킬 확률도 적어지고, 컴퓨터에서 잠시 자리를 비우는 동안에도 루트 계정의 상태로 자리를 비우는 일이 없게 된다.

우분투에서는 루트 권한을 획득할 때 입력하는 암호가 최초 생성된 사용자 로그인 암호와 동일하게 설정되어 있다. 우분투를 설치할 때 반드시 하나의 사용자 계정을 생성해야 하는데 이 때 생성한 계정의 암호가 루트 권한을 사용할 때 입력하는 암호가 되는 것이다. 때문에 사용자 계정의 암호도 잘 관리해주어야 한다.

시스템 설정 작업을 하다 보면 매번 sudo 명령어를 계속 넣어주는 게 불편할 때가 있다. 가끔씩만 시스템 관리 작업을 하면 상관없을지 몰라도 하루 종일 시스템 설정에 매달리고 있는데 sudo를 넣으면서 명령어를 치는 게 불편할 수 있다. 이럴 경우는 아예 계정을 루트 계정으로 바꿔버리는 명령어가 있다.

```
$ sudo su -
```

위 명령어를 치면 사용자가 exit라는 명령어를 치기 전까지 계속 루트 계정으로 사용되게 된다. 루트 계정이 되면 프롬프트 모양이 $에서 #으로 바뀌게 되는 것을 볼 수가 있다.

루트 계정에서 작업을 마무리했다면 아래 명령어로 루트 권한에서 탈출하자.

```
# exit
```

su 명령으로 완전 루트 계정으로 변환해서 작업을 진행하면 sudo를 생략할 수 있어서 편리하지만, 반대로 명령어 하나 하나가 루트 권한으로 실행되기 때문에 조심해서 작업을 진행해야 한다. 예를 들어,

```
# rm -rf /
```

위 명령을 실수로 입력했다면, 시스템의 모든 파일이 삭제 당하는 끔찍한 결과를 보게 된다. 하지만 일반 계정에서 위 명령을 입력했다면 대부분의 파일이 권한 없음으로 삭제되지 않기 때문에 큰 문제가 발생하지 않는다. 이제 선택은 여러분의 몫이다.

VIM 모르면 초보

콘솔만 이용해서 우분투를 사용하는 데 있어서 가장 큰 걸림돌은 파일의 내용을 보거나 수정하는 기능이다. 콘솔에서 파일의 내용을 수정하는 방법은 아무리 쉬운 방법이라고 해도 MS윈도우 메모장보다 어렵다. 콘솔 기반 편집기는 GUI 기반 편집기만큼 직관적이지 못하기 때문이다. 무엇보다 콘솔에서는 마우스를 사용할 수 없다는 게 가장 큰 단점이다.

계속 부정적인 면만 이야기했지만 사실 콘솔에서 사용할 수 있는 에디터는 생각보다 다양하고 또한 익숙해지기 어려워서 그렇지 제대로 익혀서 사용하게 된다면 오히려 GUI 환경에서 파일을 수정하는 것보다 더 효과적이고 빠르게 작업이 가능하다. 마우스보다는 키보드 단축키가 더 빠르기 때문이다. 컴퓨터 전문가 중에는 GUI 환경에서도 일부러 콘솔용 에디터를 사용하는 사람도 많다. 어찌됐건 콘솔에서 우분투를 사용하는 작업에서 파일 편집이라는 산을 넘지 못하면 더 이상 할 수 있는 게 많지 않다.

이번 장에서는 우분투 콘솔 작업 시에 쓰이는 다양한 에디터를 소개하고, 그 중에서도 VIM(또는 VI라고 부른다)이라고 부르는 에디터를 사용하는 방법을 살펴볼 것이다.

우분투 콘솔용 에디터 소개

nano

그림 4-9 nano 실행 화면

소개할 에디터 중에서 가장 간단한 에디터이다. 기본적인 편집 기능 위에 잘라내기나 붙이기 정도 기능만 제공된다. 가장 배우기 쉬운 에디터이지만 기능이 단순해서 리눅스를 중급 이상 사용하는 유저들은 사용하지 않는다. nano에서 사용하는 기능들은 화면 아래쪽에 적혀 있는데 예를 들어 프로그램을 종료하고 싶다면 ^X(ctrl+X)를 누르면 된다.

emacs

이맥스(또는 이막스)라고 부르는 이 에디터는 리눅스 콘솔용 에디터 중에서 VIM과 더불어 가장 강력한 기능을 가지고 있다. 사용자가 많은 부분을 설정하고 변경할 수 있는 구조여서 사용자 설정에 따라 매우 다양한 형태와 기능을 가질 수 있다. 이맥

스는 GNU의 창시자인 리차드 스톨만이라는 사람이 처음 개발했지만 그 역사가 매우 오래되어서 지금은 윈도우용 이맥스 등 다양한 버전이 존재한다. 이맥스는 에디터라고 부르기가 애매할 정도로 매우 넓은 확장성을 가지고 있다. 예를 들어서 이맥스로 이메일을 보내거나 채팅도 하고 파일도 전송할 수 있다. 개인적인 생각으로 이맥스는 VIM보다 더 배우기기 이려운 에디터인네 난축기가 매우 많고 플러그인을 개발할 때 사용하는 Lisp이라는 언어를 알아야 하기 때문이다.

vim

'빔'이라고 부르는 이 에디터는 가장 많이 쓰이는 리눅스 콘솔용 에디터이다. 이 프로그램도 개발된 지 매우 오래되었다. 얼마나 오래되었냐 하면 MS윈도우 같은 GUI 기반의 운영체제가 나타나기 전부터 존재하던 에디터이다. 이런 이유로 이 에디터 역시 이맥스와 마찬가지로 사용법이 그다지 직관적이지 않다. 예들 들어서 처음 VIM을 실행한 유저라면 한 글자도 수정하지도 못하고 그렇다고 프로그램을 종료할 수도 없다. 이맥스처럼 에디터를 뛰어넘는 강력한 확장을 지원하지는 않지만, VIM 역시 다양한 플러그인이 존재하며 그 종류가 에디터 수준에서는 충분하다. 다양한 플러그인을 잘 설정한다면 웬만한 GUI 기반 에디터보다 기능이 많다.

VIM 설치하기

이제부터 VIM을 사용해보도록 하자. 우선 우분투를 설치하면 기본적으로 VIM이 설치되어 있지 않기 때문에 아래 명령어를 입력해서 설치하도록 하자.

```
$ sudo apt-get install vim
```

사용자 계정 암호를 물어보면 입력해주고, 설치될 때까지 기다린다. 설치가 완료되면 아래 명령어를 입력해서 처음으로 VIM을 실행해 보도록 하자.

```
$ vi
```

또는

```
$ vim
```

라고 입력해도 된다.

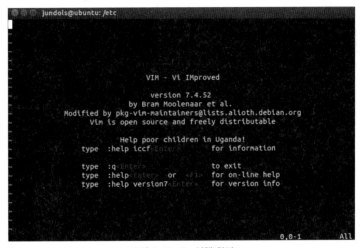

그림 4-10 vim 실행 화면

위 화면은 vim을 실행하면 처음 만나게 되는 화면이다. 무언가 멋있는 화면을 기대하거나 보통의 GUI 기반의 에디터처럼 메뉴바 같은 게 있길 기대한 사용자라면 좀 실망할 수도 있겠다.

지금 화면에서 "memo"라는 글자를 입력하기 위해서 키보드를 이용해 memo라고 하나씩 눌러보자. 아마 아무런 반응이 없을 것이다. 보통의 에디터라면 키보드를 누르면 화면에 입력한 글자가 보여야 하지만 vim은 그렇지 않다.

vim은 일반적인 에디터와는 달라서 '모드'라는 게 존재한다. 지금은 편집모드가 아니라서 아무런 편집도 할 수 없는 것이다. 모드에 대해서는 곧 살펴보고 우선 vim을 종료하는 법을 살펴보자. 키보드로 :q라고 입력하고 엔터를 친다. 그러면 다시 콘솔로 돌아오게 된다. 이제 vim을 실행하고 종료하는 법을 익혔으니 본격적으로 사용법을 살펴보자.

VIM의 모드

VIM 에디터와 다른 일반 에디터의 가장 큰 차이점은 VIM은 몇 가지 모드를 가지고 있다는 점이다. 각각의 모드들은 그 목적이 정해져 있으며 모드에 따라서 동일한 키보드 입력도 단축키로 인식하거나 아니면 편집할 단어로 인식할지가 달라지게 된다.

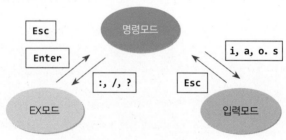

그림 4-11 VIM 모드 종류와 변환

위 그림에서 보듯이 VIM은 총 3가지 모드를 가지고 있다.

VIM을 실행하면 항상 명령모드에서부터 시작하게 되고, 키보드 키 i, a, o, s 중 하나를 입력하게 되면 입력모드로 전환이 된다. i, a, o, s 키는 각각 성격이 다르지만 결과적으로는 입력모드로 변환이 된다. 입력모드에서 ESC키를 누르면 다시 명령모드로 바뀌게 되고, 명령모드에서 :, /, ? 키 중에서 하나를 누르게 되면 Ex모드로 전환이 된다. :, /, ? 역시 각각 키마다 성격이 다르지만 Ex모드로 전환된다는 점은 같다. 다시 ESC키를 누르거나 Enter키를 누르면 명령모드로 돌아가게 된다.

Ex모드에서 입력모드로 바로 갈 수 있는 방법은 없다. 입력모드에서 Ex모드 전환도 마찬가지이다. 반드시 명령모드를 거쳐야만 한다. 그럼 이제 각각 모드를 하나씩 살펴보자.

명령모드

명령모드에서는 키보드로 직접 내용을 입력해서 문서 내용을 편집하는 게 안 된다. 대신 키보드의 다수의 키들이 각각 특정 기능의 단축키로 지정되어 있다. 따라서 여러 가지 단축키를 활용해서 문서의 내용을 수정하고 편집할 수 있다.

예를 들어 문서 내용 중에서 특정 한 줄을 삭제하고 싶다고 한다면 커서키를 이용해서 해당 라인으로 커서를 이동한 뒤에 키보드로 dd라고 입력하면 된다. 만약 방금 지운 한 줄을 다른 곳에 붙여 넣기 하고 싶다면 다시 붙여 넣기를 원하는 라인으로 커서를 이동한 다음에 y 키를 한번 누르면 붙여 넣기가 된다.

아래 표는 명령모드에서 사용할 수 있는 단축키들이다. 모든 단축키를 전부 설명하고 있지는 않고, 중요하다고 생각되는 것만 적어보았다. 더 많은 단축키가 궁금하다면 VIM 정식 메뉴얼을 인터넷에서 찾아서 읽어보면 좋다.

표 4-2 명령모드에서 사용 가능한 단축키

입력모드로 전환 단축키	
i	현재 커서 위치에서 입력모드로 전환
a	현재 커서 다음 칸에서 입력모드로 전환
o	윗줄에서 입력모드로 전환
커서 이동 단축키	
h, j, k, l	좌 하 상 우 커서 이동. 오래 전 키보드에는 방향키가 없었는데 그 당시 커서 이동을 위해 사용했다. 지금은 방향키로도 커서 이동이 된다.
w	단어 첫 글자로 커서 이동
W	화이트스페이스 단위로 다음 글자로 커서 이동
b	뒤쪽 방향으로 단어의 첫 글자로 커서 이동
B	뒤쪽 방향으로 화이트스페이스 단위로 다음 글자로 커서 이동
e	단어의 마지막 글자로 커서 이동
ge	뒤쪽 방향으로 단어의 마지막 글자로 커서 이동
gg	문서 맨 앞으로 커서 이동

G	문서 맨 끝으로 커서 이동
^	문장 맨 앞으로 커서 이동
0	라인 맨 앞으로 커서 이동
$	문장 맨 뒤로 커서 이동
Ctrl + f	다음 페이지로 커서 이동
Ctrl + b	이전 페이지로 커서 이동

문서 내용 편집 단축키

dd	현재 줄 잘라내기
dw	단어 잘라내기
yy	현재 줄 복사하기
p	붙여넣기
r	현재 글자 교체하기
u	Undo
Ctrl + R	Redo
x	현재 글자 지우기
X	앞의 글자 지우기
cw	단어 잘라내기
>	들여쓰기
<	내어쓰기
.	이전 명령어를 다시 실행

비주얼 모드 단축키

v	비주얼 모드 진입
ESC키	비주얼 모드 취소
y	블록 복사
x	블록 잘라내기

위 단축키 중에서 비주얼 모드에 대해 알아보자. 비주얼 모드는 블록(선택영역)을 지정할 수 있는 모드이다. 마우스로 드래그해서 블록을 잡는 것과 동일한데, VIM은 마우스가 없으니 대신 v키를 누르면 블록 지정이 시작된다. 커서 키를 이용해서 원하는 부분을 블록 지정한 다음, 해당 블록을 복사할지 삭제할지 키를 입력하면 된다.

입력모드

입력모드는 말 그대로 키보드로 입력하는 모든 글자를 문서로 입력하는 모드이다. 이 모드가 GUI 기반의 에디터들이 기본적으로 동작하는 형태와 동일하다. 하지만 마우스를 사용할 수 없는 콘솔 환경에서는 입력 모드만 가지고 강력한 편집을 하기란 힘들다. GUI 환경에서는 마우스가 있어서 쉽게 선택 영역을 지정하고 Ctrl+C, Ctrl+V를 누르면 복사가 되지만, 콘솔 환경에서는 복사와 붙여넣기 같이 단순한 편집 기능조차도 구현하기가 까다롭다. 따라서 VIM에서는 입력모드에서는 정말 문자 입력 작업만을 하다가 ESC키를 눌러서 명령모드로 전환한 뒤에 적절한 편집 기능을 사용하는 구조이다.

VIM에 익숙하지 않은 사용자는 입력 작업 중간 중간 ESC키를 눌러서 명령모드로 바꿔주어야 하는 불편함이 크지만 익숙해지면 빠르게 할 수 있다. 입력모드에서는 모든 키보드 입력이 화면에 글자로 입력되기 때문에 단축키가 존재하지 않는다.

Ex모드

Ex모드는 명령 모드처럼 키보드의 키를 입력하면 단축키 같이 즉시 명령이 처리되는 모드가 아니라 명령어를 입력하고 엔터를 쳐서 해당 명령을 수행하는 모드를 말한다. Ex모드로 진입하기 위해서는 명령모드 상태에서 :이라는 키를 입력하게 되면 화면 맨 하단 왼쪽에 :이라는 모양이 나오면서 커서가 깜박거리는 모습을 볼 수 있다. 이때 원하는 Ex모드 명령어를 입력하고 엔터를 치는 것이다.

그림 4-12 Ex모드로 진입한 상태

위 그림은 Ex모드로 진입한 상태를 보여주고 있다. 이 상태에서 ESC키를 눌러서 Ex모드를 취소하고 다시 명령모드로 가든지, 수행하고자 하는 명령어를 입력한 후 엔터를 쳐서 VIM이 명령어를 수행하게 해야 한다. Ex모드에서는 명령모드에서 할 수 있는 편집 기능보다 더욱 강력한 기능들을 사용할 수 있다. 예를 들어서 문서 전체를 대상으로 hello라는 글자는 bye라고 바꾸는 작업을 하고 싶다고 하자. 명령 모드에서는 이런 기능이 없다. 따라서 Ex모드에서 수행해주어야 한다.

```
:%s/hello/bye/g
```

위 명령이 문서 전체를 조사해서 hello를 bye로 치환하라는 Ex명령어이다. 이렇듯 좀 더 복잡한 명령어들은 전부 Ex모드에 존재한다. 또한 VIM의 설정 자체를 바꾸거나 플러그 인이 제공하는 명령을 수행해야 하는 경우에도 Ex모드에서 하게 된다. 아래는 Ex모드에서 사용되는 명령어들 중에서 중요하다고 여겨지는 것들을 정리해 보았다.

참고

우리가 맨 처음 배웠던 VIM 종료 명령인 :q 명령도 사실은 Ex모드의 명령어다.

:w	문서 저장하기
:q	현재 문서 닫기
:q!	저장하지 않고 닫기
:wq	저장하고 닫기
:숫자	지정한 라인넘버로 이동
:new	가로로 창 분할
:vs	세로로 창 분할
:e 파일명	파일 새로 열기
:%s/old/new/g	old라는 문자열을 new로 치환
/단어	문서에서 단어를 찾는다. 단어 찾기 기능의 EX모드는 : 이 아니라 / 임을 주의하자. 찾은 단어 사이를 이동하려면 n 키를 누르면 된다.

다음 페이지에 지금까지 배운 내용을 정리한 그림 하나를 첨부한다. 외국에서 제작된 vim 단축키 그림을 고맙게도 한국 유저가 한글화를 했다. 출처는 https://kldp.org/node/102947이다. 이 책의 뒷부분에 페이지를 잘라낼 수 있도록 해놓았으니 벽에 붙이고 수시로 참고하도록 하자. 이 단축기 모음집에는 레지스터, 매크로, 마크, 실행모드 등이 나오는데, 이 책에서는 고급 기능이라서 설명하지 못했다. 관심있는 독자는 해당 기능에 대해서 찾아보면서 학습하길 권한다.

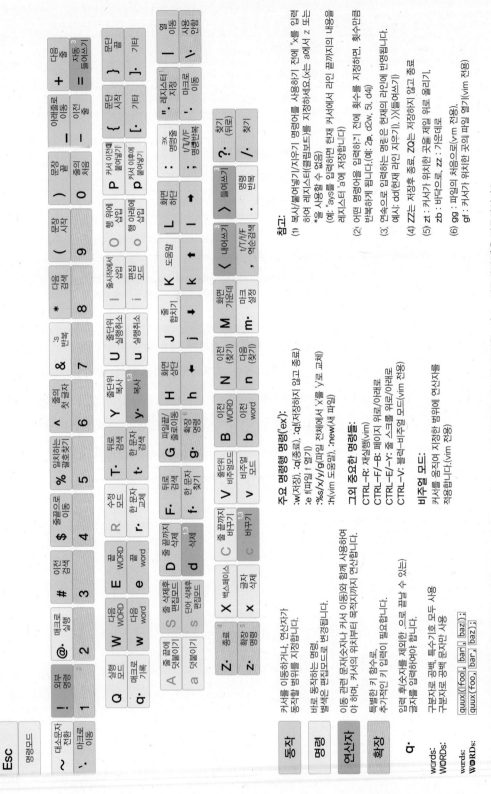

vi / vim 단축기 모음

Version 1.1
April 1st. 06

Esc 명령모드

동작: 커서를 이동하거나, 연산자가 동작할 범위를 지정합니다.

명령: 바로 동작하는 명령. 별색은 편집모드로 변경됩니다.

연산자: 이동 관련 문자(숫자나 커서 이동)와 함께 사용하여야 하며, 커서의 위치부터 목적지까지 연산합니다.

확장: 특별한 키 혹은수도, 추가적인 키 입력이 필요합니다.

q. 입력 후(숫자를 제외한 으로 끝날 수 있는) 글자를 입력하여야 합니다.

words: 구분자로 공백, 특수기호 모두 사용
WORDs: 구분자로 공백 문자만 사용

words: quux([foo], [bar], [baz]) ;
WORDs: quux(foo, bar, baz) ;

주요 명령행 명령('ex'):

:w(저장): :q(종료). :q(저장하지 않고 종료)
:e (파일 f 열기)
:%s/x/y/g(파일 전체에서 'x'를 'y'로 교체)
:h(vim 도움말): :new(새 파일)

그외 중요한 명령들:

CTRL-R: 재실행(vim)
CTRL-F/-B: 페이지 위로/아래로
CTRL-E/-Y: 줄 스크롤 위로/아래로
CTRL-V: 블록-비주얼 모드(vim 전용)

비주얼 모드:

커서를 움직여 지정한 범위위에 연산자를 작용합니다.(vim 전용)

참고:

(1) 복사/붙여넣기/지우기 명령어를 사용하기 전에 'x'를 입력하여 레지스터(클립보드)를 지정하세요.(x는 a에서 z 모드
*을 사용할 수 없음
(예: "ays를 입력하면 현재 커서에서 라인 끝까지의 내용을 레지스터 'a'에 저장합니다

(2) 어떤 명령어을 입력하기 전에 횟수를 지정하면, 횟수만큼 반복하게 됩니다.(예: 2p, d2w, 5j, d4)

(3) 연속으로 입력하는 명은 은 현재의 라인에 변명됩니다.
예시: dd(현재 라인 지우기), >>(들어쓰기)

(4) ZZ는 저장후 종료. ZQ는 저장하지 않고 종료

(5) zt : 커서가 위치한 곳을 제일 위로 올리기.
zb : 바닥으로. zz : 가운데로

(6) gg : 파일의 처음으로(vim 전용),
gf : 커서가 위치한 곳의 파일 열기)(vim 전용)

▲ vi/vim에 대한 더 많은 강좌나 탭을 얻으려면 www.viemu.com(ViEmu, MS 비주얼 스튜디오를 위한 vi/vim 에뮬레이션)을 방문하십시오.

▲ 출처: https://kldp.org/node/102947

vim을 다루는 게 쉽지는 않은데, 아직도 왜 vim이 강력하다고 하는 것일까?

VIM이 강력하다는 것은 상대적인 비교이다. 개인적으로 기능으로만 보자면 MS Word가 더 강력하다. VIM이 강력하다는 것은 콘솔 기반 에디터 중에서 VIM이나 emacs를 따라올 에디터가 없다는 말이다. 하지만 VIM이 MS Word보다 더 강력한 기능도 있다. 예를 들어서 명령 모드에서 5dd라고 입력해보자. 순식간에 커서 아래 5줄이 삭제될 것이다. 명령 모드에서 3cw라고 쳐보자. 이번에는 커서 뒤쪽에 있는 세 단어가 삭제될 것이다. 이런 기능들은 MS Word에는 없는 기능들이다.

시스템 관리하기

프로세스 관리하기

프로세스^{Process}는 단순하게 보자면 실행중인 프로그램이라고 봐도 된다. 지금 메모리에 로딩되어 실행되거나 실행될 예정인 프로그램을 프로세스라고 한다. 프로세스를 설명하다 보면 프로세서^{Processor}와 헷갈려 하는 독자가 종종 있는데, 프로세서는 다른 말로 CPU라고도 부르는 하드웨어 장치이다. 프로세스는 프로세서 위에서 동작하는 프로그램을 말한다.

우분투를 사용하다 보면 종종 어떤 프로세스들이 수행 중인지 어떤 프로세스들이 프로세서를 많이 사용하고 있는지 확인해야 할 경우가 있다.

```
$ ps
PID TTY          TIME CMD
3290 pts/7    00:00:00 bash
17080 pts/7    00:00:00 ps
```

위 명령어는 현재 실행중인 프로세스를 보여주는 명령어이다. 맨 앞쪽에 있는 PID는 Process ID를 의미한다. 모든 실행중인 프로세스는 각자 고유한 PID값을 가진다. 그 뒤쪽에 있는 TTY라는 값은 현재 어떤 콘솔창에서 실행중인지를 나타내는데 크게 중요하지 않다. TIME값은 해당 프로세스가 프로세서를 얼마나 사용하는지를 나타내준다. 가장 뒤쪽 항목인 CMD는 프로세스의 이름을 보여준다.

이번엔 강제로 프로세스를 죽이는 방법을 살펴보자. 위 표에서 나온 프로세스 중에서 bash 프로세스를 죽이면 어떻게 되는지 살펴보도록 하자.

```
$ kill -9 3290
```

위 명령처럼 프로세스를 죽이려면 kill 명령을 내리면 되는데 -9 옵션을 주고 그 뒤쪽에 죽이고자 하는 프로세스의 PID 번호를 입력하면 된다. 위 명령을 실행하면 어떤 일이 벌어지는지 실제로 해보자. 갑자기 터미널 창이 닫히는 모습을 보게 될 것이다. bash 프로세스는 터미널에서 사용자의 명령을 처리하는 가장 기본적인 프로세스로 종료되면 곧바로 터미널 창도 사라진다.

다시 ps 명령어에 대해 더 살펴보자. 위 명령어처럼 단순히 ps라고만 명령을 내리게 되면 딱히 보여지는 프로세스 정보가 별로 없다. bash 프로세스는 터미널에서 프롬프트를 보여주는 프로세스이고, ps는 방금 사용자가 입력해서 수행중인 프로세스이다. 이처럼 보여지는 정보가 별로 없는 이유는 단순히 ps라고만 치면 현재 터미널 창에서 수행중인 프로세스만 보여주기 때문이다. 우분투상에 있는 모든 프로세스를 보기 위해서는 아래처럼 입력한다.

```
$ ps -aux
jundols    3243  0.0  0.0   4256    548 ?        S     01:53   0:00 /bin/cat
USER        PID %CPU %MEM    VSZ    RSS TTY      STAT START   TIME COMMAND
root       3309  0.1  1.0  10004   7660 ?        Ss    01:53   0:23 /usr/
sbin/cupsd -f
jundols    3377  0.0  2.2  83496  17496 ?        Sl    01:53   0:00
telepathy-indicator
jundols    3383  0.0  1.9  45616  14900 ?        Sl    01:53   0:00 /usr/
lib/telepathy/mission-control-5
jundols    3572  0.0  2.6  63748  20196 ?        Sl    01:54   0:00 update-
notifier
jundols    3774  0.0  1.5  64968  11768 ?        Sl    01:55   0:00 /usr/
lib/i386-linux-gnu/deja-dup/deja-dup-monitor
root       6049  0.0  0.5   5524   4584 ?        S     04:35   0:00 /sbin/
dhclient -d -sf /usr/lib/NetworkManager/nm-dhcp-client.action -pf /run/
sendsigs.o
```

```
jundols   11979  0.3 10.2 329896 78804 ?        Sl    05:07   0:11 compiz
root      15063  0.0  0.0     0     0 ?        S     05:24   0:00 [kworker/
u16:0]
root      16254  0.0  0.0     0     0 ?        S     05:31   0:00
[kworker/0:1]
root      18134  0.0  0.0     0     0 ?        S     05:41   0:00 [kworker/
u16:1]
root      18673  0.0  0.0     0     0 ?        S     05:44   0:00
[kworker/0:2]
root      20254  0.0  0.0     0     0 ?        S     05:53   0:00
[kworker/0:0]
root      20552  0.0  0.0     0     0 ?        S     05:55   0:00 [kworker/
u16:2]
jundols   20683  2.4  2.9 114648 22512 ?        Sl    05:55   0:00 /usr/
bin/python3 /usr/share/unity-scopes/scope-runner-dbus.py -s files/gdrive.
scope
jundols   20705  6.0  3.6 137816 27752 ?        Sl    05:55   0:00 gnome-
terminal
jundols   20713  0.0  0.2  2428  1784 ?        S     05:55   0:00 gnome-
pty-helper
jundols   20714  0.6  0.6  7180  4904 pts/1    Ss    05:55   0:00 bash
jundols   20771  0.0  0.3  5232  2368 pts/1    R+    05:55   0:00 ps -aux
```

　방금 전 명령과는 반대로 생각했던 것보다 많은 수의 프로세스 목록이 뜨는 것을 볼 수가 있다. 우분투는 사용자가 모르는 사이에도 수많은 시스템 프로세스들이 동작하면서 여러 가지 일을 수행하게 된다. 이런 프로세스들은 사용자가 따로 실행시키지 않아도 우분투가 부팅되면서 자동으로 실행되기 때문에 사용자는 프로세스 목록을 보기 전에는 잘 모를 수 있다.

　이번에는 ps -aux 명령을 입력했을 때 나오는 각각의 항목들을 살펴보자. 표로 정리를 해보았다.

표 4-3 ps 커맨드의 항목 설명

USER	해당 프로세스의 소유자를 나타낸다. 위의 결과에서는 대부분의 프로세스가 root 또는 저자의 계정인 jundols 중 하나임을 알 수 있다. 그 외에도 몇몇 특이한 이름을 가진 소유자를 볼 수도 있다. 이는 우분투가 부팅을 하면서 실행하는 프로세스 중에서 몇몇 프로세스는 특정 계정으로 실행하기 때문이다.
PID	각각 프로세스들의 고유한 ID이다. 프로세스 ID는 동일한 프로그램을 여러 번 실행해도 각각 다른 PID를 부여 받게 된다.
%CPU	프로세서 사용 점유율을 보여준다.
%MEM	메모리 사용 점유율을 보여준다.
VSZ	해당 프로세스의 총 메모리 사용량을 보여준다. 실제 메모리를 점유하고 있지 않고 있는 용량까지 포함한 총 사용량이다.
RSS	해당 프로세스의 실제 메모리 사용량을 보여준다. 실제 메모리를 점유하고 있는 양이다.
STAT	프로세스의 상태를 보여준다. R: 실행중 혹은 실행할 수 있는 상태 S: 수면 상태 I: 휴식 상태 T: 정지 상태 Z: 좀비 프로세스 W: 스왑 아웃된 상태 P: 페이지 대기 D: 디스크 대기
START	프로세스 시작 시간
TIME	프로세스 수행 시간
COMMAND	프로세스의 이름을 보여준다. 특이하게 몇몇 프로세스의 이름에는 대괄호 []로 감싸져 있는 것을 볼 수가 있는데 이는 커널 영역에서 실행되는 프로세스를 의미한다. 운영체제가 동작하기 위한 핵심적인 프로세스라고 보면 된다.

 좀비 프로세스?

프로세스의 실행이 종료되었지만 아직 정리되지 않은 프로세스를 의미한다. 보통의 경우 부모의 프로세스가 자신이 생성한 자식 프로세스를 정리해주어야 하는데, 프로그램 오류 또는 버그로 인해 부모 프로세스가 실행이 종료된 자식 프로세스를 정리하지 않으면 좀비가 발생한다.

ps 명령 말고도 프로세스를 모니터링 하는 프로그램으로 top이라는 명령이 있다.

```
$ top
```

이라고 치면 아래 그림처럼 화면이 나오게 된다.

```
● ● ●   jundols@ubuntu: ~
top - 13:20:42 up  5:41,  2 users,  load average: 0.05, 0.10, 0.18
Tasks: 179 total,   2 running, 177 sleeping,   0 stopped,   0 zombie
%Cpu(s):  4.0 us,  2.2 sy,  0.0 ni, 93.8 id,  0.0 wa,  0.0 hi,  0.0 si,  0.0 st
KiB Mem:    765188 total,   686508 used,    78680 free,    72024 buffers
KiB Swap:   783356 total,    51184 used,   732172 free,   163812 cached Mem

  PID USER      PR  NI    VIRT    RES    SHR S  %CPU %MEM     TIME+ COMMAND
 1463 root      20   0  189128  55948  11560 S   7.0  7.3   6:50.88 Xorg
11979 jundols   20   0  300236  55456  26608 R   4.0  7.2   2:58.53 compiz
29816 jundols   20   0  127180  28872  18860 S   3.0  3.8   1:24.42 gnome-system-mo
 2885 jundols   20   0   14668   2764   2412 S   0.7  0.4   1:59.85 prl_wmouse_d
 2870 jundols   20   0   85200  39136   6444 S   0.3  5.1   0:18.33 prlsga
 5153 root      20   0    9916   7576   5124 S   0.3  1.0   0:01.49 cupsd
 8063 jundols   20   0    5556   2796   2372 R   0.3  0.4   0:00.09 top
    1 root      20   0    4580   3372   2484 S   0.0  0.4   0:03.73 init
    2 root      20   0       0      0      0 S   0.0  0.0   0:00.01 kthreadd
    3 root      20   0       0      0      0 S   0.0  0.0   0:04.88 ksoftirqd/0
    5 root       0 -20       0      0      0 S   0.0  0.0   0:00.00 kworker/0:0H
    7 root      20   0       0      0      0 S   0.0  0.0   0:09.98 rcu_sched
    8 root      20   0       0      0      0 S   0.0  0.0   0:00.00 rcu_bh
    9 root      rt   0       0      0      0 S   0.0  0.0   0:00.89 migration/0
   10 root      rt   0       0      0      0 S   0.0  0.0   0:00.33 watchdog/0
   11 root      rt   0       0      0      0 S   0.0  0.0   0:00.32 watchdog/1
   12 root      rt   0       0      0      0 S   0.0  0.0   0:00.94 migration/1
   13 root      20   0       0      0      0 S   0.0  0.0   0:04.96 ksoftirqd/1
   15 root       0 -20       0      0      0 S   0.0  0.0   0:00.00 kworker/1:0H
   16 root       0 -20       0      0      0 S   0.0  0.0   0:00.00 khelper
   17 root      20   0       0      0      0 S   0.0  0.0   0:00.00 kdevtnpfs
   18 root       0 -20       0      0      0 S   0.0  0.0   0:00.00 netns
   19 root      20   0       0      0      0 S   0.0  0.0   0:00.01 khungtaskd
   20 root      20   0       0      0      0 S   0.0  0.0   0:00.00 writeback
   21 root      25   5       0      0      0 S   0.0  0.0   0:00.00 ksmd
   22 root      39  19       0      0      0 S   0.0  0.0   0:00.28 khugepaged
```

그림 4-13 top 화면

이 프로그램은 1초에 한번씩 계속 정보를 갱신하면서 가장 프로세서를 많이 쓰는 프로그램 순서대로 목록을 보여준다. 프로그램을 종료하려면 키보드 q를 누르면 된다.

GUI에서도 프로세스를 관리하는 프로그램이 있다. 검색 창에 System Monitor라고 검색하면 아래 아이콘이 보일 것이다.

그림 4-14 System Monitor 아이콘

실행하면 아래 화면처럼 프로세스의 목록을 볼 수가 있다. 탭을 변경하면 프로세서와 메모리의 실시간 사용량을 볼 수도 있다.

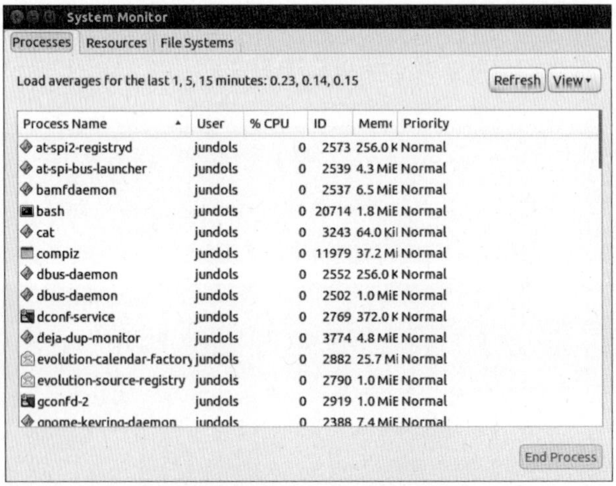

그림 4-15 System Monitor 실행 화면

메모리 관리하기

각각의 프로세스가 사용하는 메모리 사용량은 ps 명령어를 이용해서 확인할 수 있다. 그 외에 ps 명령을 이용하지 않고 현재 남은 메모리의 양을 확인하는 명령어로 free 라는 명령어가 있다.

```
$ free -m
                total    used    free    shared    buffers    cached
Mem:             747     637     110       6          56        140
-/+ buffers/cache:       439     307
Swap:            764      51     713
```

명령어에 옵션 -m을 준 것은 단위를 메가바이트^{MB}로 표시하라는 것이다. 위 그림에서 나온 결과를 살펴보면 현재 운영체제에서 사용할 수 있는 물리 메모리 총량은 747MB이다. 추가적으로 Swap 영역으로 764MB를 사용할 수 있다.

 **SWAP 영역이란?**

저장 장치 일부를 메모리 데이터를 저장하는 용도로 사용하는 공간을 말한다. 물리 메모리 공간이 부족하면 일부 프로그램의 데이터들을 Swap 영역으로 옮기고 물리 메모리 공간을 확보하게 된다. 이러면 컴퓨터가 느려지는 단점이 있지만 메모리 부족으로 컴퓨터 오류가 발생하는 것을 막아 준다.

Free 영역은 사용되지 않고 있는 메모리 영역인데 110MB정도 남았다. 그런데 리눅스에서 남은 메모리 용량을 확인할 때에는 buffers 용량과 cached 용량을 같이 확인해야 한다. 이 두 가지 용량은 사실 비어 있는 용량으로 생각해도 되는 영역이다. 운영체제가 성능을 위해서 과거에 사용되었던 데이터를 비우지 않고 가지고 있는 영역인데, 메모리가 부족해지면 즉시 용량을 내어주게 되어 있다. 이런 상황을 고려한 실제적으로 비어 있는 용량은 2번째 줄에 표시되어 있다. 두 번째 줄에 표시된 used 439MB와 free 307MB가 실제 사용량과 실제 비어 있는 용량이 된다.

마지막으로 3번째 줄에 있는 Swap 영역은 물리 메모리 영역이 부족해지거나 하는 등의 상황이 생기면 운영체제가 당분간 쓰이지 않을 것 같은 프로세스의 메모리 영역을 저장 장치로 옮기는 영역이다. 저장 장치로 Swap된 메모리 데이터는 다시 쓰이기 전까지는 저장 장치에 임시 저장되어 있으므로 물리 메모리를 차지하지 않게 된다. Swap 영역은 우분투를 설치할 때 인스톨러가 알아서 저장 장치를 포맷하면서 공간을 임의대로 설정해준다. 만약 Swap 영역의 크기를 지정해 주고 싶다면 우분투 설치 시에 파티션 설정을 매뉴얼로 하면 된다.

저장 장치 관리하기

저장 장치의 목록과 사용량을 보고자 한다면 df 명령을 이용한다.

```
$ df -h
Filesystem      Size  Used Avail Use% Mounted on
/dev/sda1        63G  4.7G   55G   8% /
none            4.0K     0  4.0K   0% /sys/fs/cgroup
udev            365M  4.0K  365M   1% /dev
tmpfs            75M  1.2M   74M   2% /run
```

```
none           5.0M     0   5.0M    0% /run/lock
none           374M    80K  374M    1% /run/shm
none           100M    76K  100M    1% /run/user
```

위 옵션 중에서 -h는 사람이 보기 좋게 단위를 보여달라는 옵션이다. 예제에서 보면 시스템에 저장공간이 /dev/sda1로 1개가 존재하고 루트(/)에 마운트된 것을 확인할 수 있다. 이 저장공간의 크기는 63G인데 현재 4.7G를 사용했다. 그 외에 나머지 공간은 실제 사용자가 데이터를 저장하기 위한 공간이 아니라 시스템이 사용하기 위해서 확보하고 있는 공간이다. 실제로 사용자가 사용하는 저장 공간은 /dev/sdX 같은 형식을 가진다.

저장 장치의 전체 용량을 확인하는 게 아니라 각각의 폴더의 용량을 확인하고 싶을 때가 있을 것이다. 이럴 때에는 아래처럼 명령을 내린다.

```
$ du -h /home/aaa
```

위 명령은 /home/aaa라는 폴더에 있는 파일과 그 하위 디렉토리의 모든 용량의 합을 더해서 보여주는 명령이다.

알면 좋은 고급명령어들

압축하기/풀기

리눅스에서 압축은 크게 2가지 형식을 많이 사용한다. 하나는 tar.gz 파일이고 하나는 zip 파일이다. zip 파일은 다른 운영체제에서도 흔하게 사용하고 있는 대중적인 압축 파일이기 때문에 익숙할 것이다. zip 파일로 파일을 압축하기 위해서는 아래와 같이 입력한다.

```
$ zip test.zip source
```

위 명령어는 source라는 파일을 test.zip으로 압축하라는 명령어이다. 압축을 푸는 것은 더 간단하다.

```
$ unzip test.zip
```

tar.gz 파일은 리눅스 운영체제에서 흔히 쓰이는 압축 형식이다. tar.gz 파일은 2가지 형식이 중첩되어 있는 구조이다. 우선 tar라는 파일 형식은 압축은 하지 않고 모든 파일을 모아서 하나의 파일로 만드는 구조이고, gz는 이렇게 묶인 하나의 파일을 압축하는 구조이다.

사용법은 아래와 같이 입력한다.

```
$ tar -czvf test.tar.gz *.jpg
```

위 명령어는 현재 디렉토리에 있는 모든 jpg 파일을 test.tar.gz으로 압축하라는 명령어이다. 압축을 푸는 명령어는 아래와 같다.

```
$ tar -xzvf test.tar.gz
```

간혹 압축은 하지 않고 tar로 파일만 묶어놓은 파일 형식도 만나는 경우가 있다. 그럴 경우는 옵션 중에서 z 옵션만 생략하면 된다. 예제는 아래와 같다.

```
$ tar -xvf test.tar
```

링크 파일

MS윈도우를 사용하다 보면 바로가기 파일을 종종 볼 수 있다. 바로가기 파일은 실제 내용을 담고 있는 파일이 아니라 다른 파일을 가리키고 있는 링크 파일이다. 확장자도 바로가기는 .lnk로 끝나게 된다. 리눅스에서 이와 비슷한 개념이 존재한다. 링크 파일이 그것인데 다른 파일을 가리키고 있는 파일이다. 아래는 링크 파일을 만드는 예제이다.

```
$ ln -s src.txt dest.txt
```

src.txt 파일이 원본 파일이고 dest.txt 파일이 새로 생성될 링크 파일이다. -s라는 옵션은 심볼릭 링크Synbolic link를 생성하라는 옵션인데, 이 옵션을 주지 않으면 하드 링크Hard link 파일이 생성된다. 두 형태의 차이를 살펴보자.

표 4-4 심볼릭 링크와 하드 링크의 비교

심볼릭 링크(Synbolic link)	원본 파일을 가리키는 정보만을 가지고 있다. 따라서 원본 파일이 삭제되면 심볼릭 링크 파일은 깨지게 되며 의미가 없어진다.
하드 링크(Hard link)	원본 파일의 내용을 공유하는 링크 파일을 만든다. 원본 파일을 삭제하더라도 링크 파일은 그대로 남아있게 된다. 원본 파일이나 링크 파일이 수정되면 둘 다 내용이 바뀌게 된다.

어떤 파일이 링크 파일인지 아닌지를 알려면 아래처럼 명령을 내린다.

```
$ ls -l
lrwxrwxrwx 1 jundols jundols    6 Aug 12 01:17 test.txt -> src.txt
```

링크 파일은 위처럼 맨 앞쪽에 l이라는 문자열이 존재하고, 파일명에 실제 가리키고 있는 원본 파일을 알 수 있는 정보가 같이 나타난다.

이는 심볼릭 링크 파일일 경우에만 해당한다. 하드 링크 파일은 어떤 파일이 링크되어 있는지 알기가 좀 까다로운데 파일시스템의 inode값을 확인해야 한다. inode 개념은 입문서의 수준을 넘어서기 때문에 여기서는 생략한다. 우선은 아래 명령어를 이용해서 각각의 파일의 inode 값을 볼 수 있으며, 같은 inode값을 가지는 파일이 하드 링크된 것이라고만 알고 있으면 된다.

```
$ ls -i
524303 Documents
524304 Music
528703 test2.c
524306 Videos
524300 Downloads
528703 test.c
528744 test.zip
```

위 그림에서 test.c 파일과 test2.c 파일이 하드 링크되어 있는 것을 알 수가 있다.

파일 찾기

특정 파일을 찾는 방법은 아래와 같다.

```
$ find . -name '*.jpg'
```

위 명령은 현재 디렉토리와 그 하위 디렉토리를 검색해서 모든 jpg 파일을 찾으라는 명령이다. 다른 예제 하나 더 살펴보자.

```
$ find / -name 'Music' -type d
```

루트 디렉토리부터 전부 검색해서 Music이라는 폴더를 찾으라는 명령이다.

그 외에도 find 명령은 매우 다양한 옵션으로 파일을 찾을 수가 있다. 예를 들어 특정 크기 이상의 파일만 찾을 수도 있다. 더 많은 옵션을 살펴보고자 한다면 help 명령을 이용하자.

```
$ find -help
```

이 외에도 특정 프로그램이나 라이브러리 파일의 위치를 찾을 때 유용한 명령어가 있다.

```
$ whereis vi
```

예제에서는 vi 실행 파일이 어디 있는지 물어보고 있다. 이 명령어는 특정 실행 파일의 위치와 실행 파일과 관련된 파일들의 위치를 알려주는 명령어이다. 이 명령어는 모든 파일을 다 찾는 명령어는 아니고 실행 파일이나 라이브러리 파일 같이 시스템 관련 디렉토리에 존재하는 파일만을 찾는다.

```
$ locate test.txt
```

이 명령어는 find와 비슷하게 동작한다. 특정 파일명을 넣으면 해당 파일명이 포함된 파일들을 검색해 준다. find보다 속도가 좀 빠르지만 다양한 옵션은 부족하다.

파일 내용 검색하기

간혹 파일명이 아니라 파일의 내용 중에서 뭔가를 찾고 싶을 경우가 있다. 특정 키워드가 파일 내용 안에 있는지 검색할 수 있는 방법이 있다.

```
$ find . -name '*.txt' | xargs grep -n test
```

현재 디렉토리와 하위 디렉토리에 있는 확장자가 txt인 파일들 중에서 저장된 내용 중에 test라는 문자열을 포함하는 파일을 찾으라는 명령이다. 또는 아래처럼 입력해도 된다.

```
$ grep -r test ./
```

현재 디렉토리와 하위 디렉토리를 검색해서 test라는 문자열을 가지고 있는 파일을 찾으라는 명령이다.

파일의 내용을 살펴보고자 한다면 아래와 같이 입력한다.

```
$ cat test.txt
```

파일이 너무 크다면 가장 끝에 몇 줄만 보고 싶을 수 있을 것이다. 아래 명령어는 끝 부분 50줄만 보여주는 명령이다. tail 명령어 반대로는 head라는 명령어도 있다. 파일의 맨 앞 줄 몇 라인만 보여주는 명령어이다.

```
$ tail -n 50 test.txt
```

파이프와 리다이렉션

리눅스 콘솔에서 작업을 하다 보면 2개 이상의 명령어를 조합해서 원하는 작업을 하는 경우가 있다. 명령어들 각각의 특징과 기능을 정확히 이해하고 조합함으로써 새로운 명령 형태 또는 복잡한 명령 형태를 수행할 수 있게 해준다. 이렇게 여러 명령어를 조합하기 위해서는 파이프와 리다이렉션의 개념을 이해하고 있어야 된다. 두 가지 개념은 비슷하지만 다르다.

파이프는 기호 |를 의미한다. 파이프는 앞쪽에서 수행된 명령어의 결과를 파이프 뒤쪽 명령어에게 전달하라는 의미이다. 뒤쪽 명령어는 앞 명령어가 수행한 결과를 가지고 적절한 결과를 다시 보여줄 수가 있게 된다. 이미 우리는 앞쪽에 있는 파일 내용 검색하기 단락에서 파이프(|)를 활용한 예제를 살펴본 적이 있다. 앞쪽 명령어는 find였고 뒤쪽 명령어는 xargs였다. 이번에는 다른 예제를 살펴보자.

```
$ ls | more
```

위 명령어는 간단하게 ls 명령어와 more라는 명령어를 파이프로 조합한 것이다. ls 명령어는 앞에서 자주 봤듯이 현재 디렉토리에 있는 파일과 하위 디렉토리 목록을 보여주는 명령어이다. 그리고 more라는 명령어는 화면에 출력할 내용을 커서키를 이용해서 한 줄씩 출력하게 해주는 명령어이다. ls 명령어를 입력했는데 보여줄 내용이 많아서 한 화면에 다 담을 수 없을 경우 위쪽에 출력된 내용은 잘리게 된다. 하지만 more 명령어를 파이프로 조합해서 수행하게 되면 전부 살펴볼 수 있다. 이처럼 more라는 명령어는 파이프와 함께 자주 사용되는 명령어이다. 아래 다른 예제를 살펴보자.

```
$ cat test.txt | more
```

이 명령어는 test.txt의 내용을 한 줄씩 키보드 커서를 이용해서 살펴볼 수 있게 해준다. 파일의 내용을 살펴보다가 종료하려면 키보드 q를 누르면 된다.

```
$ ps -aux | grep init
```

이 예제는 ps 명령어를 이용해서 시스템의 프로세스 목록을 얻어온 후에 init이라는 단어를 찾아서 해당 라인만 보여주라는 명령어이다. grep 역시 more와 마찬가지로 파이프와 같이 사용되는 대표적인 명령어이다. 앞쪽 명령어가 수행된 결과에서 특정 키워드를 찾아준다. 파이프는 2개 이상의 명령어를 연결하는 것도 가능하다. 계속 파이프를 이용해서 여러 명령어를 연결할 수도 있다.

이번에는 리다이렉트에 대해 살펴보자. 리다이렉트는 〉또는 〈 기호를 의미한다. 표준 출력 또는 표준 입력의 방향을 바꿔줄 때 사용한다. 표준 출력과 표준 입력이 좀 생소할 수 있는데 아래 예제를 보면서 살펴보자.

```
$ ls > result.txt
```

ls라는 명령어의 결과는 원래 화면에 그 내용을 보여주도록 되어 있다. 하지만 리다이렉션 기호(〉)를 입력하면 화면에 출력해야 할 결과를 result.txt라는 파일에 저장하게 할 수 있다. 이번에는 반대로 사용하는 예제를 보자.

```
$ grep init < text.txt
```

text.txt 파일을 읽어서 init이라는 단어가 있는 줄만 화면에 출력한다. 원래 grep 명령어는 키보드 입력이나 다른 명령어의 결과 입력을 기반으로 동작하는 명령어인데 리다이렉션을 이용해서 text.txt 파일의 내용을 입력으로 쓸 수 있게 해준다. 만약 리다이렉션을 이용하지 않고 파이프를 이용한다면 아래와 같이 해도 동일한 결과를 얻는다.

```
$ cat text.txt | grep init
```

리다이렉션은 화면에 출력할 내용(표준 출력)이나 사용자가 키보드로 입력한 내용(표준 입력)의 방향을 파일이나 특정 장치로 방향을 바꾸는 데 사용된다. 파이프에 비해서 조금 어려울 수 있지만 다행히 리다이렉션은 파이프에 비해서 초보자들이 많이 쓸 일은 없다.

환경 변수

환경 변수는 리눅스 시스템 위에서 동작하는 프로그램들이 프로그램 외부에서 설정한 정보를 참조할 수 있도록 설정할 수 있는 변수이다. 환경 변수는 쉘이 관리하는데, 우분투는 bash 쉘을 기반으로 동작하므로 bash 쉘이 관리해준다. 환경 변수를 설정하는 방법은 아래와 같다.

```
$ export JAVA_HOME=/usr/bin/jvm/java
```

주의할 점은 아래처럼 어디에도 스페이스를 넣으면 안 된다.

```
$ export JAVA_HOME =/usr/bin/jvm/java
$ export JAVA_HOME = /usr/bin/jvm/java
```

위 명령어는 JAVA_HOME이라는 환경 변수에 /usr/bin/jvm/java라는 값을 넣은 것이다. 만약 특정 프로그램이 사용자의 리눅스 시스템에서 자바가 어디에 있는지 궁금하다면 JAVA_HOME이라는 환경 변수를 참조하면 될 것이다. 환경 변수가 중요한 이유는 앞에서도 자주 언급했듯이 리눅스는 워낙 종류가 다양하고 배포판도 많아서 프로그램이나 라이브러리가 설치되는 위치가 정해져 있지 않다. 따라서 프로그램을 개발하는 개발자 입장에서는 프로그램이 참조해야 할 다른 프로그램이나 라이브러리의 위치를 알아내는 게 쉽지 않은 것이다. 그래서 차라리 특정 환경 변수명을 참조하도록 하고 환경 변수가 담고 있는 디렉토리 위치 정보나 버전 정보 등을 참조해서 활용하는 것이다.

현재 시스템에 설정되어 있는 환경 변수의 목록을 보고 싶다면 아래 명령을 입력하면 된다.

```
$ env
```

수많은 환경변수 목록이 나올 것이다. 이중에서 주요한 환경 변수 몇가지를 살펴보자.

표 4-5 대표적인 환경 변수 목록

HOME	사용자의 홈 디렉토리 경로
PATH	쉘이 실행파일의 위치를 찾는 경로
LANGUAGE	기본 지원 언어
SHELL	사용하고 있는 쉘 프로그램
USER	사용자 ID명
PWD	현재 디렉토리 위치

이렇게 모든 목록을 보는 게 아니라 특정 변수 하나를 보고 싶다면 아래 명령어를 입력하자.

```
$ echo $PATH
/usr/local/sbin:/usr/local/bin:/usr/sbin:/usr/bin:/sbin:/bin:/usr/games:/
usr/local/games
```

이 예제는 PATH라는 환경 변수의 값을 보여주고 있다. echo 명령어를 이용하되 환경 변수 이름 앞에 $ 기호를 붙여주면 된다.

참고로, PATH라는 환경 변수는 중요한 환경 변수 중 하나이다. 쉘은 사용자로부터 명령을 입력 받으면 해당 프로그램을 실행하기 위해서 프로그램이 있는 위치를 검색하는데 이 때 참조하는 환경 변수가 PATH이다. 따라서 PATH 환경 변수 값에 설정되어 있지 않은 디렉토리의 실행파일은 실행파일이 존재하는 경로를 명확히 지정하지 않으면 실행할 수가 없다. PATH 환경 변수에 디렉토리를 추가해 주는 명령은 아래와 같다.

```
$ export PATH=/home/jundols:$PATH
```

지금까지 환경 변수를 추가하는 명령어로 export라는 명령어를 살펴보았다. 그런데 중요한 점은 이렇게 추가한 환경 변수는 터미널 창을 종료하면 사라지게 된다는 점이다. 열심히 입력한 환경 변수 값이 사라지고 터미널 창을 새롭게 열 때마다 매번 입력하는 것은 말이 안 된다. 다행히 bash 쉘은 터미널 창을 실행할 때마다 ~/.bashrc 파일을 읽어 들여서 실행하게 되는데, 그 파일 안에 환경 변수를 설정하는 내용을 추가해주면 터미널 창을 새롭게 열 때마다 자동으로 설정되게 된다.

방법은 다음과 같다. $ vi ~/.bashrc 명령을 입력해서 파일을 연다. 해당 파일의 맨 끝줄에 아래와 같은 내용을 추가한다.

```
PATH=$PATH:/home/jundols
```

위 명령은 기존의 PATH 환경 변수에 설정된 경로에다 /home/jundols라는 디렉토리도 추가하라는 내용이다. 저장하고 다시 쉘로 나오면,

```
$ source ~/.bashrc
```

명령을 입력해서 변경된 내용을 즉시 반영하거나 터미널 창을 다시 실행해야 내용
이 반영된다.

 쉘과 쉘 스크립트란?

쉘이란 사용자가 입력한 명령을 해석해서 수행해주는 프로그램을 말한다. 특히 사용자가 입력한 프로그램을 실행해주는 게 가장 주요한 기능이다. 예를 들어,

```
$ ./test
```

위 명령은 현재 디렉토리에 있는 test라는 프로그램을 실행하라는 명령을 사용자가 쉘에게 입력한 내용이다. 쉘은 해당 명령을 해석한 다음 명령을 수행하기 위해 현재 디렉토리에서 test라는 실행파일을 찾아서 실행시켜준다. 만약 test라는 파일이 없다면 에러 메시지를 출력하는 역할도 해준다.

이런 리눅스 쉘 프로그램 중 가장 대표적인 것은 Bash Shell이다. 그 외에도 C Shell, Korn Shell 등 여러 종류의 쉘 프로그램이 있다. 이런 쉘 프로그램은 리눅스에만 있는 것이 아니라 Mac OS와 MS Windows에도 존재한다. GUI 환경이 아닌 상황에서는 쉘을 통한 명령 수행이 가장 일반적인 방법이다.

쉘 스크립트는 쉘에게 명령을 내리기 위해서 작성하는 일종의 프로그램이다. 대부분의 쉘은 프로그램을 실행시키는 능력외에도 사용자가 작성한 쉘 스크립트를 해석해서 수행해주는 능력을 가지고 있다. 사용자는 쉘 스크립트를 작성해서 쉘이 더욱 복잡한 명령을 수행하게 할 수 있다. 쉘 스크립트의 기초적인 작성법은 6장에서 다룬다.

 MS윈도우의 환경 변수와 리눅스의 환경 변수의 차이는 무엇인가?

리눅스의 환경 변수와 윈도우의 환경 변수는 그 목적이 동일하다. 특히 PATH 환경 변수는 특수한 기능을 가지고 있는데, PATH 환경 변수에 지정된 디렉토리에 있는 실행 파일은 어느 디렉토리에 있든지 실행이 가능하다. 다만 MS윈도우 환경 변수와 리눅스 환경 변수의 차이점은 문법이 약간 다르다.

정리하며

지금까지 리눅스를 콘솔에서 사용하기 위한 기본 명령어를 알아보았다. 사실, 서버용 리눅스는 거의 콘솔 모드이기 때문에 이러한 명령어들을 적재적소에 잘 활용하는 것이 리눅스의 전문가로 가는 지름길이다. 여러분이 프로그래머가 되고자 한다면 서버에서 직접 프로그램을 작성할 일이 있을 것이다. 이때도 서버 환경이 리눅스라면 이러한 리눅스 지식을 알고 있어야 한다. 그리고 서버를 관리하는 엔지니어가 되고자 한다면 번개처럼 빠른 손놀림으로 명령어를 입력하고 결과를 확인하며 진단하고 문제를 해결할 수 있어야 한다. 이 장은 이러한 리눅스 전문가로 가기 위한 최소한의 지식을 담아내었을 뿐이다. 더 깊게 파고들고 학습하는 것은 여러분의 몫으로 남겨둔다.

이제 다음 장에서는 리눅스의 가장 핵심 기능인 서버를 어떻게 구축하고 관리하는지 알아보도록 하자.

1. 콘솔을 이용해서 htop이라는 프로그램을 설치해보고 삭제를 해보자.

2. 콘솔을 이용해서 우분투 서비로부디 최신 입데이드글 빋아보사.

3. 네트워크를 끊은 상태에서 $ping google.com을 입력하면 어떤 결과가 나오는지 살펴보자.

4. 루트 계정으로 텍스트 파일을 하나 생성해보자. 그리고 생성한 파일의 소유자를 자신의 계정으로 바꿔보자.

5. VIM을 이용해서 /etc/passwd 파일을 열어서 내용을 살펴보자.

6. VIM을 이용해서 /etc/passwd 파일 안에서 자신의 계정이 어디 있는지 검색 기능을 이용해서 찾아보자.

7. 자신의 저장 장치의 남은 용량을 확인해보자.

8. 콘솔 창에 VIM을 연 후에 가만히 두고, 다른 콘솔창을 열어서 VIM 프로그램을 강제로 죽여보자.

9. 자신의 홈 디렉토리 전체를 backup.tar.gz로 압축한 다음 /home/backup이라는 폴더 아래 압축을 풀어보자

10. 자신의 홈 디렉토리에 test.txt라는 /etc/passwd 파일의 심볼릭 링크를 하나 생성해보자.

11. VIM의 실행 파일이 어디에 존재하는지 찾아보자.

12. 자신의 홈 디렉토리에 vivi라는 이름으로 VIM의 실행 파일의 심볼릭 링크를 만들어보자.

13. 위에서 새로 만든 vivi라는 실행 명령이 리눅스 디렉토리 아무곳에서나 $ vivi라고만 입력하면 실행되도록 해보자.

※ 별도로 제공되는 해답은 없습니다. 궁금한 점은 Q&A 게시판에 글을 남겨주세요.
(roadbook.zerois.net/qna)

1. 왜 MS윈도우에서는 우분투의 파일에 접근할 수 없을까?

2. 파일이나 디렉토리의 접근 권한은 어떻게 분리되어 있나?

3. 하드 링크와 심볼릭 링크는 어떤 차이가 있나?

4. VIM에는 어떤 모드가 있고, 각각의 모드는 어떤 역할을 하나?

5. VIM의 버추얼 모드는 어떤 기능일까?

6. PID란 무엇인가?

7. 파이프와 리다이렉션은 어떻게 다른가?

8. 콘솔에서 free 명령으로 메모리 사용량을 확인할 때 주의해야 할 점은 무엇인가?

9. 환경 변수를 콘솔 창을 열 때마다 매번 다시 설정하지 않으려면 어떻게 해야 하는가?

※ 별도로 제공되는 해답은 없습니다. 궁금한 점은 Q&A 게시판에 글을 남겨주세요.

(roadbook.zerois.net/qna)

5장
나만의 서버 구축하기

이 장을 시작하기 전에

우분투가 데스크탑용 운영체제로 쓰기에 문제가 없고 편하게 되어 있다고 해도, 여전히 주변에서 우분투를 쓰는 사람을 찾아보기 힘들다. 특히 우리나라는 외국에 비해서 MS윈도우를 사용하는 비율이 더 높다. 우리나라의 웹사이트들은 ActiveX를 활용한 서비스를 지속적으로 하고 있는데 이는 MS윈도우 기반의 익스플로어 웹 브라우저에만 서비스들이 정상 동작하게 만든다. 또한 게임이나 대표적인 프로그램들이 MS윈도우에서 동작하는 경우가 대부분이다. 이런 이유로 현실에선 우분투를 데스크탑 운영체제로 쓰는 경우보다 서버용 운영체제로 사용하는 경우가 많다.

서버용 운영체제에서는 MS윈도우와 리눅스의 위상이 정반대이다. 서버용 프로그램들은 MS윈도우보다 리눅스용 버전이 오히려 더 많다. 이제부터 우리도 우분투를 서버 용도로 사용하는 법에 대해서 자세히 살펴볼 것이다. 이를 위해서 굳이 우분투 서버 버전을 설치할 필요는 없다. 데스크탑 버전도 서버로 쓰는 데 전혀 문제가 없다.

서버의 기본 개념

우분투를 서버 용도로 사용하기 전에 기본적인 내용을 짚고 넘어가도록 하자. 가장 기본적으로 서버의 개념에 대해 살펴보자. 여기서 설명할 내용에 대해 이미 잘 알고 있는 독자라면 건너 뛰어도 된다.

우리는 이미 일상에서 흔하게 서버라는 단어를 많이 접하고 있다. 웹사이트에 접속할 때 접속이 느리면 "서버가 너무 느리다"라는 표현을 쓴다. 또 게임을 할 때 접속이 잘 안 되면 "서버가 불안정하다"라는 표현도 쓴다. 그 외에도 다양한 상황에서 서버라는 용어를 쓴다.

위에서 언급한 것처럼 서버는 원격지에 있는 컴퓨터이고 사용자(클라이언트)는 그 컴퓨터에 접속해서 뭔가 받아오거나 뭔가를 전송하는 작업을 한다. 사실 서버의 정확한 의미는 좀 다르지만 우선 이렇게 이해하고 넘어가자.

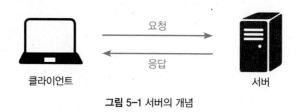

그림 5-1 서버의 개념

위 그림에서 보듯이 클라이언트가 네트워크를 통해서 서버로 서비스를 요청하면 서버는 적절한 처리를 한 후에 응답을 다시 클라이언트에게 보내게 된다. 서버는 언제 클라이언트로부터 요청을 받을지 모르기 때문에 항상 켜져 있어야 하고 네트워크에 연결되어 있어야 한다. 또한 서버에 접속하는 클라이언트가 1명이 아닐 수도 있다. 인기 있는 서비스를 제공하는 서버는 동시에 다수의 클라이언트의 요청을 처리하기도 하기 때문에 고성능 하드웨어가 필요하다.

근래에 컴퓨터를 활용하는 방식을 살펴보면 예전과 다르게 컴퓨터 단독으로 동작하는 경우보다 서버를 통해서 동작하는 경우가 더 많아지고 있다. 예를 들어서 문서 작업 같은 경우도 예전에는 MS워드나 한글처럼 컴퓨터 단독으로 동작하는 프로그램을 사용해서 문서를 작성했다면 최근에는 Google Docs처럼 서버에 문서를 저장하는 방식으로 변화하고 있다. 이렇게 서버에 데이터를 저장하게 되면 장점은 다른 컴퓨터에서도 언제든지 해당 데이터에 접근할 수 있다는 것이다. 또한 해당 데이터를 누군가와 공유하거나 복사해주는 것도 훨씬 수월하다. 또한 일반적으로 본인의 컴퓨터에 저장했을 경우보다 데이터를 잃어버리거나 여러 이유로 의도치 않게 삭제돼버릴 가능성도 더 낮다.

지금까지 서버란 무엇인지에 대해 간략하게 살펴보았다. 그런데 여기서 하나 짚고 넘어가야 할 부분이 있다. 사실 서버는 컴퓨터의 하드웨어를 지칭하는 것은 아니다. 서버는 클라이언트로부터 들어오는 다양한 요청에 대해 적절하게 서비스를 제공하는 일종의 소프트웨어를 의미한다. 혹자는 서버가 하드웨어를 의미하는 것으로 오해하기도 한다. 이는 하드웨어 제작사(HP, DELL)들이 일반 용도의 데스크탑과는 다른 서버용 컴퓨터 제품들을 따로 제작해서 팔기 때문에 생기는 오해이다. 굳이 서버용 컴퓨터들이 아니더라도 서버 소프트웨어를 설치하면 어떤 컴퓨터도 서버로 사용할 수 있다.

그림 5-2 서버용 컴퓨터

물론 서버용 컴퓨터를 사용하면 많은 장점이 있다. 일반 데스크탑 컴퓨터보다 신뢰성이 높아서 망가질 위험이 낮고, 망가지더라도 데이터를 소실하지 않도록 설계하기도 한다. 또한 하드디스크 용량이나 램 용량이 매우 크게 설계되어 있다. 프로세서도 인텔 제온^{Xeon} 프로세서를 장착해서 성능을 극대화하기도 한다. 이렇듯 일반 컴퓨터보다 좋은 성능을 가지고 있지만 가격이 비싸다.

 제온(Xeon)프로세서?

인텔이 서버용으로 만든 프로세서 모델명이다. 보통 일반 사용자들이 사용하는 컴퓨터는 프로세서로 인텔 i3, i5, i7 모델을 사용한다. 하지만 고성능 서버용 컴퓨터에서는 이런 프로세서가 아닌 서버용으로 설계된 제온 프로세서를 사용한다. 제온 프로세서도 E3, E5, E7 라인업을 가지고 있는데, E7은 최고 사양으로 i7시리즈 프로세서보다 더 많은 코어와 더 큰 캐시를 장착하고 있다. 하지만 성능에 비해 가격대가 매우 높다.

서버 소프트웨어는 목적과 용도에 따라서 그 종류가 매우 다양하다. 무료로 쓸 수 있는 공개용 서버 소프트웨어부터 고가의 상용 소프트웨어까지 수많은 소프트웨어가 있다. 따라서 자신의 환경에 따라서 그때 그때 적설한 소프트웨어를 선택해야 한다. 서버 소프트웨어의 종류와 특징에 대해서는 뒤에서 한번 살펴보도록 하자.

서버에 접속하는 동작 원리

이번에는 클라이언트가 서버에 접속하는 동작 원리에 대해 살펴보자. 원격지에 있는 서버에 접속하기 위해서는 첫 번째로 당연히 서로 물리적인 네트워크가 연결되어 있어야 한다. 컴퓨터를 네트워크에 연결하지 않으면 외부와 통신을 할 수가 없다. 두 번째로는 네트워크에 연결된 컴퓨터끼리 데이터를 주고 받기 위해서는 서로 사전에 약속한 규약이 있어야 한다. 이런 규약을 프로토콜^{Protocol}이라고 부른다. 마지막으로 이렇게 서로 약속된 규약 안에서 클라이언트는 원격지에 있는 특정 컴퓨터에 접속해서 데이터를 요청하고 응답을 받아야 한다.

이렇게 간단하게 요약했지만 사실 클라이언트가 서버에 접속하는 원리는 상당히 복잡하다. 하지만 이 책에서는 이런 내용을 자세하게 살펴보는 건 범위를 벗어나므로 기초적인 부분만 살펴보자.

컴퓨터를 물리적으로 연결하는 LAN

세상에는 다양한 종류의 네트워크가 있고, 각각의 네트워크마다 동작 원리가 다르다. 하지만 현재 가장 대중적으로 사용되는 네트워크 방식은 이더넷^{ethernet}이다(이더넷과 인터넷은 다르다). 이더넷은 워낙 일반적으로 사용되기 때문에 LAN^{LocalAreaNetwork}이라고 부르기도 한다. 랜선이니 랜카드니 하는 것들은 대부분 이더넷 네트워크 장비를 말한다. 이더넷 네트워크 구성의 핵심인 랜카드는 저마다 고유한 주소값을 가지고 있어서 멀리서 전송된 데이터를 정확하게 수신 받을 수 있도록 해준다. 이런 이더넷 주소값을 MAC Address라고 부른다. 이 외에도 많이 쓰이는 네트워크로는 무선으로 네트워크를 연결할 수 있는 방식인 Wireless LAN도 있다. 보통은 WIFI라고 부른다. 여기서는 WIFI는 다루지 않는다.

 랜(LAN)이란?

근거리 통신망이라 부르며, 서로 가까운 거리에 붙어 있는 컴퓨터들끼리 네트워크로 묶어 놓은 것을 의미한다. 좀 더 살펴보면, LAN으로 묶여 있는 컴퓨터들은 같은 네트워크 방식을 사용한다.

예를 들어 A라는 집의 공유기에 3개의 컴퓨터가 연결되어 있다면 해당 컴퓨터 3대는 서로 LAN으로 연결되어 있다고 말할 수 있다. 그런데 옆집 B라는 집의 컴퓨터는 A집과 가까울지라도 서로 LAN으로 연결되어 있다고 말할 수 없다. A집과 B집은 같은 네트워크 방식으로 엮여있지 않기 때문이다.

LAN으로 묶여 있는 네트워크는 외부와 통신하기 위해서는 반드시 게이트웨이 또는 라우터 장치가 존재한다. 집에서는 인터넷 공유기나 케이블 모뎀이 그 역할을 해준다. 인터넷 공유기나 케이블 모뎀을 기준으로 LAN의 외부, 내부를 구분 짓게 된다.

요즘엔 대부분 이더넷을 이용해서 LAN을 구성한다. 쉽게 이야기해서 인터넷 공유기를 이용해서 여러 컴퓨터를 공유기에 물리는 것이 바로 이더넷으로 LAN을 구성한 것이다.

LAN에 연결된 랜카드들은 각자 고유한 물리 주소값을 가지고 있는데 이를 MAC Address라고 부른다. MAC Address는 LAN 내부에서만 사용되기 때문에 IP 주소로 서로를 구분 짓는 인터넷과 방식이 다르다. 이때 이 둘을 매칭해주는 프로토콜이 ARP(Address Resolution Protocol)이다.

인터넷 공유기(게이트웨이)가 내부 컴퓨터인 123.123.123.123에게 전달할 데이터를 외부에서 수신 받았다고 하자. 그러면 공유기는 ARP Request를 LAN 내부에 있는 모든 컴퓨터에게 전송한다. ARP Request는 123.123.123.123인 IP를 사용중인 컴퓨터의 MAC Address를 알려달라는 프로토콜이다. 프로토콜을 수신 받은 모든 내부 컴퓨터 중에서 123.123.123.123을 사용중인 컴퓨터가 있다면 그에 대한 응답으로 자신의 MAC Address를 보내준다. 이를 ARP Response라고 한다.

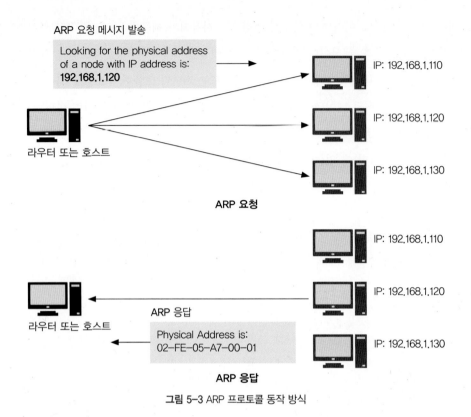

ARP 요청 메시지 발송

Looking for the physical address
of a node with IP address is:
192.168.1.120

라우터 또는 호스트

IP: 192.168.1.110

IP: 192.168.1.120

IP: 192.168.1.130

ARP 요청

IP: 192.168.1.110

IP: 192.168.1.120

라우터 또는 호스트

ARP 응답

Physical Address is:
02-FE-05-A7-00-01

IP: 192.168.1.130

ARP 응답

그림 5-3 ARP 프로토콜 동작 방식

컴퓨터에 장착되어 있는 랜카드에 랜선을 이용해서 인터넷 공유기 또는 케이블 모뎀과 연결을 했다면 물리적으로 네트워크가 연결된 것이다. 즉, 컴퓨터로 인터넷을 쓸 수 있는 연결을 완료한 것이다.

보통 사용자 입장에서 인터넷에 연결한다는 것은 케이블 모뎀이나 인터넷 공유기 같은 장치에 컴퓨터를 연결하는 것만 하면 된다. 하지만 실제로 그것은 단지 인터넷에 들어가는 시작점을 연결한 것에 불과하다.

컴퓨터와 케이블 모뎀까지는 이더넷 케이블로 연결되지만 케이블 모뎀 반대편은 다른 네트워크 세상이 펼쳐진다. 케이블 모뎀은 망 사업자로 연결된다. 이때 사용하는 네트워크는 이더넷 방식이 아닌 다른 네트워크 방식(예를 들면 DSL)을 사용한다.

망 사업자는 다시 인터넷 백본^{Backbone} 망과 연결이 된다. 인터넷 백본 망은 해외에 있는 컴퓨터와 통신을 하기 위해 바다 속 해저 광케이블을 지나서 전세계로 뻗어 나가게 된다.

이렇듯 인터넷이라는 거대하고 수많은 네트워크의 조합에서 보자면 사용자가 사용하는 이더넷 네트워크는 매우 작은 부분에 불과하다.

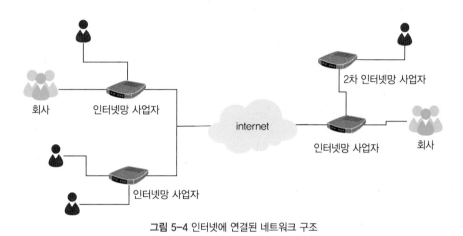

그림 5-4 인터넷에 연결된 네트워크 구조

위 그림처럼 인터넷은 사용자가 사용하는 이더넷 네트워크 외에도 수많은 종류의 다양한 네트워크가 혼재되어 있다. 이런 다양한 종류의 네트워크들이 서로 데이터를 주고 받고 통신을 원활하게 하기 위해서는 모든 네트워크가 이해하고 호환이 될 수 있는 공통의 규약이 필요하다. 인터넷을 이루는 가장 중요한 규약인 TCP/IP가 바로 그것이다.

TCP/IP 프로토콜

다양한 네트워크로 연결된 컴퓨터끼리 데이터를 주고 받으려면 서로 호환이 되는 규약이 필요하다. 데이터를 주고 받을 때 사용하는 가장 대표적인 규약은 인터넷이라는 거대한 망을 이용할 때 사용하는 TCP/IP라는 프로토콜이다.

TCP/IP 규약만 호환되도록 네트워크를 설계한다면 어떠한 새로운 네트워크도 인터넷에 연결될 수가 있다. TCP/IP는 네트워크 망에 독립적인 규약이다. 즉, TCP/IP 규약은 물리적인 전송 방식에 대해서는 규정을 정해놓지 않고 있다. TCP/IP 프로토콜은 인터넷을 통해서 데이터를 주고 받을 때 사용하는 가장 대표적인 프로토콜 2개를 의미한다. 하나는 TCP^Transmission Control Protocol이고 또 하나는 IP^Internet Protocol이다. 하지만 이것 외에도 인터넷을 구성하는 프로토콜은 종류가 더 많다.

 프로토콜이 필요한 이유

표준을 만든다는 것은 서로가 지켜야 할 규약을 만든다는 것이다. 하드웨어 표준이면 물리적인 크기, 핀 개수, 전기적 특성 같은 내용들이 표준으로 정의될 부분들일 것이다. 소프트웨어, 그 중에서도 프로토콜 표준은 서로 주고 받는 데이터의 구조와 방식에 대한 약속이다. 예를 들어 아래 IP 프로토콜의 데이터 구조를 보여주는 그림을 보자.

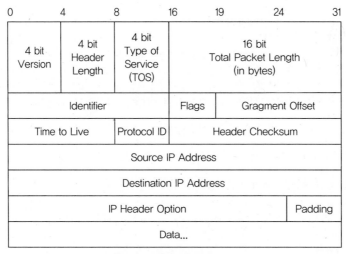

그림 5-5 IP 프로토콜 데이터 구조

그림에서 보듯이 다양한 항목이 있다. 각 항목들은 반드시 위 그림처럼 정해진 크기와 위치에 적절하게 작성되어서 전송되어야 한다. Source IP Address는 반드시 13번째 바이트(위 그림에서 한 줄이 4바이트이다)에 들어있어야 한다. 이런 규약을 지키지 않으면 해당 IP 프로토콜을 수신한 컴퓨터는 제대로 정보를 해석할 수가 없다.

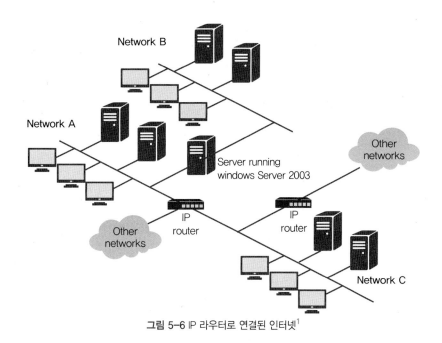

그림 5-6 IP 라우터로 연결된 인터넷[1]

    우선 IP에 대해 살펴보자. IP는 자주 듣는 용어이어서 다들 익숙할 것이다. 인터넷에 연결된 컴퓨터는 반드시 고유한 IP 주소를 가지고 있다. xxx.xxx.xxx.xxx처럼 세자리 숫자가 점(.)을 기준으로 분리되어 4부분으로 표현된다.

    예를 들면 211.223.049.008(앞쪽 0은 생략 가능) 이런 식이다. 상대방의 IP 주소만 알면 상대방이 전세계 어디에 있든 접속할 수가 있다(정확하게 따지자면 이 말은 틀리다. 나중에 살펴볼 것이다). 이게 가능한 이유는 인터넷 망 중간 중간에 라우터라고 불리는 중계 장치가 붙어 있는데, 이 중계기들이 목적지 IP 주소를 살펴봐서 어디로 데이터를 보내야 할지 판단해 주기 때문이다. 이를 IP 라우팅이라고 한다. [그림 5-6]에서 보듯이 사용자가 전송한 데이터는 항상 중요한 지점에서 라우터를 만나게 되고 라우터는 해당 데이터를 적절한 네트워크로 전달해준다. 아래 [그림 5-7]에서 이런 내용에 대해 보여주고 있다.

---

1 https://msdn.microsoft.com/ko-kr/library/cc785246(v=ws.10).aspx

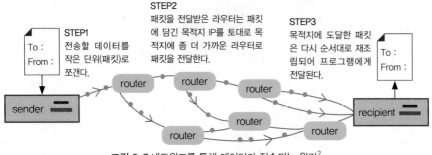

그림 5-7 네트워크를 통해 데이터가 전송되는 원리[2]

TCP는 사용자가 전송한 데이터가 인터넷을 통해서 다른 컴퓨터로 전송되는 도중에 깨지거나 변조가 되지 않도록 해주는 규약을 담고 있다. 사용자가 데이터 전송을 요청하면 컴퓨터는 해당 데이터를 적절하게 작은 크기로 쪼개서 전송하는데, 이를 패킷[Packet]이라고 부른다. TCP는 이런 패킷이 전송되는 도중에 전송 순서가 바뀌거나 내용이 바뀌지 않도록 모든 패킷의 앞쪽에 각각 패킷의 순서와 패킷의 에러를 체크할 수 있는 확인값을 같이 첨부해서 보내게 된다. 그러면 패킷을 수신 받는 쪽 컴퓨터는 수신된 다량의 패킷을 순서대로 다시 정렬한 다음에 에러를 체크하고 에러가 없으면 해당 데이터를 기다리고 있는 서버 소프트웨어에게 전달해 준다.

지금까지 살펴본 것처럼 TCP/IP는 단지 전송 규약이다. TCP/IP의 목적은 사용자가 보내고자 하는 데이터를 정확한 목적지까지 오류 없이 보내는 것을 목표로 하는 규약이다. 최종적으로 정확하게 목적지에 도착한 데이터는 해당 데이터를 기다리고 있는 적절한 프로그램에게 전달이 되어야 하는 것이다. 예시를 하나 살펴보자.

---

2 http://www.billslater.com/internet

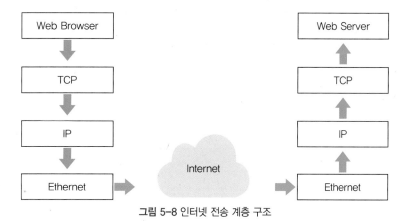

그림 5-8 인터넷 전송 계층 구조

[그림 5-8]에서 보듯이 최초에 데이터를 전송하고자 하는 소프트웨어는 웹 브라우저이다. TCP/IP는 웹 브라우저가 보내려는 데이터를 목적지에 정확하게 보내는 역할을 해준다. 수신측 컴퓨터는 웹 브라우저가 보낸 데이터를 웹 서버에게 전달해 준다. 그러면 웹 서버는 적절한 처리 후에 응답 데이터를 다시 송신측 어플리케이션인 웹 브라우저에게 전송한다. 이렇듯 인터넷은 전송 구조가 계층적으로 설계되어 있다. 물리 계층 위에 IP 계층이 있고 IP 계층 위에 TCP 계층이 있다. TCP 계층 위에는 수많은 상위 프로토콜(예를 들면 HTTP)들이 존재한다.

사실 실제 인터넷은 지금까지 설명한 것보다 더 많은 계층으로 나뉘어져 있다. 또 더 복잡하고 더 많은 프로토콜이 있지만 이런 이론적인 부분을 일일이 설명하는 것은 이 책의 주제를 벗어나므로 생략한다. 대신 어떤 프로토콜들이 있는지 아래 그림을 보면서 한번 살펴보는 것으로 하자.

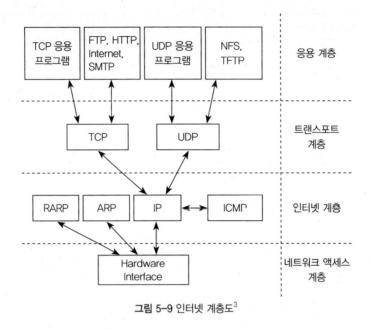

그림 5-9 인터넷 계층도[3]

　[그림 5-9]는 인터넷의 계층 구조와 각각 계층에 해당하는 프로토콜 목록을 보여 주고 있다. [그림 5-9]처럼 TCP 프로토콜을 기반으로 동작하는 대표적인 상위 프로토콜은 FTP, HTTP, Telnet 같은 것들이 있다.

　트랜스포트 계층에는 TCP와 같은 역할을 하는 비슷한 프로토콜로 UDP라는 것이 있다. UDP도 패킷을 전송하는 목적을 가지고 있지만 TCP처럼 목적지에 데이터를 신뢰성 있게 전송하려는 특성이 없고 최대한 전달이 되도록 노력은 하되 중간에 망가지거나 사라질 수도 있는 특성을 가지고 있다. 대신에 동일 조건에서 UDP의 전송 속도가 TCP보다 빠르다. UDP에는 수신측 컴퓨터가 패킷을 잘 받았는지·확인하는 과정이 없기 때문이다. 따라서 TCP와 UDP 중 어떤 것이 좋은가는 상황에 따라서 다르기 때문에 판단하기 어렵다. UDP는 음성 전달, 영상 전달처럼 중간에 데이터가 소실돼도 서비스 제공에 큰 문제가 없는 곳에서 주로 사용된다. 대부분의 상위 프로토콜들은 TCP 기반으로 동작하는 경우가 많다. 그래서 TCP/IP라고 부르는 것이다.

3　http://jkkang.net/unix/netprg/chap1/net1_2.html

 **IP와 TCP란?**

IP와 IP Address를 혼동하면 안 된다. IP(Internet Protocol)는 인터넷에서 데이터를 주고 받을 때 목적지와 발신지를 지정하는 규약이다. IP Address는 IP 통신을 하기 위한 숫자로된 주소 값을 말한다. IP나 TCP나 전부 소프트웨어적으로 구현이 되는 프로토콜이다. IP나 TCP 프로토콜은 최상위에 있는 어플리케이션 프로토콜이 아닌 기본에 가까운 프로토콜이고 표준이기 때문에 어느 운영체제든지 커널에 구현되어 있다. 윈도우나 리눅스가 TCP를 구현한 코드가 다르게 작성되었다 할지라도 동작 방식은 거의 동일하다.

포트(Port)에 대하여

여기까지 왔다면 클라이언트로부터 전송된 데이터는 머나먼 길을 지나서 드디어 목적지 컴퓨터에 도착했을 것이다. 목적지에 도착했으니 여행이 끝난 것 같지만 아직 거쳐야 할 단계가 하나 더 남아있다. 바로 포트 번호 확인이다.

컴퓨터에 송수신되는 수많은 데이터들이 항상 하나의 프로그램에서만 전송되고 수신되는 건 아니다. 사용자는 웹 서핑을 하면서 동시에 온라인 게임을 할 수도 있고, 인터넷을 통해서 음악을 들을 수도 있다. 이렇게 다양한 프로그램이 동시에 데이터를 주고 받는다고 해도 전송에 이용되는 네트워크 라인은 하나이다. 여러 프로그램이 하나의 네트워크 라인을 공유하게 되는 것이다. 이럴 경우 어떤 데이터가 어떤 어플리케이션에서 보낸 건지, 방금 수신한 데이터를 어떤 어플리케이션에게 건네줘야 하는지를 결정하는 게 바로 포트라는 것이다.

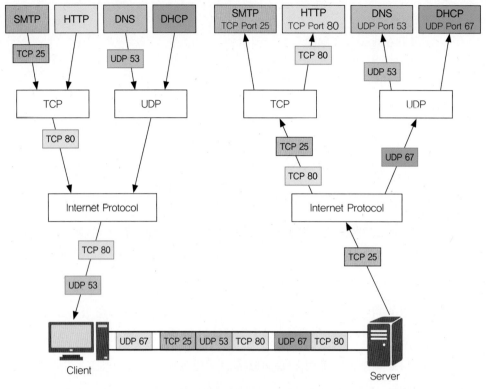

그림 5-10 포트의 개념[4]

그림 예제를 한번 살펴보자. 왼쪽에 있는 클라이언트 컴퓨터에는 4개의 프로그램이 동작 중에 있다. SMTP 프로그램은 서버의 TCP 25번 포트로 데이터를 전송하고 있다. 서버 TCP 80번 포트를 향해서 전달되고 있는 데이터도 있는데 이는 HTTP 프로그램이 전송한 것이다. DNS 프로그램은 서버 UDP 53번 포트로 전달하는 데이터를 전송 중에 있다. 클라이언트 컴퓨터에서 출발한 데이터는 목적지 서버의 IP와 포트 번호만 있으면 서버에 도착해서 적절한 서버 프로그램에게 전달되게 된다.

서버 프로그램에 전달된 데이터가 잘 처리되면 처리 결과를 다시 클라이언트에게 전달해야 한다. 이때에는 클라이언트가 서버로 데이터를 보낼 때와는 반대로 클라이

4 http://www.tcpipguide.com/free/t_TCPIPPortsTransportLayerTCPUDPAddressing-2.htm

언트의 IP 주소와 포트 번호를 목적지로 정확하게 설정하고 보내줘야 한다. 따라서 클라이언트는 서버로 데이터를 보낼 때 자신의 IP 주소와 해당 데이터를 수신할 자신의 포트 정보를 같이 실어서 보내준다.

일반적으로 클라이언트측의 포트 번호는 따로 사용자가 설정해주지 않는다. 서버로 데이터를 전송할 때 자신의 수신 포트를 같이 알려주기 때문에 운영체제가 알아서 수신용으로 임의의 포트 번호를 지정한다.

하지만 서버측 포트 번호는 중요하다. 클라이언트는 서버에 접속할 때 서버 IP 외에도 서버 포트 번호를 같이 알아야 한다. 따라서 서버 프로그램이 동작할 때마다 포트 번호가 임의로 할당되게 되면 클라이언트가 제대로 서버 프로그램에 접속할 수가 없게 된다. 따라서 서버 프로그램은 프로그램 구동 시에 반드시 어떤 포트 번호를 사용할지 지정해 주게 되어 있다.

그런데 평소에 우리는 인터넷을 할 때 포트 번호를 신경 쓰지 않고 서버에 접속하는 경우가 대부분이다. 예를 들어 네이버에 접속한다고 하자. 그러면 웹 브라우저에 http://www.naver.com이라고만 적으면 네이버 웹 서버에 접속해서 정보를 얻어온다. 원래 정확하게 접속하자면 http://www.naver.com:80이라고 적어야 한다. 여기서 80이라는 숫자는 네이버 서버에 80번 포트로 접속하라는 의미이다.

왜 서버에 접속할 때 반드시 알아야 하는 포트 번호를 생략해도 문제가 없었을까? 이유는 웹 서버는 TCP 80번 포트를 쓴다는 약속이 되어 있기 때문이다. 특별한 경우가 아니면 대부분의 웹 서버는 전부 TCP 80번 포트를 사용한다. 따라서 웹 브라우저는 사용자가 포트 번호를 생략하면 자동으로 서버에 접속할 때 80번으로 접속하게 되는 것이다. 이렇게 목적이 정해져 있는 포트 번호를 Well-Known 포트 번호라고 부른다. 아래 표는 대표적인 Well-Known 포트 리스트를 보여 준다.

아래 표에 적힌 번호 외에도 상당히 많이 있다.

Port Number	Protocol	Application
20	TCP	FTP Data
21	TCP	FTP Control
22	TCP	SSH
23	TCP	Telnet
25	TCP	SMTP
53	UDP, TCP	DNS
67, 68	UDP	DHCP
69	UDP	TFTP
80	TCP	HTTP
110	TCP	POP3
161	UDP	SNMP
443	TCP	SSL
16, 384, 32, 767	UDP	RTP-based Voice and Video

그림 5-11 Well-Known 포트 번호

물론 위 그림에 적혀진 포트 번호를 반드시 해당 프로그램용으로 사용하지 않아도 된다. 예를 들어 웹 서버를 8080번 포트에 할당해서 서비스 하는 경우도 있다. 물론 이런 경우 웹 브라우저가 서버에 접속할 때 반드시 명시적으로 http://www.webserver.co.kr:8080처럼 포트 번호를 지정해 주어야 한다.

끝으로 포트의 개수에 대해 살펴보자. 한 컴퓨터가 사용할 수 있는 포트 번호는 무한하지 않다. 한 컴퓨터가 연결할 수 있는 최대 포트 개수는 65535개이다(16비트 최대 표현수). 따라서 서버가 한번에 접속을 수용할 수 있는 클라이언트 수도 제한이 있게 된다.

서버의 종류

이번에는 주요 서버에는 어떤 것들이 있는지 살펴보자. 이미 알고 있는 서버도 있을 것이고 생소한 서버도 있을 것이다. 여기에 소개한 서버 종류는 대표적이고 프로토콜이 표준으로 공개된 서버들이다. 게임 서버라든지 메신저 서버는 특정 기업에 종속되어 개발되기 때문에 사양이나 클라이언트와 주고 받는 프로토콜 형식이 대부분 비공개이다.

웹 서버(HTTP) (Port 80)

웹 서버는 인터넷을 할 때 가장 많이 사용하는 웹 서비스를 제공하기 위한 서버를 말한다. 웹 서비스를 이용하기 위해서는 클라이언트 프로그램으로 웹 브라우저를 사용한다.

가장 대표적인 웹 브라우저는 인터넷 익스플로어, 크롬, 파이어폭스 같은 것들이다. 이런 웹 브라우저는 HTTP^{HyperText Transfer Protocol}라는 규약을 이용해서 웹 서버와 통신하게 되는 것이다. 웹브라우저도 수많은 종류가 존재하듯이 웹 서버도 제품이 매우 다양하다. 이렇게 다양한 종류가 있음에도 서로 데이터를 주고 받는 데 전혀 문제가 안 되는 것은 HTTP라는 규약 덕분이다. 상대방이 어떤 소프트웨어인지 상관하지 않고 서로 주고 받는 데이터인 HTTP의 규약만 정확하게 지키면 동작하는 데 문제가 없다. 그럼 리눅스에서 사용하는 대표적인 웹 서버를 살펴보자.

아파치(Apache)

그림 5-12 아파치 웹 서버 로고

가장 대표적인 웹 서버다. 현재 가장 많이 사용되고 있는 웹 서버다. 그 역사도 매우 오래되어서 1995년부터 개발되기 시작했다. 웹과 그 역사를 같이 했다고 해도 과언이 아니다. 그 오래된 역사만큼이나 많은 업데이트가 이루어져서 안정성에서 인정받고 있다. 아파치 소프트웨어 재단에서 개발하고 있으며 리눅스 외에도 BSD, Mac OS, MS Windows용 버전도 존재한다. 무료로 사용할 수 있다.

nginx

그림 5-13 nginx 로고

아파치의 아성에 도전하는 차세대 웹 서버로 각광받고 있다. 아직 아파치 웹 서버의 점유율에는 한참 못 미치지만 시장 점유율이 계속 높아지고 있다. 사실 아파치 웹 서버가 너무 오랫동안 개발되다 보니 핵심 로직이나 프로그램의 설계 등이 현대에는 좀 안 어울리는 부분이 있다. 서버 프로그램들은 특성상 안전성 때문에 민감한 부분은 잘 손대지 않는 경우가 많다. 이럴 경우 대안으로 차세대 프로그램들이 떠오르는 경우가 있는데 nginx도 그런 경우이다. nginx는 꼭 필요한 기능만 제공해서 프로그램을 가볍게 만들고 아파치에 비해서 성능을 개선했다.

FTP 서버 (Port 21)

FTP^{File Transfer Protocol}는 가장 대표적인 파일 전송 프로토콜이다. 서버에 파일을 올리거나 내려 받을 때 사용하는 프로토콜이다. 파일 전송 프로토콜 중에는 가장 오래된 축에 속하지만 지금도 자주 사용된다. 비슷한 목적을 가진 프로토콜로는 NFS, SMB, WebDAV 같은 것들이 있다.

FTP 서버 프로그램에는 대표적으로 ProFTPD와 vsftpd 같은 프로그램이 있다. 기본적인 기능에서는 두 프로그램 다 사용하기에 큰 무리가 없다. 우분투는 기본적으로 vsftpd를 사용한다.

SSH 서버 (Port 22)

SSH 서버는 원격지에서 서버에 터미널로 접속하는 것을 가능하게 해주는 서버이다. 클라이언트가 SSH 서버에 원격으로 접속하면 터미널 창에서 할 수 있는 모든 시스템 관리 작업을 원격에서 할 수 있기 때문에 대부분의 서버에 가장 기본적으로 설치되는 서비스이다.

SSH를 사용하기 이전에는 Telnet이라는 프로토콜을 가장 많이 사용했는데, Telnet은 서버와 주고 받는 데이터를 암호화하지 않기 때문에 중간에 악의적으로 데이터를 가로채서 분석하면 중요한 정보가 노출될 수 있다는 보안상 문제점이 있다. 따라서 최근에는 보안성이 강화된 SSH를 대부분 사용한다. SSH를 이용하기 위해서는 클라이언트측에서는 SSH 클라이언트 프로그램을 이용해야 하는데 PuTTY, XShell 같은 프로그램이 대표적이다.

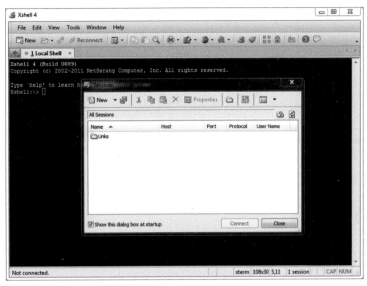

그림 5-14 XShell 실행 화면

서버측에서 SSH 서버를 구축하는 데 가장 많이 사용되는 프로그램은 OpenSSH 이다. 우분투도 OpenSSH를 SSH 서버로 사용하고 있다.

메일(SMTP) 서버 (Port 25)

대부분의 사용자들은 메일을 주거나 받을 때에 네이버 메일이나 구글 지메일처럼 기업체가 제공해주는 메일 서비스를 사용한다. 하지만 자신의 서버에 메일 서버를 설치한다면 자신만의 메일 서버를 구축할 수 있다. 예를 들어 root@mydomain.com처럼 자신의 도메인을 기준으로 메일 계정을 만들 수도 있는 것이다.

인터넷으로 메일을 주고 받을 때 사용되는 프로토콜은 SMTP$^{Simple Mail Transfer Protocol}$ 이다. 메일 서버는 메일을 보내고자 하는 목적지 서버에 SMTP 프로토콜로 메일을 전송한다. 메일을 수신 받은 메일 서버는 사용자가 메일을 확인하기 전까지 서버에 메일을 저장하고 있다가 사용자가 아웃룩 같은 메일 클라이언트를 이용해서 서버에 접속하면 저장하고 있던 메일을 가져갈 수 있도록 해준다. 아웃룩 같은 메일 클라이언트 프로그램은 서버에 접속해서 메일을 읽어 가는데 이때 사용하는 프로토콜은 POP3나 IMAP 프로토콜을 사용한다.

즉, 메일 서버간에 메일을 주고 받을 때에나 메일 클라이언트가 메일 서버로 메일을 전달할 때에는 SMTP 프로토콜을 사용하고, 메일 클라이언트가 자신에게 수신된 메일을 서버로부터 받아올 때에는 POP3 또는 IMAP 프로토콜을 이용하게 된다.

대표적인 SMTP 서버에는 qmail, postfix, sendmail 같은 프로그램들이 있다. 우분투에는 셋 다 설치할 수 있지만 postfix를 설치하는 것을 추천하고 있다.

서버를 구축하려면 알아야 하는 지식들

우분투를 이용해서 본격적으로 서버를 구축하기 전에 서버를 구축하는 데 필요한 지식을 좀더 살펴보자. 서버를 구축하는 방법에는 여러 가지가 있다. 하나씩 살펴보면서 자신에게 맞는 방법을 찾아보자.

서버를 구축하는 다양한 방법들

IDC 센터에 입주하기

IDC^{Internet Data Center}는 서버를 운영하고자 하는 고객에게 초고속 인터넷 망과 온도, 습도가 관리되는 클린룸, 정전에 대비할 수 있는 장치, 외부 침입 공격에 대한 모니터링 등 서버 전반에 대한 관리를 대신해주는 업체를 말한다.

IDC 센터에 입주하기 위해서는 보통 서버용 컴퓨터를 별도로 구입하거나 IDC 센터에서 임대 받아서 사용하게 된다. IDC 센터에 입주하게 되면 안정적이고 신뢰성 있는 서비스를 제공받을 수 있겠지만 비용이 비싼 편이어서 취미용이나 개인용으로 IDC에 입주하는 것은 일반적이지 않다.

서버 호스팅 이용하기

대형 사이트나 회사 규모의 웹사이트를 구축하는 게 아니면 보통 홈페이지를 구축할 때 웹호스팅 서비스를 많이 이용한다. 최근에는 이와 비슷한 상품인 서버 호스팅 서비스를 제공하는 업체들이 생겼다.

웹호스팅이 웹페이지를 만드는 기능만 제공한다면 서버 호스팅은 자신만의 서버를 쓸 수 있도록 제공하는 서비스이다. 서버 자체를 호스팅 받기 때문에 서버에 자신이 원하는 서버 프로그램을 설치하거나 셋팅하는 데 제약을 받지 않는다. IDC에 입주하는 것에 비해서 가격도 훨씬 저렴하다.

가장 유명한 서버 호스팅은 Amazon의 EC2 서비스이다. 유명한 기업들도 사용할 정도로 안정적이지만 비용이 개인이 쓰기에는 저렴하지는 않다(물론 저렴만 상품도 있지만 성능이 좋지 않다). 개인이 사용하기에 적당한 업체인 카페24^{cafe24.com}에서는 월 5,000원 수준으로 서버 호스팅 서비스를 제공하는 상품도 있다. 처음 서버를 공부하기엔 무난하다.

서버 호스팅의 경우 실제 서버 컴퓨터 한대를 온전히 혼자 쓰는 경우가 아니라 서버 컴퓨터 위에 가상머신을 돌려서 다수의 사용자에게 제공하는 경우가 대부분이다. 따라서 서버 호스팅을 제공 받는 사용자는 서버 컴퓨터를 혼자 쓰는 것처럼 느껴지지만 실제로는 다수의 사용자들과 하드웨어를 공유하게 된다. 이런 이유로 가상 서버 호스팅은 서버 성능이나 메모리 용량, 하드 용량에 있어서는 조금 부족한 부분이 있다.

또한 서버 호스팅은 네트워크 트래픽 발생량에 따라서 비용이 추가될 수도 있다. 자신의 서버에 데이터 전송이 많이 발생하는 프로그램(웹하드 같은)을 설치했다면 추가 비용이 발생한다.

집에 서버 구축하기

자신의 집에서도 서버를 구축할 수 있다. 이럴 경우 비용이 많이 들지 않는다는 장점이 있다. 또한 좋은 성능의 컴퓨터를 가지고 서버를 돌리면 서버 호스팅을 이용하는 것보다 속도가 더 빠른 서버를 구축할 수도 있다. 다만 집에서 서버를 만들어서 동작시키려면 몇 가지 고려해야 할 사항이 있다.

첫 번째는 전기세이다. 서버는 특성상 24시간 365일 항상 켜두어야 하기 때문에 가정용 전기처럼 누진세가 있는 경우에는 부담이 된다. 24시간 컴퓨터를 동작시키면 생각보다 전기 소비가 만만치 않다. 그래서 집에서 서버를 돌리는 경우 보통 저전력 데스크톱이나 노트북 또는 작은 임베디드 보드(예를 들면 라즈베리파이 보드) 같이 전기를 적게 소비하는 하드웨어를 활용하기도 한다.

그림 5-15 라즈베리 파이 임베디드 보드

위 그림에서 보듯이 라즈베리 파이처럼 작은 임베디드 보드를 이용하면 공간도 절약할 수 있고, 데스크탑처럼 방열팬도 없어서 조용하며, 전기도 훨씬 적게 소비한다. 다만 전기를 적게 소비하는 대신에 성능이 데스크탑에 비해서 떨어지므로 많은 사람이 동시에 접속하는 서비스를 구축하기엔 무리가 있다.

두 번째로 고려해야 할 사항은 인터넷 선이다. 서버는 그 특성상 반드시 컴퓨터가 네트워크에 연결되어 있어서 외부에서 들어오는 클라이언트의 요청을 받을 수 있어야 한다. 물론 네트워크가 연결되어 있지 않아도 컴퓨터에 서버 소프트웨어를 설치할 수 있고 서버를 만들 수도 있다. 이럴 경우 서버 컴퓨터는 자기 스스로만 자기가 구축한 서버에 접속할 수 있다(이걸 로컬 접속이라고 부른다). 그 외에는 아무도 접속할 수 없다.

다행히 우리나라는 세계적으로도 인터넷 속도가 빠르고 도시권이라면 전국 어디라도 초고속 인터넷망을 가정에 설치할 수 있다. 집에서 서버를 구축하고 운영하기에 좋은 환경이다. 하지만 가정에 들어오는 초고속 인터넷망은 고정IP 주소가 아닌 유동 IP 주소를 제공한다. 유동 IP는 IP 주소가 고정적이지 않고 바뀔 수 있기 때문에 서버를 운영하기에는 치명적이다. 이 문제를 해결하기 위해서는 DDNS 서비스를 이용해야 한다. DDNS에 대해서는 뒤에서 자세히 살펴보자.

또한 우리나라의 인터넷 망 제공 업체는 80번 포트를 막아놓은 경우가 있다. 이럴 경우 가장 중요한 서버인 웹 서버를 80번 포트로 동작시킬 수가 없다. 이럴 경우에는 80번이 아닌 다른 포트로 웹 서버를 운영하든지, 다른 방법을 사용해야 한다. 이 외에도 몇 가지 더 고려해야 할 사항이 있는데 뒤에서 다시 자세히 살펴보도록 하자.

집에서 서버를 구축할 때 알아야 하는 사항

유동 IP 주소

인터넷에 연결된 모든 장치는 인터넷 상에서 자신을 식별할 수 있는 고유한 주소값을 가져야 한다. 이를 IP 주소라고 부른다. 모든 장치가 고유한 주소를 가지기 때문에 전 세계 어디에 있는 컴퓨터라도 접속할 수가 있는 것이다.

문제는 인터넷에 접속하는 컴퓨터가 폭발적으로 증가하는 바람에 현재 인터넷 망을 지탱하고 있는 IP 주소가 대부분 고갈되고 부족하다는 점이다. 따라서 모든 인터넷 사용자들에게 전부 고유한 IP 주소를 제공하기가 어렵다.

이를 해결하기 위해서 초고속 인터넷 사업자는 유동 IP주소 할당이라는 방법을 쓴다. 유동 IP 주소 할당은 현재 인터넷을 사용하고 있는 사용자들에게만 IP 주소를 할당하고 인터넷을 안 쓰고 있는 사용자들은 주소를 회수하는 방식이다. 따라서 초고속 인터넷 사업자 입장에서는 가입한 모든 사용자 숫자만큼 IP 주소를 확보하고 있지 않아도 된다. 인터넷 사업자 입장에서는 좋은 방법이지만 집에서 서버를 운영하고 싶은 사용자 입장에서는 IP 주소가 바뀌게 되면 서버를 운영할 수가 없다.

해결책은 있다. 유동 IP 주소 환경에서 서버를 운영하려면 DDNS^{Dynamic Domain Name Service}를 이용하면 된다. DDNS는 사용자의 IP 주소가 변경되면 도메인에 연결된 IP 주소를 새로 갱신함으로써 도메인 주소만 알면 접속이 가능하도록 해주는 서비스이다.

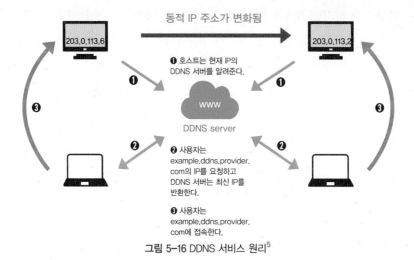

동적 IP 주소가 변화됨

203.0.113.6

203.0.113.2

❶ 호스트는 현재 IP의 DDNS 서버를 알려준다.

❸

❶

❶

❸

WWW

DDNS server

❷

❷

❷ 사용자는 example.ddns.provider. com의 IP를 요청하고 DDNS 서버는 최신 IP를 반환한다.

❸ 사용자는 example.ddns.provider. com에 접속한다.

그림 5-16 DDNS 서비스 원리[5]

그림을 통해서 한번 살펴보자. 서버 컴퓨터는 자신의 IP 주소를 계속 모니터링하고 있는다. 만약 자신의 IP 주소가 바뀌었다는 사실을 알게 되면 새롭게 바뀐 IP 주소를 DDNS 서버로 전송한다. 서버에 접속하고자 하는 사용자는 DDNS 서버에 서버의 IP 주소가 무엇인지를 물어보게 된다.

위 그림에서는 사용자가 example.ddns-provider.com에 접속하려고 한다. 그러면 클라이언트 컴퓨터는 DDNS 서버에게 example.ddns-provider.com의 IP 주소가 무엇인지를 물어본다. DDNS 서버는 마지막으로 갱신된 example.ddns-provider.com 서버의 IP 주소를 알려준다. 그러면 사용자는 DDNS 서버가 알려준 IP 주소로 접속을 하게 된다.

이렇듯 사용자가 서버에 IP 주소로 직접 접속하는 게 아니라 도메인을 통해서 접속하게 되면 도메인을 IP 주소로 변환하는 과정이 필요하다. DDNS 서버는 이 과정에서 요청이 들어오면 그때 그때 바뀐 IP 주소를 알려주게 된다.

DDNS 서비스를 사용하려면 몇 가지 제약이 있다. 우선 인터넷 도메인 주소를 가지고 있어야 한다는 점이다. 인터넷 도메인 주소는 사용자가 IP 주소를 전부 외우기

5 http://blogs.cisco.com/security/dynamic-detection-of-malicious-ddns

가 어려우니 알기 쉬운 영문자로 IP 주소를 대체해주는 주소이다. 예를 들어, http://www.google.com으로 접속하나 http://1.255.22.118로 접속하나 동일한 서버로 접속한다. www.google.com 도메인은 1.255.22.118 IP 주소를 대체하는 주소이기 때문이다.

> 정확하게 살펴보자면 www.google.com과 1.255.22.118은 동일하지 않다. 구글에는 서버가 많기 때문에 같은 도메인으로 접속해도 그때마다 다른 서버에 접속할 수도 있다. 물론 같은 내용을 보여주기 때문에 사용자는 눈치채지 못한다.

따라서 DDNS 서비스를 이용하려면 사용자가 자신의 도메인을 가지고 있어야 한다. 도메인을 구입하는 데는 비용이 발생하기 때문에 부담이 될 수 있다. 도메인을 따로 구입하기가 부담된다면, 무료로 DDNS 서비스를 이용하는 방법도 있다. DDNS 서비스를 제공해주는 업체를 이용하는 것이다. noip.com 같은 업체가 무료 DDNS 서비스 업체인데 이런 업체를 이용하게 되면 도메인이 noip.com으로 끝나게 된다. 예를 들어, 자신의 아이디를 example이라고 가입했다면 example.noip.com처럼 된다.

DDNS 서비스를 이용하기 위한 다른 제약은 DDNS 프로그램을 컴퓨터에 설치해야 하는 작업을 해주어야 한다는 점이다. DDNS 서버는 사용자의 IP 주소가 변경되었다는 사실을 알 길이 없다. 때문에 IP 주소가 바뀌게 되면 해당 정보를 DDNS 서버에 직접 알려줘야 한다. 이런 작업을 해주는 프로그램인 DDNS 프로그램을 컴퓨터에 설치해야 하는 것이다.

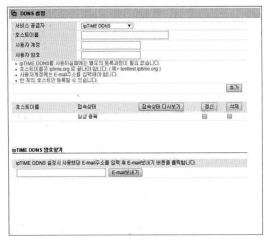

그림 5-17 ipTime 공유기의 DDNS 설정 화면

지금까지 DDNS 서비스에 대해 자세히 살펴봤는데, 처음 접하는 사용자는 이해하고 설정하기가 조금 까다로울 수 있다. 다행히 최근에는 대부분의 인터넷 공유기가 고급 설정 기능으로 DDNS 기능을 제공하고 있다. [그림 5-17]은 ipTime이라는 공유기의 DDNS 설정 화면이다. 공유기가 제공하는 DDNS 서비스를 이용하게 되면 굳이 DDNS 클라이언트 프로그램을 서버에 설치하지 않아도 공유기가 해당 작업을 대신 해주기 때문에 편하다. 다만 공유기가 제공해주는 업체 중 한곳을 이용해야 한다.

 공유기의 설정 화면으로 들어가는 방법

공유기 제조사마다 다르기 때문에 정확한 방법은 공유기 메뉴얼을 참고하자. 참고로 ipTime 제품의 설정 화면에 들어가는 방법을 알아보자. 우선 공유기와 연결된 컴퓨터에서 인터넷 웹 브라우저를 실행한다. MS윈도우의 경우는 인터넷 익스플로러를 실행하고 우분투의 경우는 파이어폭스를 실행하면 된다. 주소창에 아래와 같은 주소를 입력한다.

http://192.168.0.1 또는 http://192.168.1.1

공유기 접속이 성공했다면 설정 화면이 나온다.

만약 안나온다면 공유기와 컴퓨터의 연결 상태를 확인한 다음(인터넷이 되는지), MS윈도우는 제어판의 네트워크 환경에 들어가서 게이트웨이 IP 주소를 확인하고, 우분투의 경우 route 명령으로 게이트웨이 IP 주소를 확인해야 한다. 게이트웨이 IP 주소가 공유기 주소이다. 이 주소로 다시 웹브라우저를 통해 접속해야 한다.

공유기 사설 IP

최근에는 대부분 가정집에서도 인터넷 유무선 공유기를 사용한다. 인터넷 공유기를 사용하지 않으면 인터넷에 연결할 수 있는 장치가 1대로 제한되기 때문이다. 하나의 인터넷 선으로 다수의 컴퓨터와 스마트폰을 연결하려면 인터넷 공유기를 설치하는 건 필수이다. 인터넷 공유기를 설치하게 되면 인터넷 공유기에 연결된 컴퓨터나 장치들은 사설 IP 주소를 할당 받게 된다.

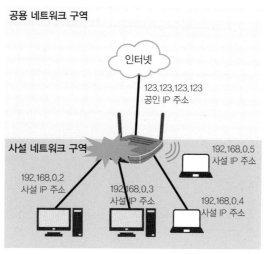

그림 5-18 인터넷 공유기 기반 네트워크 구조

위 그림에서 보듯이 인터넷 공유기는 인터넷 전용선과 연결되어 공유기 스스로가 공인 IP 주소를 할당 받게 된다. 그리고 자신에게 연결된 내부 네트워크 장치들에겐 사설 IP 주소를 부여해준다. 공유기가 사설 IP 주소로 할당하는 값은 대부분 192.168.xxx.xxx로 할당된다. 꼭 이런 주소 값을 가지는 건 아니지만 대부분 이 IP 주소값을 사용한다.

문제는 사설 IP 주소는 공유기와 내부 네트워크 사이에서만 통용되는 주소라는 점이다. 즉, 위 그림에서 내부 컴퓨터 192.168.0.2가 인터넷으로 데이터를 주고 받는 경우에 외부에서 봤을 때 해당 컴퓨터의 IP 주소는 123.123.123.123이 된다. 역시나 내부 컴퓨터 192.168.0.3이 인터넷으로 데이터를 주고 받는 경우에도 외부에서 봤을 때 IP 주소는 123.123.123.123이 된다.

인터넷 공유기가 해주는 핵심 역할이 바로 이런 작업이다. 공유기 내부에 있는 컴퓨터가 외부에 있는 서버로 데이터를 보내고자 할 때 해당 데이터를 인터넷 공유기 자신이 보내는 것처럼 IP 주소 정보를 적어서 전송한다. 그러면 서버가 보낸 응답을 수신할 때 인터넷 공유기가 해당 결과를 수신하게 된다. 데이터를 수신한 인터넷 공유기는 실제 데이터를 보낸 내부 컴퓨터에게 해당 데이터를 전달해 준다. 이렇게 사설 IP 주소를 이용한 IP 주소 할당은 하나의 인터넷 망을 다수의 장치가 사용할 수 있게 해주는 핵심 원리이다.

문제는 인터넷 공유기가 설치된 상태에서 서버를 운영하려고 할 때 발생한다. 위에서도 계속 설명했듯이 인터넷 공유기는 내부 컴퓨터가 먼저 데이터 요청을 하는 경우에만(즉, 내부 컴퓨터가 클라이언트일 경우에만) 문제없이 동작하게 되어 있다. 만약 외부에 있는 컴퓨터로터러 먼저 접속 요청이 인터넷 공유기로 들어오게 되면 공유기는 해당 요청을 내부에 있는 어떤 컴퓨터에게 전달해야 할지 모르기 때문에 제대로 요청을 전달할 수가 없다. 이런 문제를 해결하기 위해서는 공유기에 특별한 설정을 해주어야 한다.

포트 포워딩(Port Forwading)

우리는 이전 절에서 포트에 대해 살펴보았다. 다시 한번 간단하게 요약하자면, 클라이언트가 서버에 접속하기 위해서는 서버의 IP 주소와 동시에 서버의 포트를 같이 알아야 한다. 포트 포워딩은 대부분의 인터넷 공유기가 제공하고 있는 고급 기능이다. 외부에서 특정 포트로 접속 요청이 들어올 경우 사용자가 지정해 놓은 내부 컴퓨터로 해당 요청을 전달해주는 기능이다.

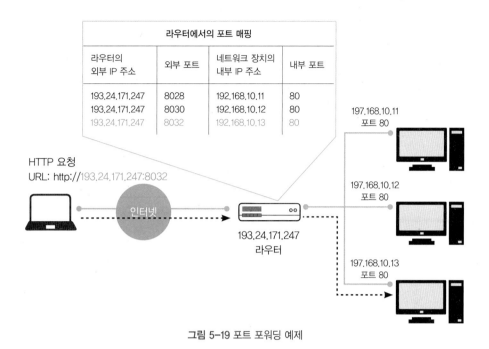

라우터에서의 포트 매핑			
라우터의 외부 IP 주소	외부 포트	네트워크 장치의 내부 IP 주소	내부 포트
193.24.171.247	8028	192.168.10.11	80
193.24.171.247	8030	192.168.10.12	80
193.24.171.247	8032	192.168.10.13	80

HTTP 요청
URL: http://193.24.171.247:8032

인터넷

193.24.171.247
라우터

197.168.10.11
포트 80

197.168.10.12
포트 80

197.168.10.13
포트 80

그림 5-19 포트 포워딩 예제

그림 예제를 살펴보자. 우선 인터넷 공유기에 포트 포워딩 정보를 설정해놔야 한다. 예제에서는 총 3개의 포트 포워딩 정보가 설정되어 있다. 첫 번째는 외부 포트 8028로 접속 요청이 들어오면 내부 IP 주소 192.168.10.11에 80번 포트로 해당 요청을 전달하라는 정보이다. 두 번째는 외부 포트 8030으로 접속 요청이 들어오면 내부 IP 주소 192.168.10.12에 80번 포트로 해당 요청을 전달하라는 정보이다. 마지막은 외부 포트 8032로 접속 요청이 들어오면 192.168.10.13에 80번 포트로 해당 요청을 전달하라는 정보이다.

인터넷 공유기는 설정된 정보에 따라서 외부에서 접속 요청이 들어오면 해당 컴퓨터로 접속 요청을 포워딩하는데, 위 예제에서는 외부에 있는 컴퓨터가 8032번 포트로 접속을 시도하므로 공유기는 192.168.10.13 IP 주소에 80번 포트로 해당 데이터를 전달해준다. 이렇게 포트 포워딩을 설정하게 되면 인터넷 공유기가 존재해도 서버를 운영하는 게 가능해진다.

주의할 점은 인터넷 공유기 외부에서 접속하는 포트 번호와 내부에 있는 컴퓨터의 포트 번호는 반드시 1대 1로 대응돼야 한다. 예를 들어 위 그림에서 공유기의 8028 번 포트는 내부 IP 주소 192.168.10.11에 80번 포트로 연결되어 있다. 따라서 8028 번 포트는 더 이상 다른 컴퓨터에게 배정될 수 없다. 내부 IP 주소로 포워딩하는 포트 는 어차피 각각 IP 주소가 다 다르게 지정되어 있으므로 포트 번호가 동일해도 상관 없다.

그림 5-20 ipTIME 공유기의 포트 포워딩 설정 화면

위 그림은 ipTIME 공유기 제품의 포트 포워딩 설명 화면을 보여주고 있다. 포트 포워딩 정보를 설정하기 위해서 외부 포트, 내부 포트, 내부 IP 주소가 정확하게 입력 돼야 한다. 프로토콜은 대부분 TCP를 사용하므로 특별한 경우가 아니면 그대로 둔 다. 규칙 이름은 자신이 알 수 있는 이름을 적어준다. 정의된 리스트는 대표적인 서비 스를 포워딩 하고자 할 때(예를 들면 웹 서버) 해당 서비스를 선택해주면 자동으로 포트 번호가 입력이 된다.

DMZ 서버

DMZ 서버는 포트 포워딩을 따로 설정하지 않아도 외부에서 들어오는 모든 접속 요청을 내부에 있는 하나의 컴퓨터로 전부 보내주는 기능이다. 일일이 포트 포워딩을 설정하지 않아도 되기 때문에 편하다. 하지만 만약 외부에서 들어온 접속 요청이 포트 포워딩 정보에 존재하면 DMZ 서버가 설정되어 있다고 해도 DMZ 서버가 아닌 포트 포워딩이 설정된 서버로 전달된다.

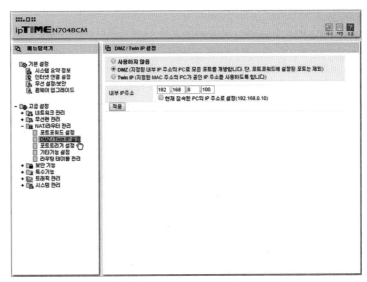

그림 5-21 ipTIME 공유기의 DMZ 설정 화면

DHCP IP / Static IP

초고속 인터넷망을 사용하면 동적 IP 할당을 받게 돼서 IP 주소가 변경될 수 있다는 내용을 다뤘다. 서버를 운영하는 데 IP 주소가 변경되면 치명적이므로 이를 해결하기 위해서 DDNS 서비스를 활용하면 된다는 이야기도 했다. 여기서도 또 다시 동적 IP 할당에 대해 이야기를 하려고 한다. 그런데 이번에 이야기할 동적 IP 할당은 인터넷 공유기를 사용할 경우에 대한 이야기이다.

보통 인터넷 공유기를 구매해서 설치하게 되면 초고속 인터넷 선을 공유기에 연결하고 컴퓨터를 다시 공유기에 연결만 해주면 바로 인터넷에 접속할 수가 있다. 컴퓨터의 IP 주소 설정을 따로 해주지 않았는데 컴퓨터를 공유기에 연결하는 것만으로도 바로 정상적인 연결이 되는 이유는 컴퓨터가 동적 IP 할당을 해주는 DHCP 기능을 이용하기 때문이다. DHCP는 컴퓨터가 부팅되면서 공유기에게 IP 주소를 요청하면 공유기는 사용할 수 있는 적절한 IP 주소를 알려주는 프로토콜이다.

문제는 공유기 역시 컴퓨터가 IP를 요청했을 때 항상 같은 IP 주소를 사용하라고 알려주지 않는다는 점이다. 물론 특별할 경우가 아니면 한번 IP 요청을 했던 컴퓨터는 앞으로도 계속 동일한 IP 주소를 사용하도록 부여하게 설계되어 있지만, 몇 가지 규칙에 의해 예외가 발생하면 언제든지 IP 주소를 다른 주소를 쓰도록 바꿔서 알려줄 수 있는 것이다.

이렇게 공유기에 의해서 내부 IP 주소 역시 임의로 바뀌게 되면 애써 포트 포워딩을 해놨어도 서버에 제대로 접속 요청이 전달되지 않을 수도 있다. 따라서 집에서 서버를 구축하고자 한다면 서버로 사용할 컴퓨터는 DHCP가 아니라 정적 IP 할당(Static IP)을 이용해야 한다. 컴퓨터가 부팅되면서 공유기에게 IP 주소를 아무거나 하나 달라고 요청하는 게 아니라, "나는 이런 IP주소를 쓰겠다"라고 통보해주는 방법이다.

정적 IP 할당을 이용하고자 한다면 운영체제에서 설정을 해줘야 한다. 따라서 설정 방법이 운영체제에 따라서 다를 수가 있는데 여기서는 우분투를 기준으로 설정하는 방법을 살펴보자.

```
$ sudo vi /etc/network/interfaces
```

위 파일은 네트워크 연결 정보를 담고 있는 파일이다. 위 파일을 열고 아래 내용처럼 작성해주면 된다.

```
auto lo
      iface lo inet loopback
auto eth0
      iface eth0 inet static
      address 192.168.xxx.xxx
      netmask 255.255.255.0
      gateway 192.168.xxx.xxx
      dns-nameservers 116.120.57.123 211.106.67.105
```

위 표에서 각각의 독자의 환경에 맞도록 수정해야 하는 부분은 address, gateway, dns-nameservers라는 항목들이다. 하나씩 살펴보도록 하자.

address는 정적으로 할당 받고자 하는 IP 주소값을 입력하면 된다. 보통의 경우 192.168.0.xx 또는 192.168.1.xx로 앞에 세 자리는 정해져 있고, 맨 뒤의 자리만 임의의 숫자를 넣으면 된다. 앞에 세 자리에 어떤 값을 입력해야 하는지는 인터넷 공유기의 IP 주소를 참고하면 된다. 인터넷 공유기의 IP 주소가 192.168.0.1이라면 앞 세자리를 192.168.0을 넣으면 되고 192.168.1.1이라면 앞에 세 자리를 192.168.1로 넣으면 된다. 그 외에 다른 값이 와도 동일하게 앞에 세 자리를 입력하면 된다. 더 정확하게 확인하고자 한다면 인터넷 공유기 관리자 페이지에 들어가면 IP 주소 정보를 알 수 있는 항목이 있다.

netmask는 특별한 사항이 아니면 255.255.255.0으로 입력하면 된다.

gateway는 인터넷 공유기의 IP 주소를 넣어주면 된다. 인터넷 공유기의 IP를 모른다면 확인해서 알아야 한다. 현재 컴퓨터가 DHCP로 IP 주소를 받아서 사용중인 상태인 경우 아래처럼 route 명령을 입력하면 된다.

```
$ route
Kernel IP routing table
Destination     Gateway         Genmask         Flags Metric Ref    Use Iface
default         192.168.0.1     0.0.0.0         UG    0      0        0 eth0
192.168.0.0     *               255.255.255.0   U     1      0        0 eth0
```

위 예제에서는 default Gateway로 지정된 192.168.0.1이 인터넷 공유기의 IP 주소가 된다. 마지막으로 dns-nameservers를 알기 위해서는 인터넷 공유기의 환경 설정 페이지를 들어가야 한다.

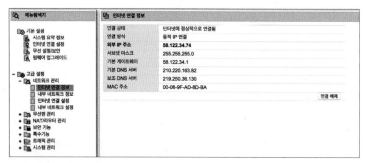

그림 5-22 ipTIME 공유기의 인터넷 연결 정보 화면

위 그림은 ipTIME 공유기 기준으로 보여주고 있다. 다른 대부분의 인터넷 공유기도 비슷한 기능을 찾으면 인터넷 연결 정보를 확인할 수 있다. 위 그림 예제에서 보면 DNS 서버 정보가 21.220.163.82와 219.250.36.130인 것을 확인할 수 있다. 해당 정보를 dns-nameservers에 정확하게 입력해주면 된다.

이렇게 /etc/network/interfaces 파일을 수정했다면 우분투를 재부팅한다. 재부팅을 완료한 후에 아래와 같이 ping 명령이 잘 수행된다면 수동 IP 주소 설정이 잘 완료된 것이다.

```
$ ping google.com
PING google.com (58.123.220.94) 56(84) bytes of data.
64 bytes from 58.123.220.94: icmp_seq=1 ttl=128 time=3.38 ms
64 bytes from 58.123.220.94: icmp_seq=2 ttl=128 time=3.69 ms
64 bytes from 58.123.220.94: icmp_seq=3 ttl=128 time=3.47 ms
```

만약 제대로 설정이 안 돼서 인터넷에 접속이 안 된다면 우선 복구를 위해 /etc/network/interfaces 파일을 아래처럼 수정하고 우분투를 재부팅을 하자. 아래 설정 내용은 공유기로부터 동적 IP 할당을 받겠다는 설정을 하는 것이다.

```
auto lo
        iface lo inet loopback
auto eth0
        iface eth0 inet dhcp
```

위 설정대로 하면 다시 인터넷 접속이 될 것이다. 그러면 다시 한번 입력할 정보를 검토한 후에 정확하게 static IP 정보를 설정하자.

외부에서 접속해서 서버 관리하기

이번 절부터는 드디어 우분투에 서버를 구축하는 부분을 다루게 된다. 서버 구축을 시작하게 되면 보통 가장 먼저 설치하는 서버는 SSH 서버이다. SSH 서버는 원격지에서 터미널 접속을 할 수 있도록 해주는 기능을 제공한다. SSH 서버를 설치하지 않으면 항상 컴퓨터에 직접 붙어서 키보드로 작업을 진행해야 하는데 꽤나 불편하기도 하고, 간혹 컴퓨터에 접근하기가 쉽지 않은 경우도 있기 때문에 어떤 서버를 구축하든지 SSH 서버는 필수적으로 설치하는 경우가 많다. 이번 절에서도 SSH 서버를 구축하고 접속하는 방법을 살펴보도록 하자.

설치 전 준비작업

SSH 서버를 포함해서 모든 서버를 설치하기 전에 확인해야 할 사항이 있다. 아래 확인 사항들은 집에서 초고속 인터넷 망에 인터넷 공유기를 연결해서 사용하는 환경을 가정하고 있다. 이런 환경이 아닌 다른 환경(서버 호스팅 또는 공인 IP를 제공받는 환경)일 경우는 아래 준비 작업이 필요 없을 수 있다.

1. DDNS 서비스를 설정했는지 확인한다. IP 주소를 직접 이용하는 방법도 가능하지만 언젠가 망 사업자에 의해 IP 주소가 변경될 수 있으므로 장기간 서버를 운영하려면 DDNS 서비스를 설정해줘야 한다.

2. 서버로 사용할 컴퓨터의 네트워크 장치의 설정이 DHCP가 아닌 정적 IP 주소로 되어 있는지 확인한다.

3. 공유기의 포트 포워딩이 설정되어 있는지 확인한다. 공유기의 포트 포워딩을 하려면 포트 번호를 지정해 주어야 하는데 SSH 서버의 경우 기본 설정은 TCP 22번 포트를 사용한다.

위 확인사항들에 대한 자세한 이야기는 이전 절에서 전부 다루었으니 내용을 참고해서 준비를 마치면 된다. 위 3가지 중에서 2번 3번 항목은 집에서 공유기를 사용한다는 가정 아래 필요한 절차이다. 만약 인터넷 공유기를 사용하지 않고 직접 초고속 인터넷 망에 컴퓨터를 연결해서 사용한다면 2, 3번 항목은 생략하고 1번만 확인하면 된다.

SSH 서버 설치하기

우분투에서 SSH 서버를 설치하는 방법은 매우 간단하다. 별다른 설정도 필요 없고 그저 관련 패키지를 설치만 하면 된다.

```
$ sudo apt-get install openssh-server
```

위 명령을 실행하면 의존성 있는 패키지를 포함해서 정말 SSH 서버를 설치할지 우분투가 물어보는데 y키를 누르면 설치가 진행된다. 설치가 정상적으로 완료되면 자동으로 서버가 시작한다. 아래 명령을 이용해서 서버가 정상적으로 실행되고 있는지 확인할 수 있다.

```
$ netstat -atn
Active Internet connections (servers and established)
Proto Recv-Q Send-Q Local Address          Foreign Address        State
tcp        0      0 127.0.1.1:53           0.0.0.0:*              LISTEN
tcp        0      0 0.0.0.0:22             0.0.0.0:*              LISTEN
tcp        0      0 127.0.0.1:631          0.0.0.0:*              LISTEN
tcp       70      0 10.211.55.18:54923     91.189.92.7:443        CLOSE_WAIT
```

```
tcp6        0        0 :::22              :::*              LISTEN
tcp6        0        0 ::1:631            :::*              LISTEN
tcp6        1        0 ::1:38856          ::1:631           CLOSE_WAIT
```

22번 포트 상태가 LISTEN인 것을 볼 수가 있는데 22번 포트가 SSH 서버를 접속할 때 사용하는 포트이다. 실제로 접속해서 테스트 해보는 방법도 가능하다. 바로 로컬 접속을 해보는 것이다.

```
$ ssh localhost
The authenticity of host 'localhost (127.0.0.1)' can't be established.
ECDSA key fingerprint is fd:c6:5e:fc:c1:48:cd:bd:3c:dc:2b:77:bf:23:66:f9.
Are you sure you want to continue connecting (yes/no)?
```

SSH 명령 뒤쪽에 적은 localhost는 접속할 서버의 주소를 지칭한다. 위 명령은 localhost 즉, 자기 자신으로 SSH 접속을 하라는 명령이다. 위 명령을 수행하는 데 한번도 접속한 적이 없는 서버로 접속 요청을 받았다면 위에서 보이는 것처럼 경고문이 한번 뜨게 된다. 정말 접속할 건지 다시 한번 물어보는데 "yes"를 입력하고 접속에 문제가 없다면 패스워드를 입력하는 항목이 나온다. 이때 로그인한 우분투 계정의 암호를 입력하면 된다. 로그인이 성공적으로 완료되면 아래와 같이 로그인 화면을 보게 된다.

```
Welcome to Ubuntu 14.04.2 LTS (GNU/Linux 3.16.0-30-generic i686)

 * Documentation:  https://help.ubuntu.com/

Last login: Fri Sep 18 01:21:38 2015 from localhost
jundols@ubuntu:~$
```

비록 로컬이긴 하지만 성공적으로 SSH 서버를 통해서 터미널 접속을 하게 된 것이다. 콘솔 작업을 마치고 접속을 종료하려고 한다면 'exit'라고 입력하면 된다.

```
jundols@ubuntu:~$ exit
logout
Connection to localhost closed.
jundols@ubuntu:~$
```

SSH 명령에 대해 좀 더 살펴보도록 하자. example.com이라는 서버에 접속하려면 아래처럼 입력한다.

```
$ ssh example.com
```

간단하지만 여기에는 생략되어서 강제로 입력된 항목이 존재한다. 그 중 하나는 서버에 로그인하려는 계정 정보인데 생략되었기 때문에 자동적으로 현재 로그인한 사용자의 계정 명이 적용된다.

두 번째로는 서버의 포트 번호인데 생략되었기 때문에 자동적으로 22번으로 접속하게 된다. 만약 현재 로그인한 계정이 아닌 다른 계정으로 서버에 접속하고 싶다면 아래처럼 입력한다.

```
$ ssh userid@example.com
```

위 명령은 example.com 서버에 SSH 접속을 하는데 계정은 userid라는 계정으로 로그인하라는 명령이다.

다른 포트번호로 접속하고자 한다면 아래 명령처럼 입력하면 된다.

```
$ ssh example.com -p 22
```

위 명령은 22번 포트 즉, 기본설정 포트로 접속하라는 명령이다. -p 옵션을 이용하면 된다. 물론 위 접속이 성공적으로 이루어지려면 서버가 22번 포트로 SSH 서비스를 운영하고 있어야 한다.

SSH 서버 설정 변경하기

SSH 서버는 변경할 설정이 크게 없지만, 가끔 포트 번호를 변경해야만 하는 상황이 발생할 수 있다. 예를 들어 22번 포트를 초고속 인터넷 망사업자가 막아놓은 경우가 그렇다. 망 사업자가 특정 포트의 접속을 막기도 하는데 이럴 경우는 해당 포트를 포기하고 다른 포트를 사용해서 서버를 운영하는 방법 외엔 없다.

우분투에서 SSH 서버의 설정 변경을 다루려면 아래 파일을 열어야 한다. 아래 파일을 수정하려면 관리자 권한이 필요하다. 따라서 명령 앞쪽에 반드시 sudo 명령을 붙여주자.

```
$ sudo vi /etc/ssh/sshd_config
# Package generated configuration file
# See the sshd_config(5) manpage for details

# What ports, IPs and protocols we listen for
Port 22
```

파일의 윗부분에 Port 22라는 항목이 있는데 이를 원하는 다른 숫자로 바꾸어 주고 저장하고 vi를 빠져 나온다. 이제 SSH 서버를 재시작해주자.

```
$ sudo /etc/inid.d/ssh restart
```

위 명령은 SSH 서버를 재시작하는 명령이다. 만약 서버를 정지시키거나, 정지된 서버를 다시 시작하려면 아래와 같이 입력한다.

```
$ sudo /etc/init.d/ssh stop
$ sudo /etc/init.d/ssh start
```

서버가 재시작 되었다면 설정파일에 새롭게 반영한 포트 번호로 잘 바뀌었는지 확인해본다.

```
$ netstat -atn
Active Internet connections (servers and established)
Proto Recv-Q Send-Q Local Address        Foreign Address      State
tcp        0      0 127.0.1.1:53         0.0.0.0:*            LISTEN
tcp        0      0 0.0.0.0:2222         0.0.0.0:*            LISTEN
tcp        0      0 127.0.0.1:631        0.0.0.0:*            LISTEN
tcp       70      0 10.211.55.18:54923   91.189.92.7:443     CLOSE_WAIT
```

netstat 명령을 통해서 SSH 서버의 포트 번호가 잘 변경된 것을 확인할 수 있다.

윈도우에서 SSH 접속하기

실제 사용하다 보면 리눅스에서 리눅스 서버에 접속하는 경우보다 MS윈도우에서 리눅스에 접속하는 경우가 더 많다. 따라서 이번에는 MS윈도우에서 SSH 서버에 접속하는 방법을 살펴보자. 당연한 얘기지만 MS윈도우에서 접속하는 방법을 살펴보기 위해서는 리눅스 서버 외에 MS윈도우가 설치된 PC가 필요하다.

만약 MS윈도우 PC가 공유기 외부에 있으면 공유기 설정이 잘 되었는지 확인할 수도 있다. SSH 서버는 설치 후에 특별히 설정을 해주지 않아도 바로 구동되는 서버이기 때문에 특별한 문제가 없다면 바로 접속이 된다. 따라서 공유기의 포트 포워딩이나 기타 설정이 잘 되었는지 확인하는 용도로도 활용된다.

이제 MS윈도우용 SSH 클라이언트를 설치해보자. 리눅스는 기본적으로 SSH라는 SSH 클라이언트 프로그램을 가지고 있지만 MS윈도우는 따로 SSH 클라이언트 프로그램을 설치해야 한다.

가장 대표적인 프로그램은 PuTTY와 XShell이다. PuTTY는 완전 무료이기 때문에 많이 사용하지만 개인적으로는 XShell이 더 편하다고 생각되기 때문에 XShell을 이용해서 접속하는 법을 다루겠다. XShell은 개인 용도에 한해서 무료로 사용할 수 있다. 아래 사이트에 접속해서 설치 프로그램을 다운받자.

http://www.netsarang.co.kr/download

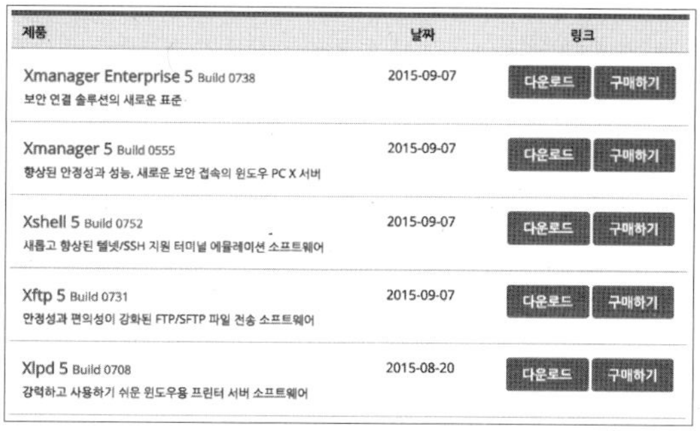

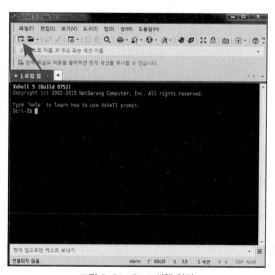

제품	날짜	링크	
Xmanager Enterprise 5 Build 0738 보안 연결 솔루션의 새로운 표준	2015-09-07	다운로드	구매하기
Xmanager 5 Build 0555 향상된 안정성과 성능, 새로운 보안 접속의 윈도우 PC X 서버	2015-09-07	다운로드	구매하기
Xshell 5 Build 0752 새롭고 향상된 텔넷/SSH 지원 터미널 에뮬레이션 소프트웨어	2015-09-07	다운로드	구매하기
Xftp 5 Build 0731 안정성과 편의성이 강화된 FTP/SFTP 파일 전송 소프트웨어	2015-09-07	다운로드	구매하기
Xlpd 5 Build 0708 강력하고 사용하기 쉬운 윈도우용 프린터 서버 소프트웨어	2015-08-20	다운로드	구매하기

그림 5-23 넷사랑 제품 다운로드 페이지 화면

위 제품 중에서 XShell5와 Xftp5를 다운로드 받고 설치해 준다. 설치에 대해서는 특별한 내용이 없으므로 생략한다. XShell5와 Xftp5를 잘 설치했다면 먼저 XShell부터 실행해보자.

그림 5-24 XShell 실행 화면

서버에 접속하기 위해서 새로운 세션을 하나 만들어줘야 한다. 위 그림에서 왼쪽 상단에 있는 화살표가 가리키는 아이콘을 클릭한다.

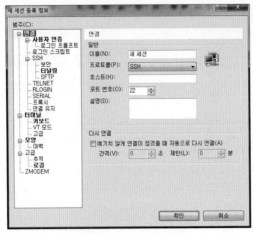

그림 5-25 새 세션 등록화면

이름에는 자신이 알기 쉬운 이름을 적어준다. 프로토콜은 SSH로 설정하고, 호스트에는 서버의 IP 주소나 DDNS에 설정한 도메인 주소를 넣어준다. 서버 IP 주소를 넣을 경우 중요한 점은 서버의 내부 IP 주소(예를 들면 192.168.0.xxx 같은 형태)를 넣으면 안 된다는 점이다. 반드시 공유기에 할당된 공인 IP 주소를 입력해야 한다. 다만 윈도우 PC가 리눅스 서버와 같은 공유기에 연결되어 내부 네트워크로 연결되어 있다면 내부 IP 주소를 입력해도 된다.

포트 번호는 따로 SSH 서버 환경설정에서 변경하지 않았다면 22번으로 한다.

모든 정보를 입력하고 확인 버튼을 누르면 방금 저장했던 정보가 세션 목록에 보여진다. 그러면 해당 세션을 선택한 후에 연결 버튼을 누른다. 만약 정상적으로 SSH 서버에 연결이 됐다면 아래와 같은 화면이 나온다.

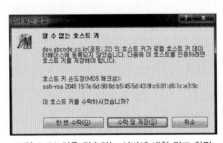

그림 5-26 처음 접속하는 서버에 대한 경고 화면

지금 접속하려는 서버가 한번도 접속한 적이 없어서 나오는 경고문이다. 수락 및 저장 버튼을 누르면 된다. 다음 단계에는 로그인하려는 계정 명을 물어본다. 계정 명에는 우분투를 설치하면서 입력한 계정 명을 넣어주면 된다. 마지막으로 암호를 물어본다. 역시 우분투를 설치하면서 입력한 암호를 넣어주면 된다. 성공적으로 접속이 되었다면 우리가 계속 봤던 쉘 프롬프트 화면을 보게 될 것이다.

파일 전송하기

SSH 서버에 접속해서 원격지에서 서버 작업을 진행하다 보면 간혹 서버로 파일을 전송하거나 서버에 있는 파일을 원격지에 있는 작업 PC로 전송 받고 싶은 경우가 발생한다. 이럴 경우 여러 가지 방법이 있다.

대표적인 방법으로 FTP 서버를 구축하고 FTP 클라이언트를 이용하거나 WebDAV를 이용하는 방법이 존재한다. 여기서는 이미 구축된 SSH 서버를 이용해서 파일을 전송하는 방법에 대해 살펴보자.

SSH 서버를 이용해서 파일을 주고 받으면 이미 SSH 서버를 구축했기 때문에 별도로 새로운 서버 프로그램을 설치하거나 셋팅할 필요가 없다는 장점이 있다. SSH를 통한 파일 전송 방법은 리눅스와 윈도우가 다르다. 우선 리눅스를 살펴보자.

```
$ scp source.file userid@servername:target
```

위 명령은 현재 디렉토리에 있는 source.file이라는 파일을 원격지에 있는 server name 서버에 userid라는 계정으로 접속해서 target 폴더로 전송하라는 명령이다. 좀 더 세부적인 예를 들어보자.

현재 폴더에 있는 test.txt 파일을 jundols라는 계정으로 myserver.com이라는 서버로 로그인한 다음 /home/jundols라는 폴더로 전송하고 싶다면 아래와 같이 입력한다.

```
$ scp text.txt jundols@myserver.com:/home/jundols
```

반대로 원격지에 있는 파일도 현재 폴더로 가져올 수 있다. 원격지 서버 myserver
.com에 jundols라는 계정으로 로그인한 후 /home/jundols/test.txt 파일을 현재 폴
더로 전송하고자 한다면 아래처럼 입력한다.

```
$ scp jundols@myserver.com:/home/jundols/test.txt ./
```

만약 디렉토리를 전송하고 싶다면 -r 옵션을 이용하자.

이번에는 윈도우에서 SSH를 이용해서 파일을 전송하는 방법을 살펴보자. SSH용
클라이언트에 따라서 다양한 방법이 있을 수 있는데, 여기서는 Xftp5를 이용한 방법
을 다룰 것이다. Xftp5는 위 절에서 다루었으므로 여기서는 이미 설치되었다고 가정
한다. Xftp5를 이용해서 서버에 접속하는 방법은 2가지가 있는데 Xftp5를 직접 실행
해서 서버 연결 정보를 설정한 다음 접속하는 방법과, XShell5로 먼저 접속한 다음
파일 전송 버튼을 눌러서 Xftp5를 자동으로 연결하는 방법이다. 여기서는 XShell5로
먼저 서버에 접속한 다음 Xftp5를 이용하는 방법을 살펴보자.

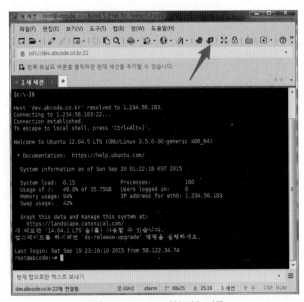

그림 5-27 XShell5 파일 전송 버튼

그림에서 표시된 화살표가 파일 전송 버튼이다. 이 버튼을 누르면 자동으로 XFtp5
가 실행되면서 서버 연결까지 된다. 주의할 점은 파일 전송 버튼을 누르기 전에 먼저
서버와 연결이 되어 있어야 한다는 점이다. 성공적으로 XFtp5가 서버와 연결이 되면
아래 같은 화면이 나온다.

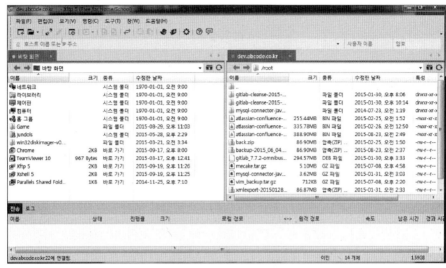

그림 5-28 XFtp5 실행 화면

왼쪽은 로컬 디렉토리이고 오른쪽은 서버이다. 마우스를 이용해서 파일을 옮겨주
기만 하면 파일을 전송할 수 있다.

워드프레스로 홈페이지 만들기

처음으로 서버를 구축하려는 사람이라면 대부분 자신만의 홈페이지를 만들어 보는
게 목표일 것이다. 사실 홈페이지를 만들려고 하는 게 목적이라면 서버를 구축하는
것보다는 웹호스팅 업체를 이용하는 게 훨씬 수월하다. 하지만 이 책에서는 서버 구
축에 대해 이야기하고 있으니 한번 자신의 서버에 홈페이지를 구축해보자.

홈페이지를 구축하는 방법은 매우 다양하다. 웹 서버도 종류가 다양하지만, 홈페이지를 구축할 때 사용하는 웹 어플리케이션도 매우 다양하기 때문이다. 또한 대부분의 홈페이지들은 게시판이나 방명록을 가지고 있다. 이렇게 홈페이지의 내용을 저장하고자 한다면 데이터베이스가 필요하다. 이런 기본적인 내용에 대해 알고 있으면 홈페이지를 구축하는 데 도움이 되므로 방금 언급한 내용들을 한번 간단히 살펴보고 넘어가자.

웹 서버 동작 방식

홈페이지는 웹 서버를 이용해서 구축하게 된다. 보통 TCP 80번 포트가 웹 서버용으로 사용된다. 엔드 유저는 인터넷 익스플로어나 크롬 같은 웹 브라우저를 이용해서 웹 서버에 접속하게 된다. 웹 서버는 HTML 형식으로 구성된 홈페이지 내용을 자신에게 접속한 웹 브라우저에게 전달해주게 되고, 서버로부터 데이터를 수신 받은 웹 브라우저는 해당 내용을 해석한 다음 웹 브라우저 화면에 보여주게 된다. 이때 웹 서버는 이미지나 음악, 동영상 같은 추가 파일이 필요하면 같이 전달해준다. 여기까지가 웹 서버의 가장 기본적인 동작을 설명하는 부분이다.

그런데 만약 웹 서버에 접속한 웹 브라우저에게 전달할 내용이 정적이지 않고 시간에 따라 변경되어야 한다고 하자. 예를 들어 인터넷 게시판에 누군가 새롭게 글을 올렸으면 그 시간 이후에 게시판에 접속한 사람은 새롭게 올린 글이 포함된 게시판 글 목록을 볼 수 있어야 한다.

이렇게 동적으로 홈페이지 내용을 변경되게 하려면 웹 서버로는 안 된다. 웹 서버와 연동되어 동작하는 웹 어플리케이션을 구동해야 한다. 웹 서버는 웹 어플리케이션이 처리해야 하는 요청이 들어오면 웹 어플리케이션에게 대신 처리해달라고 전달하게 되고, 웹 어플리케이션은 적절한 처리 결과값을 구성해서 웹 서버에게 전달해 주면 웹 서버는 해당 내용을 웹 브라우저에게 전달하는 방식이다.

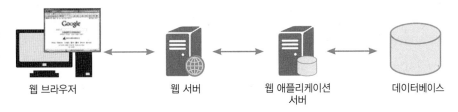

웹 브라우저   웹 서버   웹 애플리케이션
서버   데이터베이스

그림 5-29 동적인 홈페이지 동작 방식

위 그림은 동적인 홈페이지가 동작하는 기본적인 구조를 보여준다. 앞에서 이야기한 것처럼 웹 브라우저는 웹 서버와 통신을 하며 웹 서버는 웹 애플리케이션과 연동해서 홈페이지 내용을 동적으로 생성할 수 있도록 해준다. 웹 애플리케이션은 혼자 독립적으로도 작업을 수행할 수 있지만 홈페이지에 저장된 자료를 읽거나 쓰기 위해서 데이터베이스의 도움을 받는 경우가 많다. 데이터베이스는 웹 애플리케이션의 요청에 따라서 데이터를 저장하고 삭제하는 등 데이터 처리를 담당한다.

웹 애플리케이션은 매우 다양한 언어로 개발된다. 가장 대표적인 웹 애플리케이션 개발 언어는 PHP, JAVA, Python, Ruby 같은 언어들이다. 중요한 점은 각각의 언어마다 웹 서버에 연결해야 하는 웹 애플리케이션 처리 엔진이 다르다는 것이다. 예를 들면 PHP로 작성된 웹 애플리케이션을 동작시키려면 PHP 인터프린터를 연동하고, JAVA로 작성된 경우는 Tomcat이라는 프로그램을 연동한다. Tomcat은 Java로 작성된 웹 애플리케이션을 동작시켜준다. Python, Ruby 같은 경우도 마찬가지로 각각 웹 서버와 연동해야 되는 프로그램이 따로 존재한다.

이 책에서는 워드프레스라는 홈페이지를 쉽게 제작할 수 있게 해주는 웹 애플리케이션을 동작시킬 것이다. 워드프레스는 PHP로 작성된 웹 애플리케이션이기 때문에 여기서는 PHP를 웹 서버와 연동하는 방법을 살펴볼 것이다.

APM 설치하기

이제 홈페이지 구축을 위해 서버를 설치해보자. 웹 서버는 Apache를 설치할 것이고, 웹 애플리케이션을 동작시키기 위해서 PHP 인터프린터를 설치할 것이다. 마지막으로 데이터베이스를 이용하기 위해서 가장 대표적인 데이터베이스인 MySQL까지 설치할 것이다. 워낙 대표적인 웹 서버 구동방식이기 때문에 Apache, PHP, MySQL을 줄여서 APM이라고 부르기도 한다. 우분투에서 APM을 설치하는 방법은 패키지를 다운 받아서 바로 설치만 하면 되기 때문에 매우 쉽다.

우선 Apache를 먼저 설치한다.

```
$ sudo apt-get install apache2
```

이번에는 PHP5를 설치하고 apache와 PHP5를 연동시켜주는 모듈을 설치한다.

```
$ sudo apt-get install php5 php5-common libapache2-mod-php5
```

마지막으로 MySQL을 설치하고 MySQL과 php5를 연동시켜주는 모듈을 설치한다.

```
$ sudo apt-get install mysql-server mysql-client php5-mysql
```

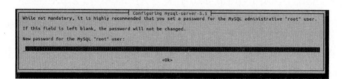

그림 5-30 MySQL 설치시 root 계정 암호 입력 화면

MySQL 설치시는 특이하게 위 그림처럼 MySQL의 root 계정의 암호를 입력해야 한다. 이는 우분투의 root 계정과는 별도의 MySQL의 root 계정에 대한 암호이다. 적절한 암호를 입력해준다. 조금만 기다리면 모든 설치가 완료될 것이다. 과거의 리눅스 시스템에서는 몇 시간이나 걸리던 설치 작업을 우분투에서는 단 몇분만에 완료할 수 있다. 이제 정상적으로 동작하는지 확인해보자.

우선 웹 서버의 동작을 확인하기 위해서 웹 브라우저를 이용해서 서버 IP 주소 또는 서버 도메인을 입력해서 접속해보자.

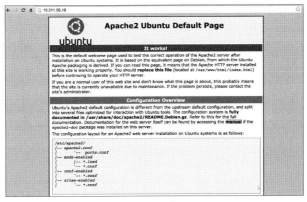

그림 5-31 Apache 기본 페이지 화면

위 그림처럼 보인다면 Apache 웹 서버가 문제 없이 동작하고 있는 것이다. 만약 위 화면이 보이지 않는다면 원인을 찾아야 한다. Apache 웹 서버가 정상적으로 설치되지 않은 것인지 공유기 설정 문제 또는 기타 네트워크 문제인지 알아야 한다. Apache 웹 서버가 정상적으로 설치되었는지 알아보기는 쉽다. Apache 웹 서버가 설치된 우분투에서 웹 브라우저를 열어서 http://localhost라고 입력한다. 위와 같은 화면을 볼 수 있다면 우분투에 Apache가 정상적으로 설치된 것이므로 공유기 설정 등 다른 원인을 찾아봐야 한다.

이번에는 PHP5가 정상적으로 동작하는지 확인해보자. PHP5의 정상 동작을 테스트 하기 위해서는 아주 간단한 PHP 코드를 작성해야 한다. 아래처럼 작성한다.

```
$ sudo vi /var/www/html/info.php
```

apache 웹 서버를 설치하면 기본적으로 /var/www/html 디렉토리가 홈페이지의 최상위 디렉토리로 설정이 된다. 이 디렉토리에 vi 편집기로 info.php라는 파일을 새롭게 만들고 아래 내용을 입력하고 저장하자.

```php
<?php
    phpinfo();
?>
```

이제 웹 브라우저를 이용해서 info.php 파일을 연다. 예를 들어 서버 주소가 111.222.111.222라면 브라우저 주소 창에 http://111.222.111.222/info.php라고 입력한다. 정상적으로 PHP5가 설치되어 있다면 아래와 같은 화면이 나온다.

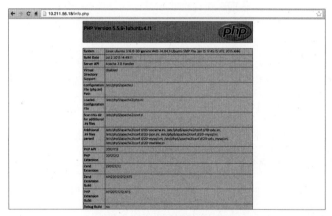

그림 5-32 PHP5 정상 설치 화면

이제 마지막으로 MySQL의 정상 동작을 확인해보자. 콘솔 창에서 아래처럼 입력한다.

```
$ mysql -u root -p
Enter password:
```

-u는 root 계정으로 로그인 하라는 것이고, -p는 암호가 필요하다는 옵션이다. 해당 명령이 정상적으로 처리되면 암호를 물어보는 메시지가 나온다. 암호는 MySQL 설치 시에 입력했던 암호를 입력해준다. 정상적으로 로그인이 되었다면 아래 같은 MySQL의 환영 메시지를 볼 수가 있다.

```
Welcome to the MySQL monitor.  Commands end with ; or \g.
Your MySQL connection id is 42
Server version: 5.5.44-0ubuntu0.14.04.1 (Ubuntu)

Copyright (c) 2000, 2015, Oracle and/or its affiliates. All rights
reserved.

Oracle is a registered trademark of Oracle Corporation and/or its
affiliates. Other names may be trademarks of their respective
owners.

Type 'help;' or '\h' for help. Type '\c' to clear the current input
statement.

mysql>
```

MySQL 명령 입력 창에서 나가려면 'exit'라고 입력한다.

워드프레스 설치하기

APM^{Apache, PHP, MySQL}의 설치를 성공적으로 끝냈으니 이제는 워드프레스를 설치할 차례이다. 워드프레스는 유명한 웹 어플리케이션이라서 많은 사람들이 이미 알고 있겠지만 혹시나 생소한 독자들을 위해 간단히 살펴보도록 하겠다.

그림 5-33 워드프레스

워드프레스의 시작은 블로그를 쉽고 빠르게 만들 수 있는 기능부터 시작했다. 워드프레스를 이용하면 사용자가 직접 웹 어플리케이션을 개발하지 않아도 설정만 해주면 자신만의 블로그를 만들고 운영할 수 있어서 유명해졌다.

시간이 지나면서 버전이 올라가고 점점 기능이 추가되면서 이제는 CMS^{Content Management System}라고 불린다. 이름에서 알 수 있듯이 이제 워드프레스는 블로그를 넘어서 사용자가 웹을 기반으로 다양한 콘텐츠를 만들고 관리할 수 기능을 제공한다. 홈페이지, 쇼핑몰, 사진첩 심지어 포털 사이트까지 워드프레스를 이용해서 구축할 수 있다.

그림 5-34 워드프레스로 구축된 다양한 디자인의 사이트

워드프레스가 인기 있는 또 다른 이유는 다양한 테마와 플러그 인을 제공한다는 점이다. 테마는 홈페이지의 디자인을 쉽게 바꿀 수 있는 기능을 제공한다. 테마를 변경하는 것만으로도 간단하게 완전히 다른 느낌의 홈페이지를 만들 수 있다. 플러그 인은 다양한 부가 기능을 홈페이지에 추가할 수 있도록 해준다. 예를 들면 홈페이지의 내용을 소셜미디어에 공유하는 기능, 문서 작성시 표를 쉽게 만들어 주는 기능 등 다양한 목적의 플러그 인이 존재한다. 테마와 플러그 인은 워드프레스의 관리자 페이지에서 쉽게 설치할 수 있게 되어 있다.

이제 실제로 서버에 워드프레스를 설치해보자. 우선 워드프레스 웹사이트에서 접속해서 최신 버전의 워드프레스 어플리케이션을 다운 받자. 만약 윈도우에서 파일을 다운 받았다면 SSH를 이용해서 우분투로 파일을 옮겨야 한다. 번거롭다면 우분투에서 직접 파일을 다운로드 받으면 된다.

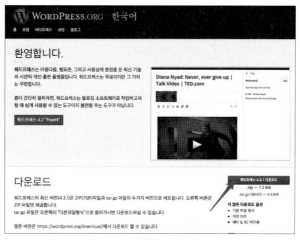

그림 5-35 http://ko.wordpress.org

워드프레스 사이트에서 설치파일을 다운로드 받으면 wordpress-4.3.1-ko_KR.zip 같은 형태의 파일을 받을 수가 있다. 해당 파일을 /var/www/html 폴더로 복사한다. /var/www/html 폴더에 파일을 복사하려면 루트 권한이 필요하다. 아래는 복사 예제이다.

```
$ sudo cp wordpress-4.3.1-ko_KR.zip /var/www/html
```

이제 파일의 압축을 풀어준다.

```
$ sudo unzip /var/www/html/wordpress-4.3.1-ko_KR.zip
$ ls -l /var/www/html
```

위 명령을 입력해서 확인해 보면 /var/www/html 폴더의 소유자가 root로 되어 있을 것이다. 그런데 이렇게 root로 소유자가 되어 있으면 워드프레스 설치 시에 문제가 발생한다. 아파치 웹 서버를 동작시키는 계정은 root가 아닌 www-data라는 계정이다. /var/www/html 폴더의 소유자가 root로 되어 있고 제3자에 대한 권한에 쓰기가 없다면 워드프레스를 설치하다 중간에 에러가 발생한다. 이 문제를 해결하기 위해서 /var/www/html 디렉토리의 소유자를 www-data 계정으로 바꿔주자. -R 옵션을 추가해서 하위 디렉토리도 동시에 전부 바꿔주자. 아래 명령을 입력하면 된다.

```
$ sudo chown -R www-data.www-data /var/www/html
```

이번에는 MySQL에 워드프레스가 사용할 데이터베이스를 하나 만들어줘야 한다. 이를 위해서 MySQL의 명령어를 수행해야 하는데 이 책에서 MySQL의 사용법을 다루는 건 주제를 벗어나므로 그냥 아래 예제를 따라 데이터베이스를 만들자.

```
$ mysql -u root -p
Enter password:
Welcome to the MySQL monitor.  Commands end with ; or \g.
Your MySQL connection id is 59
Server version: 5.5.44-0ubuntu0.14.04.1 (Ubuntu)

Copyright (c) 2000, 2015, Oracle and/or its affiliates. All rights
reserved.

Oracle is a registered trademark of Oracle Corporation and/or its
affiliates. Other names may be trademarks of their respective
owners.

Type 'help;' or '\h' for help. Type '\c' to clear the current input
statement.

mysql>
```

위 명령어 수행이 되고 암호 입력까지 통과하면 mysql의 쉘 프롬프트에 진입하게 된다. 여기에서 아래 명령어들을 입력한다.

```
mysql> create database wordpress;
```

위 명령이 wordpress라는 데이터베이스를 만들라는 명령이다. 이름을 반드시 wordpress로 할 필요는 없다. 다른 이름을 사용하게 된다면 나중에 워드프레스 웹 어플리케이션을 설치하는 과정에서 방금 생성한 데이터베이스 이름을 적어야 하기 때문에 잘 기억해놓자.

```
mysql> exit
```

mysql을 종료하는 명령이다.

이제 콘솔에서 해야 하는 작업은 다 마쳤다. 이제부터는 웹 브라우저를 이용해서 웹에서 계속 설치를 진행한다. 웹 브라우저에서 http://서버주소/wordpress 주소로 접속하자.

예를 들어 서버의 IP 주소가 123.123.123.123이라면 http://123.123.123.123/wordpress라고 입력하면 된다.

그림 5-36 워드프레스 설치 첫 화면

위 그림처럼 환영메시지가 나온다면 워드프레스 접속에 성공한 것이다. 만약 나오지 않는다면 APM 설정 또는 워드프레스를 설치한 경로, 공유기 설정 상태 등을 다시 한번 확인해보길 바란다. 만약 우분투 로컬에서 웹 브라우저로 http://localhost/wordpress라고 접속했는데도 위와 같은 화면이 나오지 않는다면, 네트워크 문제가 아닌 APM 설정이나 워드프레스 설치 파일의 압축 해제 위치가 잘못됐을 가능성이 크다. 언급한 문제를 하나씩 검토해보면서 원인을 찾아서 해결하자.

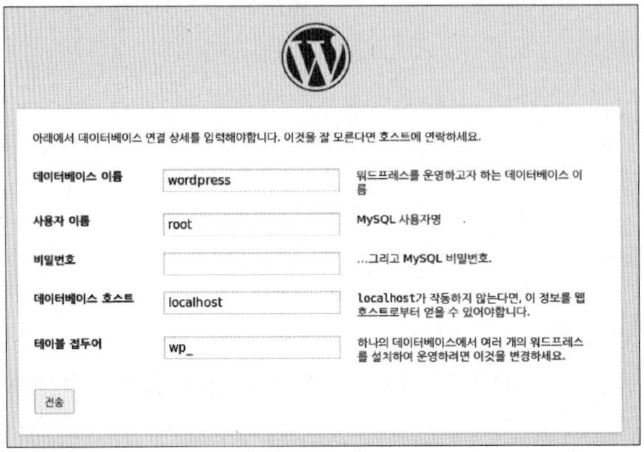

그림 5-37 데이터베이스 설정 화면

환영 메시지 화면에서 Let's go! 버튼을 누르면 다음으로 데이터베이스 연결 화면이 나온다. 데이터베이스 이름은 앞서 mysql에서 새롭게 생성한 데이터베이스 이름을 적어주면 된다. 사용자 이름은 root로 하고 비밀번호는 mysql root 계정 암호를 입력하면 된다. 모든 정보를 입력하고 전송 버튼을 누르면 데이터베이스 연결을 체크하고 자동으로 데이터베이스에 관련 데이터를 생성한다. 데이터베이스 연동에 문제가 없다면 아래와 같은 화면을 볼 수가 있다.

그림 5-38 데이터베이스 연동 성공 화면

설치 실행하기 버튼을 눌러서 다음 단계로 넘어가자.

그림 5-39 워드프레스 마지막 설정 화면

이제 마지막 단계이다. 설치할 홈페이지 이름, 관리자 계정, 관리자 암호, 이메일 등을 입력한다.

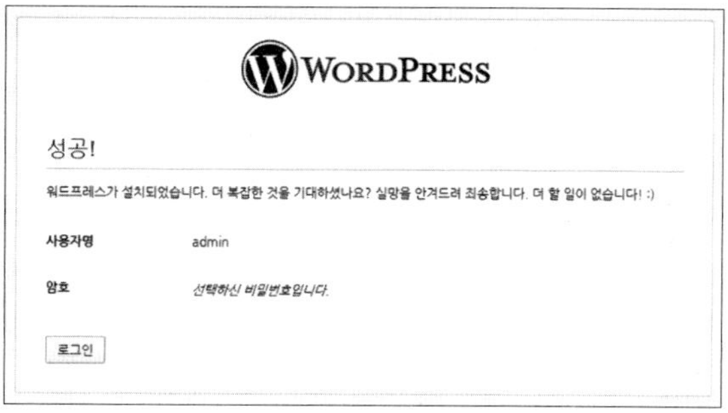

그림 5-40 설치 완료 화면

설치가 완료되었다. 생각보다 전혀 어렵지 않았을 것이다. 하지만 워드프레스 설정은 이제부터 시작이라고 해도 과언이 아니다. 기본적으로 지금 설치된 사이트는 매우 밋밋하고 보잘것없기 때문에, 자신만의 멋진 사이트를 만들기 위해서는 다양한 테마와 플러그 인 등을 설치하고 설정해줘야 한다. 워드프레스를 이용해서 멋진 사이트를 만드는 방법은 따로 책이 있을 정도로 많은 내용을 알아야 하기 때문에 여기서는 워드프레스를 설치 해본 것에서 정리한다.

나만의 웹하드 구축하기

이번 절에서는 서버에 웹하드를 구축하는 방법을 다룰 것이다. 서버에 파일을 저장하고 다운로드 받을 수 있는 방법에는 FTP, WebDAV, SAMBA 같은 다양한 종류의 서버가 존재한다. 하지만 이런 파일 전송에 특화된 서비를 이용하는 깃보다 웹을 통해서 파일을 읽고, 쓸 수 있는 웹 어플리케이션을 이용하면 매우 편리하다. 웹 브라우저만 있으면 어떤 컴퓨터에서든지 따로 프로그램을 설치하거나 복잡한 설정을 할 필요가 없기 때문이다.

웹 하드를 구축할 수 있는 웹 어플리케이션에도 종류가 다양하다. 유명한 프로그램으로는 OwnCloud, Pydio, Seafile, SparkleShare 등이 있다. 여기에서는 OwnCloud를 설치해볼 것이다. 설치가 쉽고 PHP, MySQL 기반으로 동작하기 때문에 이미 설치된 환경을 그대로 사용할 수 있기 때문이다.

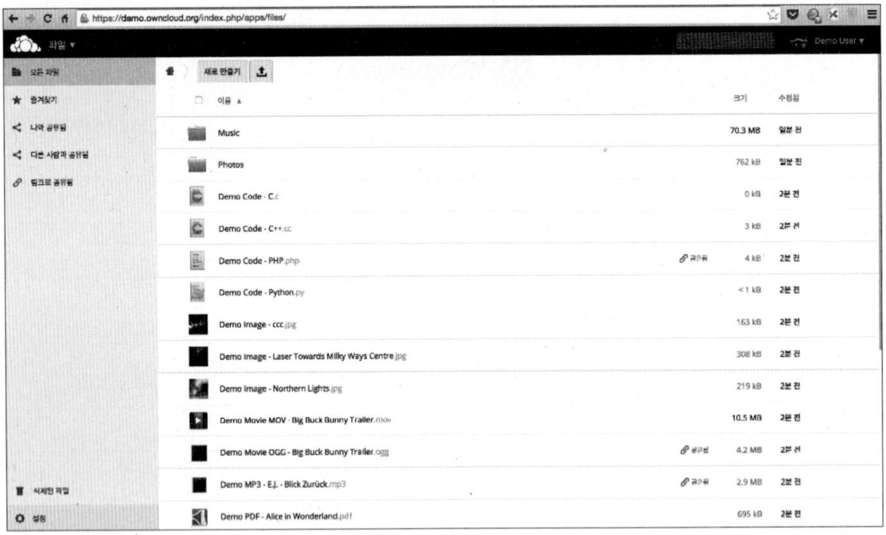

그림 5-41 OwnCloud 화면

ownClould는 다양한 기능을 가지고 있지만 주요한 기능을 소개하면 아래와 같다.

- **여러 PC 파일 동기화**

  N드라이브나 DropBox처럼 PC에 프로그램을 설치하면 ownClould 웹 어플리케이션과 컴퓨터를 동기화 해준다.

- **웹하드 기능**

  여러 사용자들에게 계정을 제공하고 웹하드처럼 사용할 수 있다.

- **모바일 앱 지원**

  모바일용 앱을 통해서 ownClould 서버에 접속할 수 있다. 이를 이용해서 음악을 듣거나 영화를 볼 수 있다.

OwnCloud 설치하기

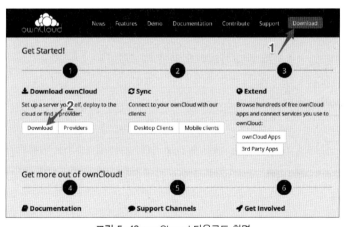

그림 5-42 ownCloud 다운로드 화면

https://owncloud.org로 접속해서 OwnCloud 웹사이트에 들어간다. 오른쪽 상단에 있는 Download 버튼을 누른다. 버튼을 누르면 위와 같은 화면이 나오는데 위 화면에서 다시 Download ownCloud에 있는 Download 버튼을 누른다.

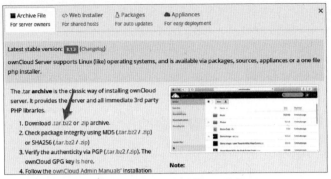

그림 5-43 ownClound 다운로드 화면2

위 그림 같은 화면이 뜨면 tar.gz2 파일을 다운로드 받으면 된다. 우분투가 설치된 컴퓨터에서 직접 웹 브라우저를 실행시켜서 파일을 받게 되면 OwnCloud 설치 파일을 따로 우분투로 옮기는 작업을 하지 않아도 되므로 할 수 있다면 우분투에서 직접 다운 받는 게 편하다.

다운받은 파일을 /var/www/html 디렉토리 아래로 옮겨야 한다. 만약 서버에서 직접 받았다면 /home/계정명/Download 폴더에 방금 받은 압축 파일이 있을 것이다. 아래 명령을 입력해서 해당 파일의 압축을 해제한다.

```
$ tar -xvf owncloud-8.1.3.tar.bz2
```

압축이 정상적으로 풀렸다면 하위 디렉토리에 owncloud라는 디렉토리가 생겼을 것이다. 해당 디렉토리를 /var/www/html 디렉토리 아래로 옮겨주자. 이때 root 권한이 필요하니 sudo 명령어를 붙여준다.

```
$ sudo mv ./owncloud /var/www/html/
```

/vaw/www/html로 복사된 디렉토리의 소유권을 아파치 웹 서버가 사용하는 계정인 www-data로 넘겨준다.

```
$ sudo chown  -R www-data.www-data /var/www/html/owncloud
```

여기까지 했다면 owncloud 파일 설치는 완료되었다. 이제 owncloud에 필요한 웹 서버 설정을 해야 한다. 가장 먼저 할 일은 라이브러리 설치이다. owncloud는 기본적인 PHP 라이브러리 외에도 추가적인 라이브러리를 사용하고 있다. 따라서 해당 라이브러리를 설치해주어야 한다.

```
$ sudo apt-get install php5-mcrypt php5-imagick php5-gd php5-json
php5-intl  php5-curl
```

다음으로 할 일은 아파치 모듈 활성화이다. 아파치 웹 서버에는 모듈이라 불리는 다양한 추가 기능이 존재하는데 이중 아래 명령을 이용해서 rewirte 모듈과 headers 모듈을 활성화시켜 준다.

```
$ sudo a2enmod rewrite
$ sudo a2enmod headers
```

참고

rewrite 모듈
서버의 URL을 새롭게 정의할 수 있게 해주는 모듈이다.

header 모듈
HTTP 프로토콜의 헤더를 조작할 수 있게 해주는 모듈이다.

이번에는 웹 서버에 저장된 파일을 아무나 접근할 수 없도록 설정을 해주자. 이 작업을 하지 않아도 ownCloud를 사용할 수는 있지만 보안상 해주는 게 좋다. 이 작업을 하지 않으면 자신의 개인적인 파일을 누구나 접근 가능할 수 있다. 아래 파일을 vi 편집기로 열어서 내용을 추가해준다.

```
$ sudo vi /etc/apache2/sites-available/000-default.conf

ServerAdmin webmaster@localhost
DocumentRoot /var/www/html

<Directory /var/www/>
    AllowOverride All
</Directory>
```

위에서 별색 글씨로 표시된 부분을 직접 추가해 주어야 한다. 지금까지 작업을 마쳤다면 이제 아파치 웹 서버를 다시 시작해서 새롭게 설정한 내용들을 반영시킨다.

```
$ sudo /etc/init.d/apache2 resetart
```

이번에는 mysql에 owncloud가 사용할 데이터베이스를 추가해준다.

```
$ mysql -u root -p
mysql> create database owncloud;
mysql> exit
```

콘솔 창에서 해야 할 작업은 모두 마쳤다. 이제 웹 브라우저를 이용해서 owncloud에 접속한 후 계속 설정을 진행하면 된다. 로컬에서 접속하는 경우라면 http://localhost/owncloud로 접속하면 된다. 아래와 같은 화면이 나오면 성공적으로 접속된 것이다.

그림 5-44 ownCloud 설정 화면

ownCloud의 관리자 계정을 설정해주자. Data folder는 파일이 저장되는 위치를 지정해주는 건데 특별한 이유가 없다면 그대로 둔다. Database 설정에는 User에 root를 입력하고 password에 mysql root 계정의 암호를 입력한다. name에는 owncloud라고 입력하면 된다.

모든 정보를 입력했다면 아래쪽에 있는 Finish Setup 버튼을 누른다. 데이터베이스 연동이 성공적으로 완료되었다면 아래와 같은 환영 메시지를 볼 수가 있다.

그림 5-45 ownClund 환영 메시지

    이제 설치가 완료되었다. 이제부터 ownCloud를 사용할 수 있다. ownCloud에는 다양한 기능이 있으니 하나씩 살펴보면서 기능을 익혀보자. ownCloud를 설치하면 영어 매뉴얼이긴 하지만 기본적으로 PDF 파일로 매뉴얼이 저장되어 있으니 한번 살펴보길 바란다.

정리하며

이번 장에서는 리눅스에서 가장 많이 쓰이는 서버 프로그램 몇 가지를 구축해보았다. 특히, 집에서 사설 사업자망을 이용하는 독자들이 직접 서버를 구축할 수 있게 네트워크 환경을 구성하는 법을 살펴보았다. 또한 기본적인 서버 소프트웨어(SSH나 웹서버 등)를 설치하는 방법과 간단하게나마 운용 방법을 알아보았다.

    실무 환경이라고 해서 이와 크게 다르지 않다. 물론, 실무 환경은 대용량의 데이터가 전송되기 때문에 엄청난 부하를 견뎌내기 위한 수많은 기술들을 배워야 하고 다양하게 발생하는 시스템 장애에 대한 대처 능력을 키워야 한다. 이러한 전문가로 가기 전에 여러분은 이 장에서 소개한 프로그램 외에도 다양한 프로그램들을 설치해보고 활용해보면서 좀더 서버 관리와 운용에 익숙해지는 계기가 되기를 바란다.

다음 장에서는 좀더 다양한 리눅스 활용 예를 한번 살펴볼 것이다.

1. XShell을 설치한 후 SSH를 통해 우분투에 접속해보자.

2. XFtp로 직접 서버에 접속해서 우부투에 있는 파일을 다운받아보자.

3. noip.com을 이용해서 ddns 도메인을 하나 만들어보자.

4. 집에서 인터넷 공유기를 사용한다면 우분투로 SSH가 외부 접속이 가능하도록 포트 포워딩을 설정해보자.

5. 아파치 웹 서버의 포트 번호를 8080으로 바꿔보자.

6. 자신의 워드프레스에 테마를 받아서 설치해보자.

7. 스마트폰용 ownClould 앱을 받아서 자신의 서버에 접속해보자.

※ 별도로 제공되는 해답은 없습니다. 궁금한 점은 Q&A 게시판에 글을 남겨주세요.
(roadbook.zerois.net/qna)

1. 외부에서 공유기 내부 사설 IP로 운영중인 서버에 접속하려면 어떤 작업을 해야 하는가?

2. 포트 포워딩과 DMZ 서버의 차이점은 무엇인가?

3. 웹 어플리케이션이란?

4. 왜 /var/www/html 디렉토리의 권한과 소유자가 중요한가?

5. 서버 컴퓨터의 IP 할당 방식을 DHCP로 하게 되면 어떤 문제점이 발생하는가?

6. 집에서 서버를 구축할 때 DDNS를 사용하지 않으면 어떤 문제점이 발생하는가?

※ 별도로 제공되는 해답은 없습니다. 궁금한 점은 Q&A 게시판에 글을 남겨주세요.
(roadbook.zerois.net/qna)

6장
이제 시작일 뿐,
구루를 향해

이 장을 시작하기 전에

지금까지 잘 따라 왔다면 이제는 어느 정도 우분투에 익숙해졌을 것이다. 지금까지 읽으면서 느꼈듯이 이 책에서는 우분투가 가지고 있는 다양한 기능과 특징을 살펴보는 데 중점을 두었다. 쉽다면 쉽고 어렵다면 어려울 수 있는 내용들이지만 사실 지금까지 다룬 내용들은 우분투를 다루는 데 있어서 기초적인 부분이다.

지금까지 다룬 내용이 재미있고 우분투에 매력을 느꼈다면 중급으로 올라갈 준비가 된 것이다. 우분투를 더 강력하게 다루고 세세한 부분까지 설정하기 위해서는 지금까지 살펴본 내용보다 더 많은 지식을 습득해야 한다. 이 책의 마지막 장인 6장에서는 이 책에서 다루지 못한, 하지만 고수가 되기 위해서 습득해야 할 내용에 대해서 간단히 소개하도록 하겠다.

막혔을 때 해결하는 방법

우분투를 배우기 위해 책에 나온 예제를 따라 하다 보면 간혹 예제대로 되지 않고 에러가 발생하거나, 책에 설명한 내용과는 다른 방향으로 진행되는 경우가 발생할 수 있다. 여러 가지 이유가 있을 수 있겠지만 특히 주요한 원인을 생각해 보면 다음과 같은 원인이 있을 수 있다.

1. 하드웨어 특성에 따른 에러

우분투는 대부분의 하드웨어에서 뛰어난 호환성을 제공하지만, 종종 하드웨어간 충돌이나 호환성에 따른 에러를 만나게 된다. 보통 최신의 하드웨어를 장착한 경우나 너무나 대중적이지 않은 하드웨어를 사용할 경우 발생한다. 이런 오류들은 보통 하드웨어를 제작하는 제조사에서 해결책을 제시해주거나 관련 업데이트를 제공해주면 되지만, 우분투를 잘 지원해주는 하드웨어 제조사는 많지 않다. 이럴 경우는 안타깝지만 잘 인식이 안 되거나 오류가 나는 하드웨어는 다른 하드웨어로 교체해서 사용하는게 해결책이다.

하드웨어 문제인지 아닌지를 확인하는 확실한 방법은 의심되는 하드웨어를 한번 교체해봐서 문제가 해결되는지 보는 것이다. 예를 들어 그래픽 카드 호환성이 의심된다면, 다른 그래픽 카드를 이용해서 설치를 시도해보는 것이다.

2. 프로그램 버전에 따른 에러

책을 집필할 당시에 사용했던 버전이 아닌 다른 버전이 설치될 수 있다. 프로그램 기능이 새롭게 추가되거나 기존 기능이 삭제되면서 책에서 설명한 것과는 다르게 설정을 해야 할 수도 있다. 이럴 경우 해당 프로그램의 공식 사이트에 가서 매뉴얼이나 튜토리얼을 참고하는 게 가장 확실하다. 아니면 다른 사용자가 설치한 사례를 검색해서 참고하는 것도 좋다.

3. 패키지간 호환성에 따른 에러

우분투 패키지 업데이트는 프로그램간 호환성 테스트를 내부적으로 진행하고 테스트를 통과한 패키지만 배포한다. 하지만 테스트 해야 할 패키지가 수만 개가 넘어가기 때문에 간혹 드물게 예상치 못한 충돌이 발생하기도 한다. 이런 경우는 흔치 않지만 발생하게 되면 해결하기가 어렵다. 관련 에러 메시지를 구글에서 검색해서 다른 사용자들이 해결한 사례가 있는지를 찾는 게 가장 효과적인 방법이다.

위에서 설명한 원인 외에도 실제로 우분투를 사용하다 보면 정말 다양한 에러를 만나게 된다. 책에서 이런 모든 경우에 대한 에러를 예상해서 해결책을 알려주기란 정말 어려운 문제이다. 따라서 이런 예상치 못한 오류를 만나게 되면 인터넷을 통해서 해결책을 찾아가는 방법을 익혀야 한다.

이유를 알 수 없는 에러를 만났을 경우 가장 처음 시도해야 하는 방법은 해당 오류 메시지를 구글 검색창에 입력한 후에 검색하는 방법이다. 네이버 같은 한국 포털에서 검색하는 것은 추천하지 않는다. 우분투에 관한 자료는 대부분 영어 자료이기 때문에 구글링을 하는 게 확실한 방법이다.

구글에서 검색을 하면 매우 다양한 페이지가 검색이 되는데 우선적으로 stackoverflow.com 사이트에 올라온 질문과 답변을 살펴보는게 좋다. stackoverflow.com은 질문과 답변을 올리는 사이트로 가장 많은 답변 자료를 가지고 있고, 사용자가 좋은 답변인지를 평가하기 때문에 신뢰할 만한 답변이 많다.

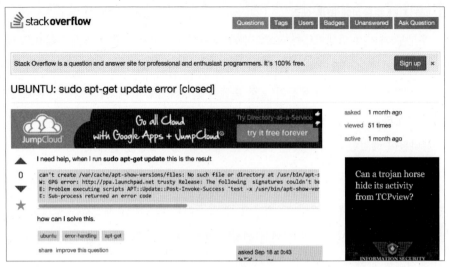

그림 6-1 stackoverflow.com

다음으로는 우분투 재단에서 관리하고 있는 ubuntuforums.org나 askubuntu.
com에 올라온 자료도 참고할 만하다. 이 사이트들은 특히 우분투에 관한 질문과 해결책이 모여 있기 때문에 우분투 사용자들에게 유용한 해결 방법이 많이 있다. 하지만 다른 리눅스 배포판에 관한 자료는 다루지 않기 때문에 일반적인 리눅스에서 발생하는 문제일 경우 stackoverflow가 더 유용하다.

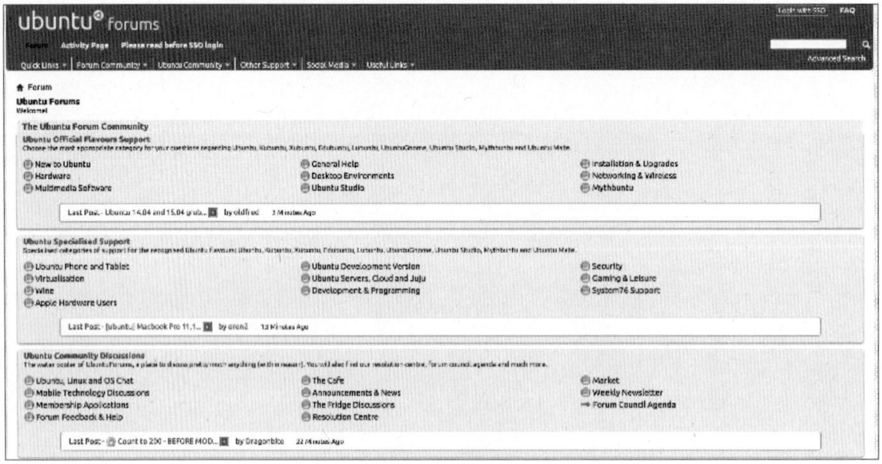

그림 6-2 ubuntuforums.org

이렇게 질문을 검색하는 방법 말고도, 관련 매뉴얼이나 자료를 찾아서 살펴보는 방법도 있다. 우분투 공식 사이트에는 다양한 주제를 다루는 문서들이 있다. help.ubuntu.com으로 접속해서 어떤 문서들이 있는지 살펴보자.

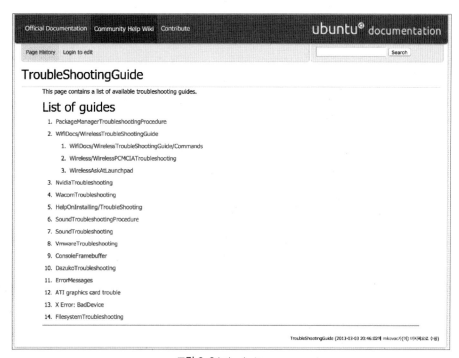

그림 6-3 help.ubutnu.com

지금까지 계속 영문자료만 소개했는데, 한국어로 된 우분투 관련 자료가 많지 않아서 영어로 자료를 찾는 게 더 수월하기 때문이다. 그래도 몇몇 국내 사이트들은 질문/답변 같은 활동이 있고 한글 문서도 제공하고 있으니 소개하도록 하겠다.

그림 6-4 wiki.kldp.org

KLDP[Korea Linux Documentation Project] 사이트는 역사가 오래된 리눅스 문서 한글화 사이트이다. 유저들이 자발적으로 다양한 주제에 관한 기술적인 문서들을 한글화하거나 한글 문서를 만들어간다. 리눅스 시스템에 전반적인 내용들을 다루고 있으며 우분투에 특화된 내용을 다루고 있지는 않는다. 하지만 우분투도 리눅스 배포판이므로 많은 문서가 참고할 만하다. 최근에는 활발하게 활동하지 않기 때문에 자료가 최신 정보가 아닌 경우가 있으니 문서의 작성날짜를 확인하자.

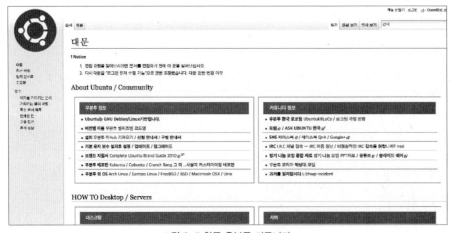

그림 6-5 한국 우분투 커뮤니티

www.ubuntu-kr.org는 한국 우분투 커뮤니티 사이트이다. 우분투에 관한 다양한 매뉴얼들이 한글화되어 있다. 또한 질문/답변 기능도 제공하고 있어서 한글로 궁금한 점을 질문할 수 있다. 여기에 존재하는 문서들 역시 영문 버전에 비해 수가 적은 편이고 최신 버전이 아닐 수 있으므로 확인하고 살펴보자.

고수가 되기 위해 알아야 할 것들

지금까지 살펴본 내용들만 익혀도 우분투를 사용하고 즐기는 데는 문제가 없다. 하지만 뭔가 부족한 느낌이 든다. 일반 사용자 수준을 넘어서 관리자 수준이 되기 위해서는 더 많은 내용을 배워야 한다. 마지막 절에서는 앞으로 어떤 내용을 더 배워야 하는지 간단한 기초지식과 함께 살펴보도록 하겠다. 여기에 소개되는 기초지식을 바탕으로 해당 내용에 관심 있는 독자들은 관련 문서를 찾아서 익히면 된다.

쉘 스크립트(Shell Script)

쉘 스크립트를 활용하면 쉘이 해석해서 수행할 수 있도록 해주는 일종의 프로그램 같은 기능을 만들 수 있다. 일반적으로 프로그램들은 사람이 알아보기 힘든 실행파일(바이너리) 형태로 존재한다. 그에 반해 쉘 스크립트는 사용자가 작성한 텍스트 형태 그대로 존재하며, 사용자가 쉘 스크립트를 실행하면 쉘 프로그램이 스크립트 파일을 읽어서 해석한 다음에 해당 명령을 수행하는 형태이다.

사용자는 쉘 스크립트를 이용해서 반복 작업을 자동화하거나 조건에 따라 다양한 형태로 작업을 수행하게 할 수 있다. MS윈도우도 이런 스크립트를 지원하지만 리눅스에 비하면 비교적 간단한 기능만을 제공한다. 리눅스 쉘 스크립트는 기능이 훨씬 강력하다. 여기에서는 간단하게 쉘 스크립트를 작성하는 법을 살펴보자.

가장 기초적인 쉘 스크립트 만들어보기

우선 한번 쉘 스크립트를 만들어보자. 자신의 홈 디렉토리에서 test.sh라는 파일을 만들어서 아래 내용을 작성한다.

```
$ vi test.sh
#!/bin/sh
echo 'hello world'
```

위 코드를 실행해보자.

```
$ sh ./test.sh
hello world
```

쉘 스크립트를 실행하려면 sh라는 명령을 이용해야 한다. 아니면 파일에 실행 권한을 주면 된다.

```
$ chmod 755 ./test.sh
$ ./test.sh
hello world
```

이처럼 쉘 스크립트에 실행 권한을 주면 보통 실행파일처럼 사용할 수 있다.

이번에는 작성한 쉘 스크립트를 살펴보자.

가장 중요한 부분은 첫 줄이다. 해당 파일이 쉘 스크립트라는 것을 알려주는 부분이므로 #!/bin/sh는 반드시 쉘 스크립트의 맨 첫줄에 항상 들어가야 한다. 다음 줄에 있는 echo라는 명령은 명령어 뒤에 적힌 문자열을 그대로 출력해주는 명령어이다.

쉘 스크립트 기초 문법

쉘 스크립트 안에서 특정한 값을 담고 있는 변수를 만들 수 있다.

```
VAR1=10
VAR2=20
```

위 소스처럼 변수명=값 이렇게 적으면 되는데, 주의할 점은 = 사이에 빈 공간을 넣으면 안 된다. 예를 들어서,

```
VAR1 = 10 (x)
VAR1= 10 (x)
VAR1 =10 (x)
```

위 세 가지 경우는 전부 잘못된 문법이다.

변수를 쉘 스크립트 안에서 사용하려면 변수명 앞에 $를 붙여야 한다. 아래 예제는 echo문을 이용해서 변수의 값을 출력하는 소스이다.

```
#!/bin/sh
VAR1=10
echo VAR1 Value is $VAR1
```

위 코드를 실행시키면 아래와 같은 결과가 나온다.

```
$ sh ./test.sh
VAR1 Value is 10
```

외부 환경 변수값도 동일하게 쉘 스크립트에서 사용할 수 있다. 예를 들면 PATH 환경 변수값을 출력하는 것도 가능하다. PATH 환경 변수를 쉘 스크립트 안에서 선언 하지 않았지만 외부 환경 변수에 있기 때문에 값이 출력된다.

```
#!/bin/sh
echo $PATH
```

이번에는 조건문에 대해 알아보자. 조건문은 조건에 따라서 조건이 참인 경우와 거짓인 경우 수행하는 명령을 다르게 할 수 있도록 해주는 문법이다.

```
if [ 조건문 ]
then
    참인 경우 수행할 내용
else
    거짓인 경우 수행할 내용
fi
```

중요한 점은 조건문 첫 줄에서 대괄호 []가 사용되는데, 이 때 대괄호와 조건문 사이에는 반드시 빈칸이 존재해야 한다. 예를 들어서 if [조건문] 이런 식으로 붙이면 오류가 난다. 조건문 예제 하나를 살펴보자.

```
#!/bin/sh
VAR1=10
VAR2=20
if [ $VAR1 -gt $VAR2 ]
then
    echo hello
else
    echo bye
fi
```

위 예제는 VAR1 변수가 VAR2보다 큰지를 검사하고, 만약 크다면 hello라는 문자열을 출력하고 만약 작다면 bye라는 문자열을 출력하는 예제이다.

조건문에서 사용된 -gt 문법은 앞쪽 변수가 뒤쪽 변수보다 큰지 검사하는 문법이다. 이런 종류의 문법에는 아래와 같은 것들이 있다.

표 6-1 숫자 비교 조건

A -eq B	A와 B 두 값이 같으면 참
A -ne B	A와 B 두 값이 같지 않다면 참
A -gt B	A 〉 B이면 참
A -ge B	A 〉= B이면 참 (A가 B보다 크거나 같으면 참)
A -lt B	A 〈 B이면 참
A -le B	A 〈= B이면 참 (A가 B보다 작거나 같으면 참)
!A	A가 참이면 거짓, A가 거짓이면 참 (부정)
A -a B	A와 B 둘 다 참이면 참
A -o B	A 또는 B 중 하나가 참이면 참

표 6-2 문자 비교 조건

A	A라는 변수가 존재하면 참
A = B	A와 B가 같다면 참
A != B	A와 B가 같지 않다면 참

표 6-3 파일 비교 조건

-a	파일이 존재한 경우 참
-d	파일이 존재하고 디렉토리인 경우 참
-e	파일이 존재하고 파일이 있는 경우 참
-f	파일이 존재하고 정규 파일인 경우 참
-r	파일이 존재하고 읽기 가능한 경우 참
-s	파일이 존재하고 0보다 큰 경우 참
-w	파일이 존재하고 쓰기가 가능한 경우 참
-x	파일이 존재하고 실행 가능한 경우 참

위 조건들 외에도 더 다양한 조건들이 있으니 자세한 내용은 관련 자료를 참고하자.[1]

이번에는 반복문에 대해 알아보자. 반복문은 조건이 참이면 계속 특정 구문을 반복해주는 문법이다.

```
while [ 조건문 ]
do
    수행할 내용
done
```

위 while문 예제에서 사용되는 조건문도 if에 사용되는 조건문과 동일하게 위 표에서 나오는 형식들을 사용할 수 있다. 관련 예제를 하나 살펴보자.

---

1 https://en.wikibooks.org/wiki/Bash_Shell_Scripting

```
#!/bin/sh

VAR=10
while [ $VAR -gt 0 ]
do
    VAR=$(($VAR-1))
    echo VAR is $VAR
done
```

위 예제는 VAR 변수 값을 10에서부터 -1씩 계속 감소시킨다. 이런 작업을 0까지 계속 반복하면서 echo로 값을 출력하는 코드이다. 위 예제에서 특이한 부분은 $(( )) 문법이다. 이 문법은 쉘 스크립트에게 해당 변수에 산술 연산을 하라는 문법이다. 이런 요청을 하지 않으면 쉘 스크립트는 해당 변수를 문자열로 인식하기 때문에 이상한 결과가 나온다.

예를 들어 위 예제에서 VAR=$VAR-1이라고만 적었다면 VAR 값에는 10-1이라는 의도치 않은 값이 들어가서 제대로 코드가 동작하지 않는다.

이번에는 for 반복문을 살펴보자. for 반복문은 특정 변수에 들어있는 값의 개수만큼 반복하면서 각각의 값을 처리할 수 있도록 해주는 문법이다.

문법은 다음과 같다.

```
for item in list
do
    수행할 내용
done
```

for문은 list에 있는 항목들이 각각 item에 뽑혀서 반복되기 때문에 while문보다 더 유용한 반복을 수행할 수 있다.

예를 살펴보자.

```
#!/bin/sh

for var in 0 1 2 3 4
do
    echo $var
done
```

위 명령을 실행하면 아래와 같은 결과가 나온다.

```
$ sh ./test.sh
0
1
2
3
4
```

쉘 스크립트는 여기서 다룬 문법 외에도 더 많은 문법이 있다. 이런 문법들을 다 설명하려면 양이 너무 많기 때문에 관련 자료를 인터넷에서 찾아서 살펴보면서 익히도록 하자.

쉘 스크립트 사용 예제

실제로 쉘 스크립트 문법들을 이용해서 무언가 작업을 할 수 있는 코드를 한번 살펴보자.

```
#!/bin/sh
if [ -f /etc/issue ]
then
    # 파일이 존재하면, 복사하고 메시지를 출력한다.
cp /etc/issue ./
echo "Done."
else
    # 파일이 존재하지 않으면, 메시지를 출력하고 프로그램을 종료한다.
    echo "This file does not exist."
    exit
fi
```

위 스크립트의 동작을 살펴보자.

만약 /etc/issue 파일이 존재한다면, 해당 파일을 현재 디렉토리로 복사하고 없다면 없다는 메시지를 보여주고 종료하는 스크립트이다.

if 문법에서 조건문을 통해서 파일의 존재 유무를 확인하는데, -f는 파일이 존재한다면 참을 리턴하는 파일 검사 조건이다. 코드 중간에 특이하게 #이 맨 앞쪽에 있는 라인이 있는데, 이는 주석을 의미한다. 주석은 코드 수행에 영향을 주지 않는다. 따라서 다양한 코멘트나 설명을 적는다. 주석을 적기 위해서는 반드시 해당 줄은 #으로 시작해야 한다.

```sh
#!/bin/sh

echo -n "Enter file name : "
read file

if [ -w $file ]
then
    W="Write = yes"
else
    W="Write = No"
fi

if [ -x $file ]
then
    X="Execute = yes"
else
    X="Execute = No"
fi

if [ -r $file ]
then
    R="Read = yes"
else
    R="Read = No"
fi
```

```
echo "$file permissions"
echo "$W"
echo "$R"
echo "$X"
```

위 예제는 사용자로부터 파일명을 입력 받아서 해당 파일의 권한 정보를 출력하는 쉘 스크립트이다. 스크립트의 4번째 줄에 read file이라는 명령이 있다. read 문법은 사용자로부터 값을 입력 받아서 변수에 저장한다. 위 예제에서는 file이라는 변수에 사용자 입력 값을 저장하게 된다.

사용자가 입력한 파일명을 -w -x -r 같은 파일 비교 조건을 이용해서 각각 W, X, R 변수에 권한 정보 메시지를 저장한다.

위 명령을 실행하면 아래와 같은 출력이 나온다.

```
$ sh ./test.sh
Enter file name : test.sh  <- test.sh는 사용자가 입력한 내용이다.
test.sh permissions
Write = yes
Read = yes
Execute = No
```

지금까지 쉘 스크립트의 기본을 다뤄보았다. 하지만 실전에서 사용할 만한 강력한 스크립트를 만들기 위해서는 더 많은 내용을 익혀야 한다.

GRUB – 우분투 공식 부트로더

GRUB은 우부투의 공식 부트로더 프로그램이다. GRUB을 이해하기 위해서는 우선 부트로더에 대해 기본 지식이 필요하다.

컴퓨터가 켜지고 부팅이 시작되면 BIOS라는 메인보드에 장착된 프로그램이 먼저 실행된다. BIOS는 기본적인 시스템 셋팅을 진행하고 컴퓨터에 연결된 하드웨어를 체크한다. 그리고 나서 하드디스크, USB 메모리, DVD 같은 저장 장치 중에서 부팅 가

능한 장치가 있는지 검사하고 부팅 가능한 장치를 찾았다면 해당 장치에게 컴퓨터 제
어권을 넘겨준다. 이때 GRUB같은 부트로더가 제어권을 넘겨 받게 된다.

부트로더는 저장 장치에 설치된 운영체제에 대한 정보를 알고 있어 설치되어 있는
운영체제를 부팅할 수 있게 해준다.

이렇게 부트로더를 통한 부팅 작업을 수행하게 되면 여러 장점이 있다. 리눅스와
MS윈도우를 동시에 사용할 수도 있고, 리눅스도 여러 버전을 동시에 사용할 수 있다.
또한 부트로더는 리눅스를 부팅하기 위해 로딩하는 과정에서 여러 가지 파라미터를
설정할 수 있는데 이런 파라미터에 따라서 운영체제의 여러 기능을 수행할 수도 있다.

예를 들어 루트 암호를 잃어버렸다면 부르로더에서 부팅 파라미터를 변경해서 리
눅스를 리커버리 모드로 부팅할 수도 있다. 여기서는 GRUB을 이용해서 할 수 있는
몇 가지 작업을 살펴보자.

리커버리(Recovery) 모드로 부팅하기

우분투를 사용하다 보면 부팅 도중에 문제가 생겨 더 이상 진행이 안 되거나, 관리자
암호를 까먹어서 로그인을 할 수 없는 등 다양한 위기 상황을 맞게 된다. 이때 활용할
수 있는 리커버리 모드(또는 싱글모드라고 부름)가 존재한다. MS윈도우의 안전 모드
와 비슷하다.

리커버리 모드에서는 부팅에 필요한 최소한의 기능만을 활성화시키기 때문에 시
스템에 문제가 생겼을 때 사용하면 유용하다. 리커버리 모드로 들어가는 실습을 위해
우분투를 부팅한다.

그림 6-6 Advanced option 선택 화면

GRUB이 실행되면 위 그림과 같은 선택 화면이 나타난다. 이 때 엔터를 치거나 아무런 키를 누르지 않고 가만히 기다리면 자동으로 우분투가 부팅이 된다. 여기서는 키보드의 커서키를 이용해서 위 그림처럼 Advanced options for Ubuntu를 선택한 다음 엔터를 친다.

그림 6-7 Advanced option에서 recovery mode 선택 화면

그러면 위 화면 같은 메뉴가 다시 나온다. 다시 커서키를 이용해서 recoverymode로 이동한 다음 엔터키를 입력한다.

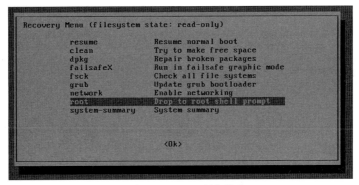

그림 6-8 root 모드 선택 화면

리커버리 모드로 부팅이 진행되면 위와 같은 화면이 나타난다. 다양한 옵션이 있지만 가장 중요한 옵션은 root 옵션이다. 나머지 기능들도 root 옵션 안에서 명령어를 이용해서 동일하게 진행할 수 있는 옵션들이다.

키보드를 이용해서 root 모드로 이동한 다음 엔터를 치면 바로 루트 권한으로 쉘이 뜨게 된다. 여기에서 필요한 작업을 진행하면 된다. 예를 들어서 암호를 잃어버린 경우라면 아래와 같이 입력해서 암호를 새롭게 설정해 주고 재부팅을 해준다.

```
# passwd 계정명
# reboot
```

GRUB 대기 시간 변경하기

추천하지는 않지만 GRUB에서 엔터를 따로 입력하지 않아도 즉시 우분투로 부팅되게 할 수 있다. 이렇게 하는 이유는 부팅시에 GRUB에서 최대 수십초(기본 10초)를 대기를 하는데 이 시간이 너무 길어서 없애는 경우이다.

즉시 부팅하게 되면 다른 옵션을 선택하는 게 불가능하므로 불편할 수 있다. 대안으로 대기 시간을 2~3초 정도로 줄이는 것을 추천한다. 해당 GRUB 관련 설정은 아래 파일에 존재한다.

```
$ sudo vi /etc/default/grub

...생략...
GRUB_DEFAULT=0
#GRUB_HIDDEN_TIMEOUT=0
GRUB_HIDDEN_TIMEOUT_QUIET=true
GRUB_TIMEOUT=3
GRUB_DISTRIBUTOR='lsb_release -i -s 2> /dev/null || echo Debian'
GRUB_CMDLINE_LINUX_DEFAULT="quiet splash"
GRUB_CMDLINE_LINUX=""
```

위에서 굵은 글씨로 표시한 부분이 원본에서 수정한 부분이다. GRUB_TIMEOUT 항목이 최대 기다리는 시간을 의미한다. 위에서는 3초간 대기하라고 설정했다.

해당 파일 내용을 변경한 후에 저장하고 나왔다고 해당 내용이 반영되지 않는다. 아래 명령어를 입력해야 정보가 갱신된다.

```
$ sudo update-grub
```

이제 우분투를 재부팅하면 GRUB에서 대기 시간이 줄어든 것을 확인할 수 있다.

예약 작업(cron, at)

주기적으로 반복적인 작업을 하고 싶은 경우 작업 예약을 걸어 놓을 수 있다.

cron을 사용하게 되면 하루, 일주일, 한달처럼 주기를 정해서 반복적으로 작업을 수행할 수 있다.

at를 사용하게 되면 일회성으로 예약을 걸 수 있다. 예약 작업을 설정할 때 보통은 쉘 스크립트를 작성해서 동작시킨다.

cron을 이용한 반복 작업 설정하기

cron을 이용해서 주기적으로 작업을 수행하게 하는 방법에는 몇 가지가 있는데 그 중에서 가장 쉬운 방법은 /etc/cron 폴더를 이용하는 것이다.

/etc/cron.hourly	매 시간마다 실행됨
/etc/cron.daily	매일 오전 6시에 실행됨
/etc/cron.weekly	매주 일요일 오전 6시에 실행됨
/etc/cron.monthly	매월 1일 오전 6시에 실행됨

위 디렉토리 중에서 자신에게 적절한 디렉토리를 고른 다음에 실행하고자 하는 쉘 스크립트를 넣어 놓고 실행 권한만 설정해 놓으면 자동으로 일정에 맞춰서 실행이 된다.

예를 들어보자. 매 시간마다 자신의 홈 디렉토리의 용량을 계산해서 hdd.txt 파일에 저장하도록 하고 싶다고 하자.

우선 쉘 스크립트를 만들어 보자.

```
$ vi check_size.sh
```

```
#!/bin/sh
du ~ -h | tail -1 > ~/hdd.txt
```

새롭게 만든 쉘 스크립트를 위 폴더 중에서 /etc/cron.hourly로 복사한다. 그리고
실행 권한을 설정해 준다. 보안상 cron 폴더들은 관리자 권한이 있어야 복사가 가능
하다.

```
$ sudo cp check_size.sh /etc/cron.hourly
$ sudo chmod 755 /etc/cron.hourly/check_size.sh
```

이제 cron 프로그램이 알아서 주기적으로 해당 스크립트를 실행시켜 줄 것이다.

이번에는 cron을 이용해서 자신이 원하는 시간에 스크립트를 수행토록 하는 방법
을 살펴보자.

```
$ crontab -e
```

위 명령을 입력하면 파일을 편집할 수 있는 에디터가 뜬다. 그리고 아래와 같은 내
용의 파일이 자동으로 로딩되어 있을 것이다.

```
 1 # Edit this file to introduce tasks to be run by cron.
 2 #
 3 # Each task to run has to be defined through a single line
 4 # indicating with different fields when the task will be run
 5 # and what command to run for the task
 6 #
 7 # To define the time you can provide concrete values for
 8 # minute (m), hour (h), day of month (dom), month (mon),
 9 # and day of week (dow) or use '*' in these fields (for 'any').#
10 # Notice that tasks will be started based on the cron's system
11 # daemon's notion of time and timezones.
```

```
12 #
13 # Output of the crontab jobs (including errors) is sent through
14 # email to the user the crontab file belongs to (unless redirected).
15 #
16 # For example, you can run a backup of all your user accounts
17 # at 5 a.m every week with:
18 # 0 5 * * 1 tar -zcf /var/backups/home.tgz /home/
19 #
20 # For more information see the manual pages of crontab(5) and cron(8)
21 #
22 # m h  dom mon dow   command
23 * * * * * ~/check_size.sh
```

위 내용 중에서 23번째 라인은 필자가 입력한 내용이다. 뜻을 살펴보면, 매 분마다 계속 ~/check_size.sh 파일을 실행하라는 의미이다. 여기에서 중요한 부분은 앞쪽에 있는 *의 역할이다. *이 의미하는 바는 아래와 같다.

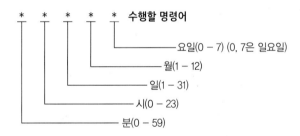

설명으로 필드를 하나씩 설명하는 것보다 다양한 예제를 통해서 이해해보자.

표 6-4 cron 작업 설정 예시

*	*	*	*	*	매 분마다 명령어를 수행하라
30	*	*	*	*	매 30분마다 명령어를 수행하라
0	6	*	*	*	매일 6시마다 명령어를 수행하라
0	6	30	*	*	매월 30일 6시마다 명령어를 수행하라
0	6	*	*	7	매 일요일 6시마다 명령어를 수행하라

위 표처럼 자신이 원하는 시점에 작업을 수행토록 설정할 수 있다. 위 예제보다 더 복잡한 일정 설정도 가능하니 관심 있는 독자는 관련 자료를 찾아서 익히도록 하자.

at을 이용해서 작업 예약하기

at 명령은 반복적으로 수행해야 하는 작업이 아니라 특정 시간에 작업을 예약하고 싶을 때 사용한다. 예를 통해 살펴보자. 만약 지금으로부터 2시간 뒤에 앞에서 만든 check_size.sh 쉘 스크립트를 한번 수행하고 싶다고 하자.

아래와 같이 입력하면 된다.

```
$ at now +2hours
at> ./check_size.sh
at> 키보드 ctrl+d를 누른다
job 2 at Sat Jan  2 04:28:00 2016
```

위 예제처럼 at 명령을 입력하면 명령어를 입력 받는 프롬프트가 나온다. 이 프롬프트에 예약 실행하고자 하는 명령어들을 입력하면 된다. 여러 줄을 계속 입력할 수도 있다. 입력이 완료되었다면 키보드 ctrl+d를 누르면 빠져 나온다.

현재 예약되어 있는 작업의 목록을 보고 싶다면 아래 명령을 입력한다.

```
$ at -l
2       Sat Jan  2 04:28:00 2016 a jundols
```

예약된 작업을 취소하고 싶다면 아래 명령을 입력한다.

```
$ at -r 2
```

명령어 뒤쪽에 있는 숫자 2는 삭제하고자 하는 작업 번호를 의미한다. 작업 번호는 at -l 명령으로 확인할 수 있다.

마지막으로 아래 표는 at 명령어로 예약할 수 있는 다양한 예시를 보여주고 있다.

표 6-5 다양한 at 예약 방법

at 5:00 Nov 10	11월 10일 5시에 예약 작업을 수행
at 4pm + 3days	3일 후 오후 4시에 예약 작업을 수행
at 05092016	2016년 5월 9일에 예약 작업을 수행(MMDDYYYY)
at tomorrow	내일 예약 작업을 수행

at 명령이나 cron 명령들의 모든 내용을 다루기엔 양이 너무 많아서 이 정도만 살펴보도록 하겠다. 더 깊이 배우고 싶은 독자는 관련 자료를 참고하길 바란다.

정규 표현식(Regular Expression)

정규 표현식 기초 문법

컴퓨터로 문자열을 다루는 것은 상당히 까다로운 작업이다.

예를 들어서 특정 디렉토리에 파일이 수백 개가 있다고 할 때 이름에 특정 단어를 포함하는 몇몇 파일만 선택해야 한다고 하면 어떻게 해야 할까?

보통 사용자라면 그냥 수작업으로 하나씩 선택할 것이다. 정확한 문자열 규칙을 컴퓨터에게 알려주기가 까다롭기 때문이다. 이에 대한 해결책으로 정규 현식이란 기능이 있다.

정규 표현식을 이용하게 되면 복잡한 문자열 검색을 효율적으로 처리할 수 있다. 정규 표현식은 딱히 리눅스에서만 사용되는 규칙은 아니며 문자열을 다루는 다양한 프로그램에서 대부분 지원하는 기능이므로 어렵지만 익혀두면 편하다.

우선 정규 표현식의 복잡한 문법을 살펴보기 전에, 간단한 예제를 하나를 먼저 살펴보자.

```
$ find . -regex '.*/[a-z]*.txt'
./hdd.txt
./.toolkit/src-highlight/command.txt
./.toolkit/idutils/readme.txt
```

위 예제는 find 명령이 정규 표현식을 이용해서 파일을 찾는 것을 보여준다.

현재 디렉토리와 하위 디렉토리들 안에 있는 소문자 알파벳으로 시작되는 모든 .txt 파일을 찾도록 하고 있다. find 명령이 정규 표현식을 사용하기 위해서 -regex라는 옵션을 사용했다.

이처럼 모든 명령어가 정규 표현식을 지원하는 것은 아니다. 정규 표현식을 사용할 수 있는 명령어는 find, grep, awk, sed 같은 몇몇 명령어에서만 사용 가능하다. cp, mv 같은 명령어는 직접적으로 정규 표현식을 지원하지 않기 때문에 다른 명령어와 조합해서 정규 표현식을 활용하는 방법을 써야 한다. 이 방법에 대해서는 뒤에서 살펴보자.

아래 표는 정규 표현식의 문법을 설명한다. 정규 표현식은 복잡하고 다양한 문법이 있기 때문에 전부 다루는 건 어렵고 기본적인 내용만을 설명한다. 또한 대부분의 정규식 문법은 다양한 프로그램에서 잘 호환이 되지만 몇몇 문법은 프로그램에 따라 호환이 안 되는 경우도 있다. 예를 들어 PCRE[2] 문법으로 작성된 정규 표현식은 리눅스 명령어와 호환이 안 될 수 있다. 여기서는 리눅스 명령어에서 사용 가능한 표현을 살펴본다.

표 6-6 정규 표현식의 문법

표현	설명	예시
c	c라는 한 문자를 찾는다.	c cc cameron.
cameron	cameron이라는 문자를 찾는다.	c jamescameron. c Cameron. (대문자라서 안 됨)
ca..ron	ca로 시작하고 가운데 두 글자는 아무런 글자여도 상관 없으며 ron으로 끝나는 문자를 찾는다	jamescajaron cameron.
ca*	c로 시작하고 그 다음 글자가 a가 와야 되는데 없어도 되고 여러 번 있어도 되는 문자를 찾는다.	cb, ca, jcaaa, mycccca, ccccc

---

2 http://www.pcre.org/

표현	설명	예시
ca*d	c로 시작하고 그 다음 글자가 a가 와야 되는데 없어도 되고 여러 번 있어도 된다. 그리고 마지막에는 d로 끝나는 문자를 찾는다.	ja<u>cd</u>, <u>cad</u>, <u>caaaad</u>, hu<u>cad</u>b
ca?	c로 시작하고 그 다음 글자가 a가 와야 되는데 없거나 한 번만 오는 문자를 찾는다.	<u>ca</u>d, <u>ca</u>aaa, ja<u>ca</u>ke, <u>c</u>cccc
cab?n	ca로 시작하고 그 다음 글자가 b가 와야 되는데 없거나 한번만 오고 n으로 끝나는 문자를 찾는다.	ji<u>cabn</u>r, cc<u>cann</u>, ccabbbn(b가 너무 많아서 안 됨)
ca+	c로 시작하고 그 다음 글자가 a가 와야 되는데 한 번 이상 있는 문자를 찾는다.	<u>ca</u>d, <u>ca</u>aaa, ja<u>ca</u>ke, ccccc(a가 없어서 안 됨)
ca+d	c로 시작하고 그 다음 글자가 a가 와야 되는데 한 개 이상 있어야 한다. 그리고 마지막에는 d로 끝나는 문자를 찾는다.	<u>cad</u>, <u>caaaad</u>, hu<u>cad</u>b jacd(cd 사이에 a가 없다)
.+cd	어떤 문자로 시작하든지 몇번 반복되든지 cd로 끝나는 문자를 찾는다.	<u>daaaacd</u> <u>bcbcbccd</u>bdbd <u>@#$%cd</u>
go{2}d	g로 시작하고 그 다음 글자가 o가 와야 하는데 정확히 2번만 오고 d로 끝나는 문자를 찾는다.	hell<u>good</u>s goood(o가 너무 많다) god(o가 한 번뿐이다) gd(o가 없다)
go{1,2}d	g로 시작하고 그 다음 글자가 o가 와야 하는데 1번에서 2번만 오고 d로 끝나는 문자를 찾는다.	<u>god</u>dd r<u>good</u>sd
^abc	단어의 첫글자가 a로 시작하고 뒤에 bc가 오는 문자를 찾는다.	<u>abc</u>ef zabcdef(문장의 첫 글자가 a가 아니다)
$cd	한 줄의 끝 부분이 cd로 끝나는 문자를 찾는다.	cd <u>cd</u> cd<u>cd</u> cdd cd cm(줄의 마지막이 cd가 아니다)
^cd	한 줄의 시작 부분이 cd로 시작하는 문자를 찾는다.	<u>cd</u> cd <u>cd</u>d cd cm mc cd(줄의 시작이 cd가 아니다)

표현	설명	예시
(google|naver)site	google 또는 naver라는 단어 뒤에 site라는 단어가 오는 문자를 찾는다.	googlesite naversite thistisgooglesite google site(google과 site 사이에 공백이 존재해서 안 된다)
[abc]ef	a, b, c 중 하나로 시작하고 ef로 끝나는 문자를 찾는다.	aef efbef
[^abc]ef	a, b, c를 제외한 모든 문자로 시작하고 ef로 끝나는 문자를 찾는다.	aef aaref z#efbef
[a-z]bc	알파벳 a~z 중 하나로 시작하고 bc로 끝나는 문자를 찾는다.	caabc czbc rkbcz
[a-zA-Z0-9]bc	대소문자 구분 없이 알파벳으로 또는 숫자로 시작하고 bc로 끝나는 문자를 찾는다.	liAbc c0bc aaABC(BC가 대문자라 안 된다)

 정규 표현식에서 한글도 사용할 수 있을까?

정규 표현식을 쓰려고 하는 프로그램이 유니코드를 지원한다면 가능할 수 있다. 자신이 사용하려는 프로그램이 유니코드를 지원하는지 확인해보든지, 테스트 삼아 정규 표현식에 한글을 넣어보고 확인해보자.

리눅스의 경우 배포판에 따라서 다르지만 우분투의 리눅스 명령어는 한글을 지원한다.

아래 예처럼 [가-힣]으로 범위를 지정하면 모든 한글 단어를 지정하게 된다.

```
$ ls
한글.txt
$ find . -regex '.*/[가-힣]글.txt'
./한글.txt
```

여기에서 다룬 정규 표현식보다 더 많은 표현을 공부하고 싶다면 아래 사이트를 추천한다.

- http://regexone.com/
- http://regexr.com/
- http://www.nextree.co.kr/p4327/

정규 표현식 활용

정규 표현식을 배웠지만 어떻게 사용해야 할지는 아직 막막할 것이다. 여기서는 몇가지 활용 사례를 살펴보면서 감을 익히도록 하자.

[활용_1] 로그 파일에서 특정 조건 파일만 삭제하기

정규 표현식을 이용하는 방법 외에도 다른 방법으로도 가능하지만, 여기서는 정규 표현식을 활용해보자.

예시로 특정 프로그램이 아래처럼 매달 로그를 쌓아간다고 보자.

```
$ ls
log-2015-04.log    log-2015-05.log    log-2015-06.log    log-2015-07.log
log-2016-08.log
log-2015-09.log    log-2015-10.log    log-2015-11.log    log-2015-12.log
log-2016-01.log
```

너무 오래된 로그는 필요가 없으니 2015년 4월~8월 로그만 삭제해보자.

```
$ find . -regex './log-2015-0[4-8].log' | xargs rm
```

find를 이용해서 특정 문자열 조건에 부합되는 파일 목록을 얻어낸 다음에 rm 명령어을 이용해서 삭제하고 있다. 예제에서 활용된 xargs 명령어는 파이프라인 앞쪽 명령어의 결과값을 활용해서 뒤쪽에 입력한 명령어의 인자값으로 전달해주는 프로그램이다.

[활용_2] 파일 내용을 검색해서 특정 문자열 찾기

```
$ find . -name '*.txt' | xargs egrep '01([0|1|6|7|8|9]?)-?([0-9]
{3,4})-?([0-9]{4})'
```

위 예제는 디렉토리를 검사해서 모든 txt 파일을 찾아서 내용을 조사한 후에 핸드폰 번호가 있는지 찾는 예제이다. egrep 명령어는 파일의 내용을 조사해주는 명령어이다. 조사할 조건으로 정규 표현식을 사용하는데, 숫자와 하이픈(-)으로 구성되면서 "3자리 숫자-3또는4 숫자-4자리 숫자"로 구성된 문자를 찾는다.

```
$ find . -name '*.txt' | xargs egrep '[a-zA-Z0-9.-]+@
[a-zA-Z0-9.-]+\.[a-zA-Z0-9.-]+
```

위 예제는 디렉토리를 검사해서 모든 txt 파일을 찾아서 내용을 조사한 후에 이메일 주소가 있는 지를 찾는 예제이다.

백업 관리(rsync)

rsync는 특정 디렉토리 또는 파일의 내용을 동기화시켜주는 기능을 가진 프로그램이다. 가장 일반적인 rsync 활용은 백업이다. rsync는 동기화할 폴더가 이미 동일한 파일을 가지고 있으면 다시 전송하지 않는다. 때문에 동기화 기능을 진행할 때 변경된 파일이 적다면 디렉토리의 크기가 아무리 커도 전송되는 내용이 적다.

또한 네트워크를 건너서 원격 시스템에 백업을 할 수 있는 기능을 지원한다. 동일한 하드디스크에 파일을 백업하는 것은 안정성에 한계가 있으므로 원격 시스템에 백업하는 게 좋다.

우분투에 rsync 프로그램이 설치되어 있지 않다면 apt-get을 이용해서 설치해주자.

```
$ sudo apt-get install rsync
```

rsync는 많은 옵션을 가지고 있지만 몇 가지 주요한 옵션을 살펴보자.

-a	Archive Mode이다. 심볼릭 링크, 속성, 퍼미션 등을 보존한다. 이 옵션을 지정해주어야만 이미 동기화된 파일을 다시 전송하지 않는다.
-v	파일 목록을 출력한다.
-r	하위 디렉토리도 전부 동기화한다.
-z	압축해서 전송한다. 원격 동기화시 네트워크 전송량을 줄여주는 효과가 있다.
--exclusive	제외할 파일을 지정한다.
--delete	원본 디렉토리에서 삭제되었다면 백업 디렉토리에서도 삭제해준다.
--progress	진행 상황을 보여준다.
--max-size	너무 큰 용량을 가진 파일은 동기화에서 제외해준다.

가장 기본적인 rsync 사용법은 아래와 같다.

```
$ rsync -vrza ./test/ ./backup/
sending incremental file list
./
doc1.txt
sub/
sub/bigfile.bin

sent 729,427 bytes  received 69 bytes  1,458,992.00 bytes/sec
total size is 729,053  speedup is 1.00
```

위 명령은 test 폴더의 내용을 backup 폴더로 동기화시키라는 명령이다. 이때 동기화 원본이 test이기 때문에 backup 폴더의 내용은 동기화 대상이 아니다. 동기화라고 하지만 단방향성이다. 이번에는 파일 하나만 수정한 후에 다시 동기화해 보자.

```
$ touch ./test/doc1.txt
$ rsync -vrza ./test/ ./backup/
sending incremental file list
doc1.txt

sent 190 bytes  received 36 bytes  452.00 bytes/sec
total size is 729,053  speedup is 3,225.90
```

새롭게 수정된 파일인 doc1.txt만 동기화되고 있는 것을 확인할 수 있다.

이번에는 원격 서버에 있는 디렉토리와 동기화시키는 법을 살펴보자. 원격지와 동기화시키는 방법은 2가지가 있다.

- rsync 데몬을 이용한 동기화
- SSH를 이용한 동기화

rsync 데몬을 이용한 동기화는 원격지 서버에 rsync 서버(데몬)가 동작되고 있어야 한다. SSH를 이용한 동기화는 따로 서버를 설정하지 않아도 SSH만 연결 가능하면 사용할 수 있어서 편리하다는 장점이 있다. 전송 성능이나 오버헤드 면에서는 rsync 서버를 이용하는 방법이 더 낫다.

여기서는 SSH를 이용한 동기화 방법을 이용해보자.

```
$ rsync -vrza -e "ssh -p 22" ./test userid@servername:destdir
```

-e 옵션을 이용한 후에 "ssh -p 22"를 붙여준다. 여기서 -p 22는 22번 포트를 사용해서 SSH에 접속하라는 의미인데, 일반적으로 SSH는 22번 포트를 사용하므로 -e "ssh" 처럼 생략도 가능하다. 동기화 목적지 주소가 로컬 폴더를 지정할 때와 달라졌다. 많이 본 구조인데 이는 scp 명령을 이용할 때 사용하는 형태와 동일하다.

```
사용자ID@서버명:디렉토리
```

위와 같은 형태로 지정해 주면 된다. rsync를 잘 이용하면 중요한 자료를 잘 백업할 수 있다. 특히 주기적으로 백업을 하기 위해서 cron을 이용하면 훨씬 편하다.

Kernel 컴파일

리눅스 커널은 가장 유명한 오픈소스 중 하나이다. 누구나 소스를 다운받고 수정할 수 있다. 우분투가 매우 안정적인 커널을 제공하고 있기 때문에 굳이 커널을 수정하는 일은 없지만, 일부 유저들은 호기심에 또는 커널에 특정 기능을 추가하고 싶어서 커널 패치를 진행하거나 다른 버전의 커널을 컴파일해서 사용하기도 한다.

다른 안정적인 리눅스 배포판들이 대부분 그렇듯 우분투 역시 최신 커널을 잘 적용하지는 않는 편이다. 최신 커널을 빠르게 도입하면 시스템이 불안해질 수 있기 때문에 어느 정도 검증이 된 후에야 적용시킨다. 따라서 최신 커널을 적용해서 최신 하드웨어 지원 같은 기능을 추가하고 싶다면 커널 컴파일에 대해 공부해야 한다.

커널을 수정하고 반영하는 작업은 전문적인 지식이 필요하기 때문에 여기서 다루기는 어렵지만 한번 시도해보고 싶은 독자를 위해 간단히 살펴보겠다. 커널 컴파일은 컴퓨터 특성을 많이 타기 때문에 아래 작업은 사용자의 컴퓨터 환경에 따라서 잘 안될 수도 있다.

우선 리눅스 커널 배포 사이트에서 커널 소스를 다운 받자. http://kernel.org로 접속한다. 버전별로 다양한 소스가 있다. 어떤 걸 선택해야 할까? 새롭게 적용할 커널 버전이 배포판에 사용된 커널과 너무 다르면 부팅이 안 될 수도 있다. 우분투 15.10에 적용된 공식 커널 버전은 4.2.0이다. 따라서 우선 안전한 테스트를 위해서 4.2.8버전의 tar.xz 파일을 받자.

mainline:	4.4-rc8	2016-01-03	[tar.xz] [pgp] [patch]		[view diff] [browse]
stable:	4.3.3	2015-12-15	[tar.xz] [pgp] [patch] [inc. patch]	[view diff] [browse] [changelog]
stable:	4.2.8 [EOL]	2015-12-15	[tar.xz] [pgp] [patch] [inc. patch]	[view diff] [browse] [changelog]
longterm:	4.1.15	2015-12-15	[tar.xz] [pgp] [patch] [inc. patch]	[view diff] [browse] [changelog]
longterm:	3.18.25	2015-12-15	[tar.xz] [pgp] [patch] [inc. patch]	[view diff] [browse] [changelog]
longterm:	3.14.58	2015-12-09	[tar.xz] [pgp] [patch] [inc. patch]	[view diff] [browse] [changelog]
longterm:	3.12.51	2015-11-25	[tar.xz] [pgp] [patch] [inc. patch]	[view diff] [browse] [changelog]
longterm:	3.10.94	2015-12-09	[tar.xz] [pgp] [patch] [inc. patch]	[view diff] [browse] [changelog]
longterm:	3.4.110	2015-10-22	[tar.xz] [pgp] [patch] [inc. patch]	[view diff] [browse] [changelog]
longterm:	3.2.75	2015-12-30	[tar.xz] [pgp] [patch] [inc. patch]	[view diff] [browse] [changelog]
longterm:	2.6.32.69	2015-12-05	[tar.xz] [pgp] [patch] [inc. patch]	[view diff] [browse] [changelog]
linux-next:	next-20160104	2016-01-04			[browse]

그림 6-9 kernel.org에 있는 커널 버전들

 현재 동작중인 커널 버전을 확인하려면?

```
$ uname -a
```

```
Linux ubuntu 4.2.0-16-generic #1 SMP Tue Jan 5 05:30:18 KST 2016 x86_64 x86_64
x86_64 GNU/Linux
```

uname 명령을 이용하면 현재 동작중인 커널 버전과 컴파일된 시각, 32비트인지 64비트인지를 확인할 수 있다.

동작중인 우분투 버전을 확인하려면 아래 명령을 이용한다.

```
$ cat /etc/issue
Ubuntu 15.10
```

다운로드가 완료되었다면 아래 명령어를 통해서 파일을 /usr/src로 복사하고 압축을 풀어준다. 커널은 특이하게 tar.xz라는 형태로 압축되어 있어서 아래 명령어처럼 압축을 두번으로 나누어서 풀어준다.

```
$ sudo mv ~/Download/linux-4.2.8.tar.xz /usr/src
$ cd /usr/src
$ sudo xz -d linux-4.2.8.tar.xz
$ sudo tar xvf linux-4.2.8.tar
$ ls
linux-4.2.8
```

위 작업이 끝나면 linux-4.2.8이라는 디렉토리가 새롭게 생긴 것을 볼 수가 있다.

이제 커널 컴파일을 위한 관련 프로그램을 설치하자. 수백메가의 저장 장치 용량이 필요하다. 프로그램 설치 도중 사용자에게 선택을 요청하는 창이 나오면 그대로 엔터를 쳐서 넘어가자.

```
$ sudo apt-get install build-essential libncurses5 libncurses5-dev
bin86 kernel-package
```

프로그램 설치가 완료되었다면, 이제 커널을 컴파일하자.

```
$ cd linux-4.2.8
$ sudo cp /boot/config-4.2.0-16-generic .config
```

위 명령은 현재 동작중인 커널의 설정을 새롭게 컴파일할 소스의 설정으로 만들어주는 작업이다. config-4.2.0-16-generic이란 파일명은 사용자의 환경에 따라서 달라질 수 있다.

```
$ sudo make menuconfig
```

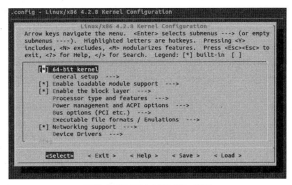

그림 6-10 커널 설정 메뉴 화면

위 명령은 새롭게 컴파일할 커널의 옵션을 변경할 수 있는 기능이다.

이처럼 리눅스 커널은 특이하게 자신이 원하는 기능을 넣고 뺄 수가 있게 되어있다. 이것은 커널의 소스가 공개되어 있고 수정할 수 있기 때문에 가능한 일이다. 이 작업을 완료하고 〈 Save 〉 버튼을 누르면 .config 파일을 생성하는데, 우리는 이미 .config 파일을 기존의 커널 설정을 복사해서 만들었기 때문에 아무런 항목에 손대지 말고 〈 Exit 〉로 커서를 옮겨서 엔터를 입력하고 나온다.

이제 실제로 커널 컴파일을 시작하자.

```
$ sudo make-kpkg --initrd --revision=1.0 kernel_image
```

revision 번호는 컴파일 할 때마다 알기 쉽게 2.0, 3.0처럼 올림을 해주면 좋다.

이제 컴파일이 시작될 텐데 컴퓨터 사양에 따라서 수십 분에서 한 시간을 넘게 작업할 수 있다. 오래 걸리니 기다리자.

컴파일이 성공적으로 완료되었다면 /usr/src 디렉토리에 아래 파일이 생성된다.

```
$ cd /usr/src
$ ls
linux-image-4.2.8_1.0_amd64.deb
```

해당 파일을 설치해 주고 재부팅을 하면 커널 변경이 완료된다.

```
$ sudo dpkg -i ./linux-image-4.2.8_1.0_amd64.deb
$ sudo reboot
```

재부팅이 되고 나서 커널 버전을 확인해 보면 버전이 올라간 것을 확인할 수 있다.

```
$ uname -a
Linux ubuntu 4.2.8 #1 SMP Tue Jan 5 05:30:18 KST 2016 x86_64 x86_64
x86_64 GNU/Linux
```

정리하며

이번 장에서는 어렵지만 고수가 되기 위해서 알아야 할 내용 몇가지를 간단하게 살펴 보았다.

　6장에서 다룬 내용들은 일반 사용자들이라면 굳이 배우지 않아도 되지만, 리눅스 로 할 수 있는 것들을 계속 배우고자 한다면, 내용을 충분히 살펴보고 실습도 해보기 바란다. 그리고 여기서 다룬 내용이 부족해서 좀 더 배우고 싶다면 다른 중급자 이상 을 위한 책이나 자료를 찾아서 더 공부하자.

　드디어 완전 초보에서부터 시작된 우분투로 향한 여정은 여기서 끝이다.

　마침내 여러분도 우분투 구루Guru가 되는 길에 한발 들어섰다. 축하한다.

1. 구구단을 출력하는 쉘 스크립트를 만들어보자.

2. 리커버리 모드에 들어가서 자신의 암호를 변경해보자.

3. 자신의 홈 디렉토리를 매주 한 번씩 백업하는 스크립트를 만들어보자.

4. 자신의 홈 디렉토리와 /home/backup이라는 디렉토리와 동기화시켜보자.

5. 정규 표현식으로 자신의 홈 디렉토리에 있는 모든 txt 파일을 조사해서 년-월-일(예, 2016-01-05) 형태로 저장된 날짜들을 찾아보자.

6. cron을 이용해서 매주 월요일 오전 10시 15분에 자신의 홈 디렉토와 /home/backup이라는 디렉토리를 동기화시켜보자.

7. at을 이용해서 5시간 뒤에 컴퓨터가 종료되게 해보자.

※ 별도로 제공되는 해답은 없습니다. 궁금한 점은 Q&A 게시판에 글을 남겨주세요.
(roadbook.zerois.net/qna)

1. 우분투를 사용하다 문제가 생겼을 땐, 어떤 식으로 해결책을 찾는 게 좋은가?

2. 쉘 스크립트 반복문 while과 for는 어떤 차이가 있는가?

3. 쉘 스크립트에서 산술 연산을 수행하려면 어떤 문법을 사용해야 하는가?

4. 자기 계정의 암호를 잃어버려서 로그인이 안 된다면 어떻게 해야 할까?

5. cron과 at은 어떤 차이가 있나?

6. at으로 예약한 작업을 취소하고 싶으면 어떻게 해야 하나?

7. 정규 표현식의 문법 중 . + ? * 기호는 어떤 차이가 있나?

8. rsync의 원격 백업 방식은 어떤 것이 있고 차이점은 무엇인가?

9. 커널을 따로 컴파일해서 사용하면 어떤 특징이 있는가?

※ 별도로 제공되는 해답은 없습니다. 궁금한 점은 Q&A 게시판에 글을 남겨주세요.

(roadbook.zerois.net/qna)

vi / vim 단축키 모음

Version 1.1
April 1st. 06

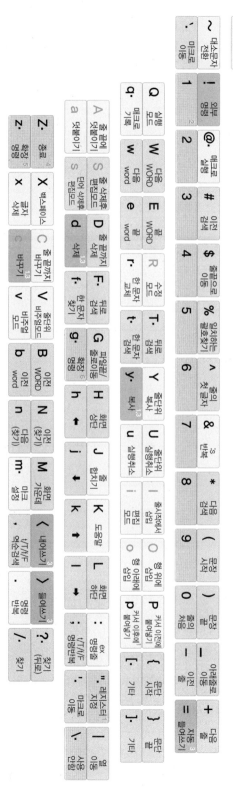

Esc 명령모드

~ 대소문자 전환 / 마크로 이동

동작: 커서를 이동하거나, 연산자가 동작할 범위를 지정합니다.

명령: 바로 동작하는 명령, 별색은 편집모드로 변경됩니다.

명령: 이동 관련 문자(숫자나 커서 이동)와 함께 사용하여 아 하며, 커서의 위치부터 목적지까지 연산합니다.

연산자: 이동 관련 문자(숫자나 커서 이동)와 함께 사용하여 아 하며, 커서의 위치부터 목적지까지 연산합니다.

확장: 특별한 키 입력으로, 추가적인 키 입력이 필요합니다.

q· 인력 후 아무런 키의 끝을 수 있는) 긴 코드를 입력하여야 합니다.

words: 구분자로 공백, 특수기호 모두 사용
WORDs: 구분자로 공백 문자만 사용

quux((foo)[bar[[baz]];
quux(foo, [bar, [baz]);

주요 명령행 명령('ex'):

:w(저장), :q(종료), :q!(저장하지 않고 종료)
:e 『파일』 (열기)
:%s/x/y/g(파일 전체에서 x를 y로 교체)
:n(vim 도움말), :new(새 파일)

그외 중요한 명령들:

CTRL-R: 재실행(vim)
CTRL-F/-B: 페이지 위로/아래로
CTRL-E/-Y: 줄 스크롤 위로/아래로
CTRL-V: 블록-비주얼 모드(vim 전용)

비주얼 모드:

커서 동작에 지정한 범위에 연산자를 적용합니다.(vim 전용)

참고:

(1) 복사/붙여넣기/지우기 명령어를 사용하기 전에 "를 입력하여 레지스터(클립보드)를 지정하세요.(또는 a에서 z 또는 "를 사용할 수 있음)
*를 사용할 수 있음
(예: "ay5를 입력하면 현재 커서에서 라인 끝까지의 내용을 레지스터 'a'에 저장합니다)
(2) 어떤 명령어를 입력하기 전에 횟수를 지정하면, 반복하게 됩니다.(예: 2p, d2w, 5j, d4l)
(3) 연속으로 입력하는 명령은 현재의 라인에만 반영됩니다.
(예시: dd(한재 라인 지우기),)) (들어쓰기)
(4) ZZ는 저장후 종료, ZQ는 저장하지 않고 종료
(5) zt는 커서가 위치한 곳을 제일 위로 올리기, zb는 바닥으로, zz는 가운데로
(6) gg는 파일의 처음으로(vim 전용), gf: 커서가 위치한 곳의 파일 열기(vim 전용)

▶ vi/vim에 대한 더 많은 정보는 강좌나 탭을 얻으려면 www.viemu.com(ViEmu, MS 비주얼 스튜디오를 위한 vi/vim 에뮬레이션)을 방문하십시오.

▶ 출처: https://kldp.org/node/102947